KB151179

전인 교육의
이념과 방법

김정환 저

박영story

책머리에

"우선 온전한 사람으로 일깨워 키우자. 지식이나 기술, 그리고
  쓸모는 그 다음 다음이다."

이것이 나의 '전인 교육' 표어다. 교육이란 무엇인가. 한 마디로
온전한 인격으로 일깨워 키워내는 일이다. 이 같은 전인 교육 이념
을 일찍이 페스탈로치는 이렇게 외쳤다.

"읽기를 가르치는 학교도 있고 계산을 가르치는 학교도 있다.
  그런데 왜 사람을 가르치는 학교는 없는가."

그러면서 그는 세 가지, 즉 머리·가슴·손, 지적·도덕적·신체
적 내용을 조화적으로 고루 가르치는 "삼육"을 제창했다. 그런데 우
리가 여기에서 또 하나 주목해야할 것은 그의 삼육론은 덕육이 마
치 삼각형의 저변처럼 기초를 이루는 덕육중심 삼육론이라는 것이
다. 우리는 보통 지·덕·체라며 그 순서대로 지육을 앞에 두는데 그
중요도로 보아 덕육이 절대적으로 우위에 있어야 한다는 이념이다.
이 이념에 비추어 오늘의 교육을 보면 참으로 한심스럽다. 온통 회
화중심 영어 교육이요, 컴퓨터 교육이요, 기능 교육이요, 더욱 경쟁

교육이지, 어린이가 저마다 타고난 소질과 능력을 일깨워 키워주는 인간 교육은 설자리가 없다.

　여러 가지 교사상이 있다. 아침부터 저녁까지 무장하고 감시하는 교도소의 간수 같은 교사상, 상과 벌을 번갈아 주며 길들이는 돌고래쇼의 조련사 같은 교사상, 교과서 내용이 귀에 쏙쏙 잘 들어오게 가르치는 기술자 같은 교사상, 아침저녁 물 주고 거름 주고 고여 주고 다듬어 주는 식물원의 정원사 같은 교사상, 그리고 의젓하고 의로운 삶의 모습을 보여주어, 학생들에게 아름다운 삶을 기리게 하는, 우리 한민족이 그 역사와 문화를 통해 고이 길러온 이상적 인간상인 선비 같은 교사상이다. 이 중에서 전인 교육을 감당할 교사상은 선비상이다. 그러면 이 선비상이 지니는 특성은 무엇인가. 삶을 여유롭게 살며 아름다움을 즐기는 예술적 기질, 정신적 문화와 글을 소중히 여기는 학문적 기질, 그리고 사회적 정의 실현을 위해 힘쓰는 지사적 기질, 이 세 기질의 통일이다. 우리가 이 시대에 갈망하는 교사는 바로 이 같은 선비적 교사상이다. 생도를 사람으로 일깨워 키워내야 하기 때문이다.

　이 전인 교육의 이념과 대립되는 것이 '일인일기' 교육이다. 일찍이 플라톤에 의해 제창된 국가사회주의적, 전체주의적 교육관에서 나온 이념이다. 그는 말한다. 인간을 원래 소질과 능력을 달리하고 태어난다. 금·은·동이 질을 달리 하듯이 금·은·동을 가려내기 위해 교육을 철저히 국가가 관장하고 경쟁시켜, 금은 철인으로, 은은 군인으로, 그리고 동은 노동자로 키워내, 각자가 위를 넘어보지 못하게 하고, 자기의 한 가지 기술로 국가에 이바지하게 해야 한단다. 이 같은 '인간성'을 말살한 전체주의적 교육관이 국가발전, 경제성장이라는 표어로 지금 우리 교육에 만연하고 있다. 언젠가 나는 어느 지방 초등학교 담벼락에 '수출입국'이라는 표어가 붙어 있어

놀란 적이 있다. 그런데 지금도 여전하다. 산학협동이라던가 맞춤형 교육이라던가 하면서 우리는 교육이라는 이름으로 이렇게 '거짓교육'을 하고 있다. 우리가 참교육으로 돌아가야 할 이유가 여기에 있다.

나는 평생을 페스탈로치의 교육 이념을 연구하여 왔다. 그것을 쉽게 풀어보면 이렇다. 첫째, 모든 인간은 다 귀한 세 가지 소질, 즉 정신적·신체적·도덕적 능력을 가지고 태어나므로 이것을 고루 계발시켜 모든 사람을 다 평등하게 하나의 인격으로 도야하는 것이 진정한 교육이라는 것, 둘째, 기능 교육이다. 기술 교육보다 인간 교육을 중시해야 한다는 것, 셋째, 이렇게 인간으로 일깨워진 민중이 국가의 주체가 되어 역사와 미래를 여는 주인이 되어야 한다는 것이다. 자랑할 것이라고는 알프스의 눈과 바위밖에 없고 가난해서 외국에 용병을 보내는 '혈액수출'로 근근히 살아갔던, 강대국에 둘러싸인 약소국 스위스가 페스탈로치의 이 국민 교육 이념으로 이제는 세계에서 으뜸가는 부국이요, 인류에 아름다운 꿈을 키워주는 국제적십자의 나라, 영세중립의 나라로 발전했다. 페스탈로치는 그 인간 교육 이념으로 교육의 역사에 코페르닉스적인 큰 전환을 일으켰고, 나아가서 현대국가의 발전방향을 제시했던 것이다.

근세를 여는 큰 계기가 둘 있다. 하나는 마젤란의 세계일주 대항행이요, 다른 하나는 루터의 종교개혁이다. 전자가 인류에게 무한한 새로운 활동공간을 외형적으로 마련했다면 후자는 인류에게 가슴 세 치를 파고 들며 인간으로서의 양심을 일깨워 주었다 할 것이다. 외형적 확장과 내면적 심화, 이 둘 중에 어느 것이 더 귀했고 컸던가? 지구 한 바퀴와 가슴 세 치, 이 둘 중에 어느 것이 더 귀하고 컸던가? 내면적 심화요, 가슴 세 치다. 이것은 그 후의 세계사가 증명하고도 남음이 있다.

　우리나라, 우리 교육, 어떻게 할 것인가. 참으로 난감하다. 무엇인가 크게 잘못되어 있다. 이번 세월호 침몰사건을 계기로 국민 모두가 다 참회해야 하고, 다 다시 생각해야 하며, 한 마디로 다 '근본'과 원리로 돌아가야 한다. 특히 정치면으로는 직업윤리의 각성이요, 교육면으로는 전인 교육 이념의 각성이다. 이 중 무엇이 앞서야 하나? 교육이다. 전인 교육이다.

　이 책에 담긴 글들은 다 전인 교육의 이념과 방법을 구체적으로 쉽게 풀어 호소한 것들이다. 원래 저자가 교육학회 학술상을 받은 『전인교육론』의 몇 가닥을 풀어 쓴 것이 주가 되고, 민주화 운동과 전교조 태동 격동기에 작심하고 쓴 글, 그리고 지금은 대전 국립현충원에 모셔진 내가 제일 흠모하는 이상적 교사 '전인 교사 김교신'을 결론의 장으로 추가한 것이다.

　원래 교육출판에 큰 뜻을 품은 안암골의 제자 황덕명님의 『전인 교육 어떻게 할 것인가』(내일을 여는 책, 1997)로 나왔던 것을 이번에 새롭게 『전인 교육의 이념과 방법』으로 짧게 바꾸어 박영사에서 빛을 보게 되었다. 위 발행인이 농민 교육 운동에 전념코자 출판업을 접어 햇빛을 못 보게 되자 이번에 역시 안암골의 제자 박영사의 안상준 상무가 이렇게 햇빛을 다시 보게 하니 모두 감사할 따름이다. 글 중의 통계수치나 연도 같은 것도 일부러 그대로 두었다. 당시의 상황을 알려주는 시대적 증언들이기 때문이다. 이렇게 이례적으로 새롭게 다시 출판하는 충정을 독자들도 이해해주시리라 믿는다. 끝으로 이 책을 아름답게 꾸며 주신 박영사의 조성호 기획부장님과 여러분에게 깊은 감사의 말씀을 드린다.

2014년 가을
김정환

차 례

제2장 전인 교육의 원리 _ 101

전인 교육이란
무엇인가

전
인
교
육
의

이
념
과

방
법

인간 교육 다시 찾자

1. 헷갈리는 개념, '교육'

사회가 어지러울수록 말이 어지러워진다. 같은 말을 놓고도 쓰는 사람에 따라 뜻을 달리 하는 경우도 있고, 아예 그 뜻을 모르는 경우도 있다.

'교육'을 놓고 어떤 사람은, 곰새끼 훈련시키듯 당근과 매로 새로운 재주를 익히게 길들이는 따위로 여기는가 하면, 어떤 사람은 목수가 나무를 대패로 다듬고 못질도 하면서 책상을 만들어 내듯 국가나 사회에 필요한 인재를 만들어 내는 따위로 보기도 한다. 꼭 틀렸다고 말할 수만은 없다. 사실 교육을 이렇게 보는 입장들도 있기 때문이다.

전자를 우리는 동물 훈련을 모델로 한 대서 '훈련적 교육관'이라 하고 후자를 제품을 생산해 내는 공정을 모델로 한 대서 '목공적 교육관'이라 한다.

그런데 좀 이상하다. 이 같은 훈련이나 생산은 '교육'과는 꽤 다르지 않은가. 그래서 또 다른 모델을 찾았다. 그것은 식물의 성장이다. 나팔꽃 씨를 뿌리고 물과 거름도 주고 벌레도 잡고 새끼줄도 치고 햇빛도 잘 들게 하여 아름다운 꽃이 피어나게 한다. 이렇게 교육은 어린이가 원래 하나님에게서 타고 나온 소질이나 능력의 씨앗을 부추겨 아름답게 피어나게 하는 일이다. 이것을 '성장적 교육관'이라 한다.

위에 든 세 교육관을 쉬운 말로 다시 정리하면 익힘(train), 만듦(make), 키움(grow)이다. 교육(educate)에다 이렇게 서로 다른 개념들을 담고 있는 것이다. 그러니 건성건성 넘어가는 사람이 아니라면 헷갈릴 수밖에 없다. 그러나 좀 생각해 보면, 교육 속에는 원래 익힘, 만듦, 키움이 포함되는 것이다. 그래서 공자님도 "배우고 때때로 익힘, 이 어찌 즐겁지 않은가" 하셨다.

그런데 이렇게 쉽게 마무리 짓지 못하는 데서 문제는 시작된다. 이것이 '교육'의 다냐, 이것이 '진짜 교육'이냐 하는 문제다. 실은 우리는 또 하나의 모델인 '일깨움'을 알고 있다. 또 이것을 여러 모델 중에서도 가장 본질적인 진짜 교육으로 꼽고 있다. 이 '일깨움'(awake)이야말로 진짜 교육, 그러기에 '인간 교육', '전인 교육', '참교육' 같은 가장 본질적인 차원의 교육이라 할 수 있다. 우리가 인류의 위대한 교사라고 받드는 소크라테스, 공자, 석가모니, 그리고 예수 같은 분들은 바로 이런 차원의 교육에 힘쓴 교사들이었다.

2. 일깨움의 교육관

이 일깨움의 교육은 다른 교육관과 공통점도 있으나 다른 점이 너무 많다. 그 다른 점을 크게 세 가지로 들고 음미해 보자.

첫째는 자기 회복이다. 동물 훈련 같은 교육은 곰새끼를 훈련시켜 구경꾼들을 웃기게 하는 춤을 추게 하듯, 원래 자기 것이 아닌 새로운 행동을 익히는 일이다. 어떤 교육학자는 이것을 "바람직한 행동의 변화, 이것이 교육이다"라고 정의했다. 행동과학적 교육관을 지니는 사람들은 대개 이렇게 교육을, 그전에 지니지 못했던 새 행동을 익히는 일로 본다. 그러니 처음부터 자기는 없다. 목공적 교육관은 인간을 목재와 같이 재료로 하여 국가나 사회의 요구에 맞추어 만드는 일이니 여기에도 자기는 없다. 식물적 교육관은 원래 지니고 나온 것을 싹틔워 주는 일이니 여기에는 자기가 조금 있다. 그러나 이것은 자기 계발이지 자기 회복이 아니다. 자기 회복이란 무엇인가. 잠자는 아이를 흔들어 깨워 정신 차리게 하듯, 잘못 나가는 자기가 올바른 자기, 원래의 자기로 돌아가는 일이다. 위대한 교육, 본질적인 교육은 바로 이렇게 진정한 자기를 찾게 윤리적 자극을 주어 자기 실현을 하게 돕는 일이다. 소크라테스가 "너 자신을 알라"라는 화두로 교육을 푼 이유가 여기에 있다.

둘째는 방법의 비연속성이다. 다른 교육에서는 그 방법이 연속적이어야 한다. 곰새끼의 춤은 매와 당근으로 계속 길들여져야 한다. 새로운 행동을 익히게 하는 방법도 ─교육학자들은 이것을 새로운 능력·기능·태도를 육성한다는 표현을 쓰지만─ 연속적이어야 한다. 원래 자기 것이 아니기 때문에 아침저녁으로 닦달질을 해야만 하기 때문이다. 나팔꽃을 키우는 데도 그렇다. 물을 자주 주고 벌레도 자주 잡아 주고 햇빛도 잘 들게 계속 보살펴 주어야 하기 때문이다. 그러나 '일깨움'의 경우는 아주 다르다. 한 번 정신을 차려 깨어났다 하면 다시 졸지 않기 때문이다. 한 번 훌륭한 교사와 만나 일깨움을 받으면 깊게 깨달아 그 귀한 가르침을 평생 스스로 간직하기 때문이다. 단 한 번의 일깨움으로 족하다는 말디아. 소크라테스와 한 번 만났다 하면 사람이 되었다 한다. 그 한 번의 만남이 '끝내 주었다'하겠다. 계속 되풀이할 필요가 없다. 이 같은 특성을 이따금 일어난다는 뜻으로 '단속성'이라 하는데, 쉬운 말로는 '비연속성'이라 한다.

셋째는 인격성이다. 일깨움은 교사라는 하나의 인격과 제자라는 또 하나의 인격의 만남에 의해서만 나타난다. 곰새끼는 조련사에게는 관심이 없고 그가 내미는 당근과 매에만 관심이 쏠린다. 책상을 만들고 제품을 생산하는 데는 기술이나 재료가 중요하다. 이렇게 인격이나 사랑은 있어도 그만 없어도 그만인 아예 필요 없거나 별 볼일 없는 요소다. 그러나 일깨움의 경우 인격과 사랑이 최우선적으로 대전제로 작용한다. 아름다운 이야기가 하나 있다.

플라톤은 당시 아테네에서 가장 인기 있는 극작가가 되려고 힘썼다. 그런데 하루는 소크라테스가 우연히도 시장에서 상인, 아낙네들을 상대로 '살기 위해서 먹느냐, 먹기 위해서 사느냐'고 하면서 대화하며 즐기는 모습을 보았다. 이때 플라톤은 소크라테스의 위대한 인격과 영혼에 마치 구렁이의 혓바닥과 눈깔 앞에 있는 개구리처럼 옴짝달싹 못하고 끌려들어갔다. 그래서 그 자리에서 비극 습작 원고뭉치를 버리고 소크라테스의 제자가 되었고 그를 통해 진정한 자기 철학의 길로 돌아섰다. 그래서 진정한 플라톤이 된 것이다. 그런데 플라톤이 24세때 소크라테스가 처형되었다. 그러니 5년밖에 배우지 못한 것이다. 실은 이 짧은 기간에도 별로 배운 것은 없었다. 다만 스승의 진정한 삶 곁에만 있었던 것이다. 이 같은 스승과의 만남이 플라톤의 삶의 방향을, 삶의 질을, 아니 삶 그 자체를 결정했다.

　이런 엄숙한 사실 −엄연한 역사적 사실− 들을 들어 실존철학에 입각해서 우리가 여기에서 많이 써 온 각성적 교육 이론, 곧 일깨움의 교육 논리를 다듬어 낸 독일의 교육철학자 볼노오는 "만남이 교육에 선행한다"고 갈파했다.

　저자도 이 볼노오 교수를 튀빙겐에서 만나 만남의 교육 논리가 아름답게 담긴 그의 주저 『실존철학과 교육학』을 선물 받았다. 1978년이니 벌써 20년 전이다. 이제 고인이 되셨지만, 이 책에 아직도 선명하게 남아 있는 "동료 교수 김아무개에게 …… 드림"이란 서명은 지금도 새로이 나 자신을 가다듬게 한다. 이 책의 88쪽에 내가 제일 좋아하는 명제가 담겨 있다.

> 모든 진실한 삶은 만남에서 비롯된다. …… 그것은 나와 너의 협동적 작업이다.

　플라톤의 유명한 말이 있다.

> 내게 세 가지 자랑이 있으니 하나는 남자로 태어난 일, 또 하나는 자유국 아테네 시민이라는 것. 그러나 가장 큰 자랑은 소크라테스를 스승으로 모신 일이다.

　일깨움의 교육관에서의 교육의 인격성이란 바로 이런 것이다. 그러면 이런 인격적 교육은 위대한 능력을 지닌 교사들에게만 가능한가. 절대로, 절대로 아니다. 그것이 지식이나 능력이 아니고 인격이기 때문에, 이름없는 어버이, 이름없는 일꾼, 이름없는 교사에게 도 인격에 대한 사랑만 있으면 그 삶 자체에서 우러나와 발동되기 때문이다. 한석봉은 떡장수인 어머니가 어둠 속에서 떡을 썰어 보 이는 모습을 보고 나서부터 한석봉이 된 것이다.

3. 어두운 교육 지표들

우리 교육의 현실은 어떠한가. 우리나라는 올림픽도 치러냈고, OECD에도 가입하여 세계의 선진국 대열에 끼게 되었고, 특히 경제 발전을 최우선으로 하는 정책으로 경제 규모로는 세계에서 11위까 지 올라가는 나라로 성장해 중진국들의 부러움을 한 몸에 받고 있 다.

광복 후 50여년, 참으로 우리는 교육에 혼신의 힘을 기울였다. 우리나라 교육이 그 동안 얼마나 양적으로 비약적인 발전을 하였는 가. 그 단적인 예를 국민의 학력 구성비에서 보면, OECD 가맹 30 개 나라 중에서 대학(교) 졸업자의 비율이 가장 높은 나라는 미국 (1994년 기준)으로 약 24%요, 다음이 한국(1995년 기준)으로 약 16.4%다. 참으로 자랑스럽고 놀랍기까지 하다.

그러나 이 같은 급속한 양적 팽창 뒤에는 차마 밝히기가 부끄러 운 어두운 그림자, 질적 취약점도 많다. 저자는 이것을 한국교육개발 원의 『한국의 교육지표』(1996)와 소비자보호원의 『교육 실태 조사』 (1997)에서 각각 세 가지씩만 추려 보기로 한다. 이 어두운 현실을 타 개해 나가기 위해서는 현실에 대한 객관적·과학적인 인식이 꼭 필요 하기 때문이며, 이 같은 냉혹한 현실 인식 없이는 아름답고 추상적이 기만 한 교육 이론은 공중의 누각이 되어 버리기 때문이다.

우선 『한국의 교육지표』(1996)에서 보이는 한국 교육의 문제는 다음과 같다.

첫째는 교사 1인당 학생 수 과다다. 한국은 초등학교와 중학교 교사 1명이 각각 33.2명, 26.4명의 학생을 가르치고 있는데, 그것은 개발도상국인 터키(초등 27.4명, 중등 27.3명)나 헝가리(초등 10.2명, 중등 11.5명)보다 더 열악한 것이다.

둘째는 공교육비 지출 과소다. 중·고생 1인당 공교육비 지출에서 다른 개발도상국과 비슷한 2,026달러에 그쳐 그 뜨거운 교육열이 무색하게 30개국 가운데 꼴찌에서 6번째다. 일본은 4,356달러, 미국은 6,541달러, OECD 가맹국 평균은 4,181달러이다.

셋째는 교사에 대한 열악한 처우다. 지금 그 한 예를 교원 임금에서 보자. 미국의 경우 1994년 기준 초등 교원 초임은 22,753달러, 최고 임금은 38,142달러요, 독일은 각각 28,760달러, 35,986달러인데, 한국은 1996년 자료로 초임(9호봉 기준)은 18,315달러, 최고 임금은 45,620달러이다. 단, 여기서 비교 기준년도의 차이 때문에 한국 교원 임금이 상대적으로 높게 비교되었을 가능성이 있고, 선진국에 비해 우리 경제 수준이 낮은 것을 십분 이해하더라도, 우리 교원의 봉급이 아직도 중산층의 생활을 보장할 정도에는 미치지 못하고 있다는 것, 또 하나, 우리의 경우 초임 임금과 최고 임금과의 격차가 외국에 비해 월등하게 커서 그 봉급 체계가 상후하박의 바람직스럽지 못한 모습을 띠고 있는 사실을 주목해야 하겠다.

소비자보호원의 실태 조사에서 드러난 문제의 첫째는 과중한 입시 준비 교육에 따른 학생들의 정신적 불안감이다. 고등학교 3학년생의 4분의 1이 넘는 25.7%가 대학 입시 부담감으로 정신 질환 치료를 받은 경험이 있는 것으로 나타났다 한다. 꿈을 키우며 인격이 피어나는 시기가 바로 이 고등학교 시절인데, 그들의 정서가 이렇게 어지럽다니 참으로 안타깝다.

둘째는 고등학생의 36.1%가 학원에 다니고 있고 그 가운데 84.6%가 학업이나 입시 문제에 대해 심한 부담과 갈등을 안고 있으며, 학부모의 85.2%가 자녀들에게 학원, 개인 및 그룹 과외, 학습지 등을 통해 사교육을 시키고 있는 것으로 나타났다. 입시 준비 교육이 이렇게 학교 밖으로까지 심하게 번져 학교 교육 불신으로 이어지고 있다. 그리고 이런 현상은 중학교, 초등학교, 그리고 유치원에까지 번지고 있다. 아직 오줌도 제대로 못 가리는 유치원 아이들에게 수학 과외, 영어 과외를 한다는 웃지 못 할 참혹한 현실과 비뚤어진 교육에 대한 인식을 어떻게 바로잡아야 할 것인가.

셋째는 엄청난 사교육비 지출 부담이다. 지역별로 조금씩 차이는 있지만 가구당 사교육비가 매월 약 25만 원이나 든단다. 그래서 공교육비까지 포함해서 수입의 약 25%가 교육비로 나간다. 엄청난 지출이다. 우리는 이렇게 나라가 맡아야 할 교육비의 상당 부분을 가정이 부담한다. 그야말로 교육에 총력을 기울인다. 과외비를 마련하기 위해 어머니가 파출부 일을 나가고, 등록금 마련을 위해 아버지는 잔업을 한다는 이야기도 익히 들어온 터다. 그런데 이 사교육비 지출에서도 어김없이 계층 간의 격차와 이에서 비롯한 갈등이 나타나고 있다. 아버지의 직업별로 보면 기업체 임원과 의사·변호사 같은 전문 직종의 경우 33만 원으로 소규모 자영업 종사자의 8만 원보다 무려 4배 이상 높다.

최근에 나온 두 보고서에 나타난 우리 교육의 현실은 이렇다. 교육의 양적인 측면은 엄청나게 팽창했지만 그것을 뒷받침해 주어야 할 여러 질적인 여건들은 이렇게 열악하다. 어떻게 해야 할 것인가. 이제 우리도 교육의 질에 좀 더 눈을 돌려야 하겠다. 그러기 위해서는 교육에 대한 올바른 이해와 뭐니 뭐니 해도 우리 경제 수준에 걸맞는 교육 재정 확보가 급선무라 하겠다.

4. 전인 교육으로 돌아가자

교육이라면 다냐? 진짜 교육도 있고 사이비 교육도 있다. 아니, 못된 교육, 그릇된 교육도 있다. 학교라면 다냐? 도무지 이게 교육하는 곳인가 하고 놀라게 하는 그늘이 너무 짙다.

학교는 네 가지 요소로 이루어진다. 교사, 학생, 교과서, 교실이 그것이다. 이 네 요소가 겉으로는 멀쩡한데 속으로는 다 병들었다. 교사는 학생들에 대한 인격적 감화력을 버린 지 오래다. 학생은 공부에 지쳐 친구도, 스승도 눈에 안 보인다. 꿈과 이상과 문화를 담아야 할 교과서는 부국강병의 논리에 치우쳐 있는데 그나마 과외·학원·문제집에 눌린다. '교실'로 상징되는 학교의 분위기·시설·설비 등은 "콩나물 교실, 손바닥 운동장, 주눅 든 교사"라는 익살대로 열악하기 짝이 없다.

학교 교육은 또 어떠한가. 그 하고 많은 교훈·급훈·월훈·주훈 …… 아름다운 이념들은 말잔치에 끝나고, 목표 면에서는 체제 적응·직업 기능·입신출세를 중시하는 기능 교육, 내용 면에서는 가치 감각이나 문화 감각을 일깨워 주는 문학·역사·철학보다 경제 성장이나 정보 사회 적응을 기하는 영어 회화나 컴퓨터·과학을 중시하는 실용 교육, 방법 면에서는 상품의 생산 공정이나 동물 훈련을 모델로 하는 경쟁·억압 교육, 체제 면에서는 일사불란하게 상명하달 되는 병영을 모델로 하는 통제 교육, 그리고 교직 면에서는 학생과의 인격적 접촉보다 교과의 효율적 수업과 기능 숙달을 더 중시하는 기술자적 교사상이 전문직적 교사상이라는 허울 아래 활개치고 있다.

이렇게 '인간'이 사라진 거짓 교육을 어떻게 바로잡아야 할 것인가. 참으로 어려운 과업이다. 그러나 우리 교육 현장에는 하나하나의 작은 작업으로 한 걸음 한 걸음 그 꿈에 다가가는 이름없는 교사들이 많다. 이 같은 이름없는 교사들에 의해 실은 우리 교육이 이나마 버텨 나가고 있다고 해야 하지 않을까?

어느 교사는 평생 글쓰기 교육에 힘쓰고 있다. 그것도 가난한 농촌의 초등학교 학생들을 대상으로 해서 말이다. 학생 각자가 자기 삶의 문제를 글로 써서 확인하고 풀어나가게 도와주기 위함이다. 아이들은 그 글을 통해 친구와 교사, 그리고 무엇보다도 자신과 대화를 나눌 기회를 갖는다.

어느 교사는 독서 교육에 힘을 쏟고 있다. 일 년에 꼭 읽어야 할 고전 작품을 미리 정해 놓고, 그것을 정성들여 읽고 발표하고 토론하고, 그 빛으로 현실을 바라보게 한다. 그 한 권의 책으로 인류의 몇 천 년의 역사를 통해 축적된 문화를 맛보게 하는 것이다.

어느 교사는 '위대한 평민'이 되라고 가르친다. 이 땅의 역사와 문화를 지키고 키워 온 사람은 실은 이름없는 평민들이다. 우리도 조상이 물려준 이 들과 산과 문화를 지키며 살자 한다. 도시에 보내 입신출세 시키는 것보다 더욱 귀한 삶이 서로 돕고 서로 부추기며 사는 정신 협동체적 향토 교육이라 한다.

어느 교사는 삶의 오리엔테이션 교육을 애써 한다. 고등학교 물리교사인 그는 자연계에 존재하는 아름다운 법칙처럼 정신계에도 역시 엄숙한 양심의 법칙이 있다고 믿는다. 바로 칸트가 그렇게 실토했다. "내가 그것을 생각하면 생각할수록 고개가 숙어지는 것이 둘 있으니, 나의 밖에는 별의 운행의 법칙이요, 내 안에는 가슴을 지배하는 양심의 법칙이다 ……." 이런 이야기를 수업 시간에 하면 학생들이 처음에는 깜짝 놀란단다. "진도나 나갑시다!"하며 소리 지르는 학생도 있다 한다. 그러나 나중에는 모두 물리를 배우는 것도 삶을 배우는 과정의 하나로 인식하고, 수업에 엄숙하게 임하게 된다 한다.

어느 교수는 국립대학 전임 교수 자리를 버리고 외딴 농촌으로 들어가, 산과 들과 풀과 벌레들과 더불어 살면서 자연과 인간의 공존을 이상으로 했던 옛 슬기로운 삶으로 돌아가 이웃도 사귀고 아이도 기르고 있다. 물질 소비의 양을 행복의 척도로 여겨 온 그릇된 삶의 방식에서 놓여났다.

또 어느 아버지는 대관령 굽이굽이를, 또 다른 어느 아버지는 문경새재 그 호젓한 고갯길을 아이와 더불어 걷고 대화하면서, 조상이 물려주신 아름다운 고향, 그 고향을 지켜 주신 할아버지와 할머니, 계절에 따라 새 옷으로 산과 들을 단장하는 이름없는 들꽃과 들풀과 들새들을 바라보며 역사와 자연과 삶에 대한 자세를 새로이 다진다.

어느 학교에서는 아이들의 등급을 매기는 통지표를 버리고, 모든 아이들이 하나도 빠짐없이 그가 맡은 몫에 대한 상장을 받으며, '졸업 논문'까지 쓰게 해서 문집을 만들어 선사한다.

어느 교회에서는 부모님의 배려를 거의 못 받는 아이들만 방과 후에 모아 같이 놀고 사귀게 하고 또 대학생 자원 봉사원 형과 언니들의 따뜻한 인간성에 포근히 감싸이게 한다.

이렇게 우리는 남이 알게 모르게 인간 교육에 힘쓰고 있는 사람들이 많다는 것을 잊어서는 안 된다. 불교에는 '육방예배'라는 말씀이 있다. 동서남북 네 방향과 하늘과 땅 두 방향으로 부처님을 예배함을 이름이다. 우리도 이렇게 인간 교육을 위해, 학교 안에서 밖에서 앞에서 뒤에서 알게 모르게 정성을 다하고 있는 것이다.

우리는 '인간 교육'이란 말을 곧잘 한다. 그러나 이것은 좀 이상하다. '교육'이라 하면 원래 인간을 대상으로 하는 것이므로 모두 인간 교육이 아닌가. 똑같이 바람직하게 성장시키는 일인데도 식물의 경우는 재배, 동물의 경우는 사육이라 한다. 우리가 굳이 인간 교육이라 하며 인간이란 앞가지를 붙이는 이유는 무엇인가. 교육이라면서 실은 '인간 재배'나 '인간 사육' 따위를 하고 있지 않나 하는 우려에서다. 이것은 이와 같이 우리가 아무 생각없이 쓰는 말에서도 역력하게 드러난다.

어느 교장은 교육은 '사람을 만드는 일'이라고 자랑한다. 자기는 책상을 만드는 목공이란 말인가. 어느 교장은 교육은 '사람을 기르는 일'이라고 했다. 자기는 무나 배추를 기르는 정원사란 말인가. 이제 우리는 모두 교육은 '사람을 일깨우는 일'이라고 하자. "말이 씨가 된다"는 속담도 있듯, 이런 말을 자주 쓰면 우리의 인식도 새롭게 다듬어져 진짜 교육에 힘쓰게 될 것이기 때문이다.

자, 이제 마지막으로 하나 더 다듬어 보아야 할 개념, '사람으로 일깨운다' 함은 무엇인가를 다져야 할 자리에 이르렀다. 우리 속담에도 "사람이면 사람인가, 사람이어야 사람이지"라는 말이 있다. 너울만 사람이라고 사람이 아니다, 속이 사람이어야 사람이라는 뜻이다. 그러면 속까지 사람이라는 뜻은 무엇인가. 우리는 이렇게 정의할 수 있다.

> 인간 교육은 사람을 사람으로 일깨우는 교육으로서 생명, 자연, 교양, 주체성, 창조성, 개성, 인격, 자유, 정의, 꿈, 사랑, 그리고 더불어 사는 협동적 삶 등의 귀함을 일깨워 주는 본질적 의미에서의 인간의 자기 각성·회복 교육이다.

인간 교육과 전인 교육

1. 아무데나 붙는 교육

교육이라는 말이 안 붙는 말이 거의 없다. 바람직한 행동 양식의 틀을 익히는 예절 교육, 직업 기술을 익히는 생산 기술 교육, 자기가 근무하는 회사에 대해 일체감을 갖게 부추기는 사원 연수 교육, 한 사회의 일원으로서 갖추어야 할 기본적 지식과 기능을 다지는 시민 교육, 자기가 속한 국가라는 하나의 체제에 충성을 기약하는 국민 정신 교육 …… 이렇게 수많은 교육이 있다.

사회를 떠받치고 있는 그 많은 기능이라 문화의 가지마다에 이렇게 다 무슨 무슨 이라는 이름의 '교육'이 붙어 있다. 모든 기능은 교육을 통해 익히고 이어지며, 모든 문화는 개개인의 가슴을 통해 다시 체험되고 이어지는 것이기에 당연하다면 당연하다.

여기까지는 좋다. 그런데 좀 이상한 냄새가 나는 것이 있다. 새마을 교육, 당원 교육, 품질 관리 교육 따위가 이런 것들이다. 이렇게 특정의 이념이나 조직의 이익을 위해 기능 훈련을 하거나 정신 조작을 가하는 것까지 교육이라 할 수 있을까? 좀 다른 말이 있을 것 같다. 새마을 교육은 새마을 연수, 당원 교육도 당원 연수, 품질 관리 교육 역시 품질 관리 기술 연수라고 해야 하지 않을까? 우리는 위에서, 교육이 성장, 사육, 제작, 순치 등과 다르다는 것, 왜 근본적으로 다르냐는 것과 그리고 본질적 의미의 교육은 사람을 일깨워 주는 '각성 교육'이고, 이것을 보통 우리는 '인간 교육'이라 한다는 논리를 다듬어 보았다.

자, 이제 또 하나, 좀 다른 관점, 즉 바로 우리가 왜 '교육'이라 하기에는 좀 어색해서 굳이 연수라고 해야만 속이 편하게 느껴지는지, 그 답답함을 풀어 주는 논리를 하나 더 살펴보기로 하자.

2. 학교의 두 기능

교육 하면 학교, 학교 하면 교육, 이렇게 우리는 학교를 교육과 동일시하기가 쉽다. 그것도 무리가 아니다. 가정, 학교, 사회라는 교육의 세 마당 중에서 오늘날 학교가 교육의 중추적 기관으로 자리하고 있기 때문이다. 그래서 이 학교가 무엇을 하는 곳인가를 곰곰이 따져보면 교육이 실은 무엇인가가 돋보이게 된다.

학교란 원래 그 어원으로 보면 비교적 한가한 시간을 누릴 수 있었던 상류층 사람들이 모여 담소하면서 문화를 즐기며, 자녀들에게도 그 문화의 기초를 접하게 도와주는 일정한 장소를 점하는 문화적 공간이었다. 그래서 옛날에는 학교라 하면 특권층이나 접할 수 있는 곳이요, 주로 문화적 교양을 담고 키우고 이어가는 곳이었다. 그러나 차츰 개방되어 현대에 와서는 우선 만인의 것이 되고, 그곳에서 배우는 것도 교양보다는 그 사회에 적응하고 그 사회와 더불어 성장·발전하는데 요구되는 능력·기능·태도를 익히는 곳으로 바뀌었다.

현대의 학교는 옛날과 어떻게 달라졌는가. 그 전형적인 예를 초등학교의 의무 교육 이념에서 볼 수 있다. 우선 강제성이다. 모든 해당자의 강제적 취학 의무를 말함이다. 다음은 보편성(혹은 보통성)이다. 모든 시민과 계층에 널리 개방됨을 이름이다. 보통 선거 제도를 연상하면 쉽다. 남자나 세금을 많이 낸 사람만 투표권이 있는 선거가 아니라는 말이다. 또 기초성이다. 모든 문화의 기초를 배우는 곳, 그래서 절대로 특정 이념이나 특성 기술에 치중할 수 없는 곳이라는 말이다. 또 하나, 일반성이다. 이 사회에 필요한 모든 것을 고루고루 빠짐없이 배운다는 말이다. 그래서 쉽게 말하면 초등학교에서는 '전공'이 있을 수 없다. 그리고 끝으로 무상성이다. 학비의 공공 지원·부담을 이름이다.

교육의 전형적인 기관인 현대의 초등학교 의무 교육 제도는 이렇게 강제성, 보편성, 기초성, 일반성, 무상성 위에 서 있다. 이와는 별도로 이른바 공교육 이념의 두 원리라 하여 자유의 원리, 평등의 원리가 있다. 자유의 원리는 교육이 특정 종교나 정치 세력의 지배로부터 자유로워야 함을 말하며, 평등의 원리는, 교육은 인종·성·계층 등으로 차별을 받아서는 안 된다는 기회 균등성의 원리다.

자, 이렇게 놓고 보니, 앞서 보기로 든 새마을 교육, 당원 교육, 품질 관리 교육 따위는 참뜻으로서의 교육이 절대로 아니라는 것을 알 수 있다. 연수라고 해야지 교육이라고 써서는 안 됨을 다시 확인할 수 있으리라.

　이제 본 가지로 들어가서 교육의 전형적인 기관인 학교의 두 가지 기능을 분석하여 보자.

　학교 교육(schooling)의 두 가지 기능은 교육(education)과 사회화(socialization)이다. 옛날에는 이 가운데에서 교육 기능이, 근대에 와서는 사회화 기능이 우세했다. 그런데 현대에 와서는 사회화 기능이 지나치게 큰 비중을 차지하면서 교육 기능을 좀먹고 밀쳐내기에 이르렀다. 그래서 교육과 사회화의 균형이 무너져 학교 교육이 흔들리고 있는 것이다.

　그러면, 사회화와 교육은 어느 면에서 근본적으로 다른가. 사회화는 효율적 직업과 사회·경제·정치적 활동에 참여할 수 있게 준비를 시키는, 시민을 양성하는 일이요 이에 비해 교육은 문화를 감상·창조하고 정신생활을 풍요롭게 하여 개개인의 삶의 질 향상을 기하는 일이다. 그래서 사회화는 실용적이며 눈에 잘 띄는데 교육은 비실용적이고 눈에 잘 띄지도 않는다. 이 영악한 사회에서 교육이 사회화에 자꾸만 밀리는 원인이 여기에 있다. 내버려 두면 교육은 설 자리마저 잃게 될 것이다.

　그래서 우리는 이 '교육'을 소리높이 외쳐 제자리를 찾게 하여 이와 더불어 '학교 교육'이 살아나고, 그 덕분에 '사회화'도 한층 높은 차원에서 충실해지기를 기해야 한다. 교육이 그 권리를 다시 찾아야 한다는 이 논리를 '교육 복권'의 논리라 한다. 단 여기에서 말하는 교육도 우리가 이제까지 보아 온 인간 교육에 다름 아님을 다지고 넘어가자.

3. 루소의 인간 교육관과 시민 교육관

인간 교육이라 하지만 그 속에 담고 있는 내용은 학자에 따라, 시대에 따라, 교사에 따라, 또 학교가 그 속에 짜여져 있는 체제에 따라 꽤나 다르다. 똑같은 하나님을 믿고 있다 하지만 사람에 따라 그 하나님이 꽤나 다를 수 있다. 어떤 학자는 하나님의 개념은 신학자의 수만큼이나 많고 다르다고 했다는데, 꼭 삐딱한 말만은 아닌 것이다.

근대 교육을 여는 예언적 교육 사상가로도 평가되고 있는 루소는 교육을 '자연 교육', '사물 교육', '인간 교육'의 셋으로 나누었다.

자연 교육은 인간의 능력과 기관의 발달 과정에 따라 배우는 교육이다. 예를 들면 사춘기에 여드름이 나고 이성에 대한 관심이 높아지는 것은 내 힘으로는 어찌할 수 없는, 조정 통제가 완전 불가능한 것인데, 이때 우리 신체와 정신이 급속하게 성장한다.

사물 교육은 경험에서 배우는 교육이다. 예를 들면 환경에서 얻는 경험의 영향 같은 것이다. 맹자의 어머니가 아들을 위해 세 번이나 이사를 했다던 맹모삼천지교(孟母三遷之敎)가 그것이다. 단 이 경우, 조정이나 통제가 부분적으로만 가능하다. 이사는 했지만 그 가난 자체는 어찌할 수 없었다는 것 등이다.

인간 교육은 어린이 주위의 사람, 예를 들면 부모나 교사의 말과 행동에서 배우는 교육이다. 그래서 이것은 조정·통제가 거의 완전 가능하다.

루소에 의하면 이 세 교육이 서로 협동·조화될 때 교육이 잘 이루어질 텐데, 그 세 교육이 이렇게 조정·통제가 완전 불가능, 부분 가능, 완전 가능 등으로 협동·조화되기가 어렵기 때문에 부분

가능한 사물 교육, 완전 가능한 인간 교육이 완전 불가능한 자연 교육을 따라 갈 수밖에 길이 없다. 즉 자연에 돌아갈 수밖에 없다. 이것이 자연 교육, 혹은 자연에 돌아가자는 루소의 논리다.

루소는 『에밀』에서 "하나님의 손에서 나눌 때는 만물이 선하나 인간의 손(사회체제)에서 악으로 변한다"면서 인간의 천성을 존중할 것을 주장했으며, 『사회계약론』에서는 "인간은 자유로 태어난다. 그러나 모든 곳에서 쇠사슬에 얽매이고 있다"면서 인간의 천성이 사회 체제로부터 해방되어야 한다고 부르짖는다.

인간(어린이)를 존중하자, 인간(어린이)을 사회 체제로부터 해방시키자, 이 두 생각이 루소의 자연 교육을 이루고 있는 두 개의 가닥이다. 그런데 여기에서 우리가 또 하나 아주 결정적인 그의 명제를 음미해야 한다. 그것은 인간 교육과 시민 교육을 대비시키면서 인간 교육을 더욱 중시한 그의 형안(炯眼)이다. 그의 논지는 이렇다.

인간을 만드느냐 시민을 만드느냐, 이 둘 중의 하나를 택해야 한다. 동시에 이 둘을 해낼 수는 없다. 왜냐하면, 현재와 같은 불평등 사회에서는 이상적인 조국은 있을 수 없고, 따라서 인간 교육과 시민 교육을 동시에 실현할 수 있는 이상적 공공 교육도 존재할 수 없기 때문이다. 즉 현재의 불평등 사회 안에서의 교육은 국가가 관장하며, 교육을 통해 그 불평등 사회를 재생산하기 때문이다. 그러면 어떻게 할 것인가? 둘 가운데 하나를 포기할 수밖에 없다. 시민 교육을 포기하고 인간 교육만을 하자. 그러기 위해서는 교육이 공교육 밖에서 진행되어야 한다. 이렇게 다져진 인간 교육은 결과적으로는 한 차원 높은 훌륭한 시민 교육이 되기도 한다.

　　루소는 "인간의 유일한 천직은 인간이 되는 일이다. 농민처럼 일하면서 철인처럼 살아라"고 하였고, 그것은 우리가 위에서 분석해 본 '교육'과 '사회화'와의 대비에서 보면, 단연코 교육 편에 서 있다는 것을 알 수 있다. 그는 현대 교육의 병폐들을 직관적으로 예감하고 인간 교육의 논리를 이렇게 시적으로 선언하여, 현대 교육의 예언자 자리를 굳힌 한 시대의 천재다.

4. 인간 교육과 선비 교육

　　학교 교육이 갖는 두 가지 큰 기능, 즉 교육과 사회화 중 어느 것이 더 중요한가. 이 물음은 어느 교육 사상가에게도 던져진 것이고, 그 결론은 한결같았다. 교육이 더 중요한 것이다. 루소는 위에서 본 바와 같이 사회화를 부정적으로, 심지어 부도덕한 것으로까지 보았기 때문에 더욱 그러했다. 그러나 사회화를 긍정적으로, 교육과 거의 같은 비중으로 여긴 교육 사상가도 없지는 않았는데, 그러나 그들도 이 둘 가운데에서 교육이 더 중요하다고 보았다. 교육이 제대로 안 된 상태에서는 사회화도 효과적으로 이루어지지 못하기 때문이라 한다. 위대한 근·현대의 교육 사상가들의 이 같은 생각을 확인하는 것도 퍽 의미 있다 하겠다.

　　유럽의 대학 역사에서 교육학을 철학에서 독립시켜 최초로 한 학기 강의 과목으로 설정한 칸트는, 교육이란 인간 각자가 하늘이 주신 소질을 조화롭게, 그리고 목적에 알맞게 계발시키는 예술이며, 그로써 인류의 완성까지도 기하는 작용으로 여겼다. 그러므로 그의 교육학은 개개인의 인격 도야와 전 인류의 구원의 길을 동시에 꾀하는 이론 체계이다.

상류 계층 위주의 교육에서 민중 계층 위주의 교육으로 교육의 역사에 코페르니쿠스적 대전환을 일으킨 교육 개혁자 페스탈로치는 읽기·쓰기·셈하기보다 인간됨을 더욱 중시하는 '인간 학교'를 제창하면서, 덕육(德育)이 지육(知育)과 체육(體育)보다 중시되는 삼육론(三育論)을 폈다. 그의 교육학 역시 사회화보다 교육을 앞세우는 것이었다. 그는 말했다. "먼저 인간이 되라. 그리고 나서 석공이 되라."

철학도 교육도 삶을 갱신하자는 것이므로 이 둘은 분리할 수 없고, 교육은 그 삶의 갱신을 위한 경험의 재구성이라고 여긴 듀이도 그의 명저 『민주주의와 교육』의 결론을 도덕 교육론으로 맺고 있다. 사회생활에 필요한 특정 행위를 익히는 데 그치지 않고 인간으로서의 성장을 기하는 꾸준한 경험의 재구성이 진정한 의미의 도덕 교육이란 것이다.

20세기의 지성을 대표하는 문명 비판적 예언자 러셀도 역시 교육의 이상은 개성 계발과 시민성 계발의 조화이겠지만, 좋은 시민을 양성하는 유일의 길은 좋은 개개인을 양성하는 길이며, 그러기 위해서는 부도덕한 국가의 지배로부터 교육이 놓여나야 한다고 갈파하고 있다. 이점에서 루소의 생각과 너무나도 닮아 있다.

물질 문명 일변도로 치닫고 있는 현재의 교육을 바로잡지 않는 한 인류는 망한다고 외친 마리땡은 『기로에 선 교육』에서, 교육의 첫째 목표는 인격의 내면적 자유 획득이요, 그 다음이 인간의 사회적 발전이라 선언하며, 삶을 오리엔테이션 하는 종교 교과를 중핵으로 하고, 가치 감각을 키워 주는 철학 교과가 그 다음, 문화를 담고 키우는 언어 교과가 그 다음…… 이렇게 진리 감각 계발 중심의 교육을 제안한다.

동양은 어떤가. '수신제가' 한 다음에 '치국평천하'다. 몸을 닦는 일이 제일 먼저고 이것이 출세의 필수불가결의 조건이기도 했다. 그래서 먼저 도(道)를 구하는 교육이어야 한다고 일찍이 이렇게까지 타일렀다.

공자가 가르치길, "군자는 도를 얻으려고 밤낮 꾀하지만 식(食)을 얻으려고 꾀하지 않는다. 먹을 것을 얻고자 제 아무리 밭을 갈아도 배고픔은 따르기 마련이지만, 도를 얻으려고 학문에 힘쓰면, 봉록은 거기에 절로 따르는 법이다. 그러기에 군자는 항상 도만을 걱정하지, 가난을 걱정하지 않는다."(위령공 31)

이 가르침은 특히 예수의 산상 수훈 속의 말씀, "먼저 주님의 나라와 그 의를 구하라. 그러면 먹고 마실 것은 자연히 채워주신다"는 말씀을 연상시킨다. 퇴계는 학교의 교사와 학생을 타이르는 「유사학사생문」(諭四學師生文)에서 이렇게 말했다.

학교는 풍속과 교화의 본이며, 모범을 세우는 곳이요, 선비는 예의의 주인이고, 원기가 붙어 있는 곳이다. 국가에서 학교를 설립하여 선비를 양성하는 것은 그 뜻이 매우 높으니, 선비가 입학하여 자기를 수양함에 있어서 어찌 구차스럽게 천하게 하고 더러운 행동을 할 수 있겠는가.

율곡 역시 「학교 모범」에서 이렇게 말했다.

천부의 덕은 누구나 받았건마는 사도가 폐하여 끊어지고 교화가 밝지 못함으로 말미암아 떨쳐 일어나고 이루어지지 못하기 때문에, 선비의 풍습이 경박하여지고 양심이 마비되어져서 부박한 공명만 숭상하고 실행을 힘쓰지 아니 하니, 위로는 조정에 인재가

> 모자라서 벼슬자리에 허점이 많으며, 아래로는 풍속이 날로 부패
> 하고 윤리의 기강이 날로 어지러워졌다. 생각이 여기에 이르니
> 참으로 한심하지 않을 수 없다. 이에 구습을 일소해 버리고 선비
> 의 기풍을 크게 변화시키기 위하여 선비를 선택하여 교화하는
> 도를 이미 다하고. 대략 성현의 가르침을 본받아 "학교 모범"을
> 만들어서 많은 선비로 하여금 몸가짐과 일해 나가는 규범을 정
> 하니 모두 16조로 되어 있다. …… 첫째는 입지이니, 배우는 자는
> 먼저 뜻을 세워가지고 도로서 자임할 것이다. ……

선비 정신을 찾아 일으키자는 홍사단의 지도자 도산 안창호 역
시 교육의 궁극 목표를 개개인의 자아 수련과 자아 혁신을 바탕으
로 하는 인격 혁명으로 보고, 이 인격의 힘으로 조국의 독립을 기
하자며 이렇게 울부짖었다.

> 이렇게 아주 몹쓸 놈의 종자처럼 되어 버린 인격으로 무슨 사회
> 개혁입니까? …… 어느 세월에 인격 혁명을 하여 가지고 사회 개
> 혁을 하느냐고 또 반격을 할는지 모릅니다만. 우리 사회에 인격
> 혁명한 이가 한 해에 열 사람이면 열 사람, 스무 사람이면 스무
> 사람, 이같이 늘어 갈수록 우리 사회는 점점 좋아질 것이 분명합
> 니다.

동양의 교육 사상가 공자, 퇴계, 율곡, 도산도 하나같이 이렇게
인간 교육이 앞서야 한다고 역설한다. 서양과 똑같다. 다만 동양에
서는 그 '인간'이란 표현이, 우리 동양이 기리는 이상적 인간상으로
서의 군자, 선비 등으로 좀 더 구체화되어 있다.

선비란 무엇인가. 학문을 구체적인 삶에 살리는 지성, 삶을 아
름답게 설계하고 자연의 미를 즐기는 미적 감성, 그리고 정의 사회

실현을 위해서는 벼슬도 헌신짝처럼 버리고 초야에 묻히는 정의 감각, 이 셋을 두루 갖춘 인격자를 말한다.

이 선비상에 대하여 세 가지 기준으로 비판하는 사람도 있다. 첫째는 그 계층성이다. 선비 계층은 옛 봉건 신분 제도에서 최상층만을 의미하기 때문에 사민 평등을 내세우는 현대의 민주 사회에는 안 맞는다 한다. 둘째는 명분 지상성이다. 명분만을 지나치게 내세워 실질을 버리기 쉽다 한다. 셋째는 비생산성이다. 그 정신이 경제적 생산성으로 잘 이어지지 않는다 한다.

그러나 이 같은 비판직 시각은 신비의 참모습에서 많이 벗어난 것이다. 진정한 선비가 지니고 발동시키는 선비 정신은 그 대표적인 예를 실학자 다산에서처럼 계층의 제약성을 허물며, 실질로도 이어지고, 이용후생, 낙토조선 건설이란 경제적 생산성으로도 발현된다.

선비상에서 우리가 이어받아야 할 가장 귀중한 것은 그 정신이다. 선비는 이제 계층적 지칭이 아니고 민중의 멋진 삶의 자세에 대한 지칭이 되었다. 우리 겨레는 이것을 가장 귀중한 정신적 유산으로 받들어 키워 왔고, 학문과 글을 가장 귀하게 여기는 그 전통 덕택으로 교육에 전력을 다하여 광복 50년, 이렇게 짧은 기간에 선진국 대열에 들어서게 되었다.

선비상은 모든 계층이 지니고자 하는 이상적 인간상이라는 것을 우리는 동학 농민 혁명의 지도자 전봉준의 「공초」(1895년 2월 9일의 재판 기록)에서 역력히 볼 수 있다. 직업을 묻는 판관에게 그는 선비로 일하고 있다고 대답했다. 더욱이 가난을 부끄러워하지 않고 전답이라고는 세 마지기밖에 없는 선비라고 자랑도 하고 있다. 우리는 이 같은 전봉준에게서 일개 농민 속에도 살아 숨 쉰 귀한 선비 정신을 발견한다.

5. 전인 교육이란 무엇인가

지금까지의 꽤나 길었던 탐색의 과정에서 우리는 진정한 교육은 '인간 교육'이고, 교육의 가장 중추적인 마당인 학교는 교육과 사회화를 조화시켜야 하는데, 오늘날 경제 성장을 지상의 과제로 여기는 국가에 의해 장악·통제되는 학교에 있어서는 그 교육이 사회화에 밀려 잠식당하고 있으므로 교육을 복권시키는 작업이 학교를 살리고 문화를 바람직한 방향으로 발전시켜 인류에게 다시 꿈을 안겨주는 시대적 과제임을 살펴보았다.

자, 이제 우리는 '전인 교육'이란 무엇인가를 다듬어야 할 단계에 이르렀다.

우선 전인 교육은 우리가 위에서 본 '인간 교육'과 어떻게 다른가. '인간 교육'은 여러 교육 중에서 가장 중요한 교육을 뜻하며, 그래서 본질적인 의미의 교육과 같은 뜻이기에, 교육학 사전에도 '인간 교육'이란 항목은 따로 없다. 당연하다. 그러나 '전인 교육'이란 항목은 별도로 있다. 우리나라의 대표적인 교육학 사전인 『교육학 용어 사전』(서울대학교 교육연구소 편, 1994)에는 이렇게 정의되어 있다.

> 전인 교육: 全人敎育, 지·정·의(知·情·意)가 완전히 조화된 인격자를 기르는 것을 목적으로 하는 교육으로 공리주의와 입신 출세주의를 동기로 하거나, 국가 권력이 요구하는 부국강병주의에 지배되어서 인간 생활의 일면에 지나지 않는 지식·기능이나 극단적인 애국심만을 강조하는 교육에 반대하여 나타났다. ……
> 이러한 전인 교육은 학교뿐만 아니라 가정·교회, 혹은 지역 사회 등의 유기적 조화를 통해서만 가능하다.

이 개념 규정에서처럼 전인 교육은 우선, 인간을 일깨워 주는 교육 가운데에서도 특정의 지식·기능·주의에 쏠리지 않는, 폭 넓은 교육을 지칭한다. 페스탈로치의 삼육론, 곧 지·덕·체의 조화 발전의 논리가 그 원형이라 할 것이다. 이래서 전인 교육은 지육, 덕육, 체육은 물론이요, 예능 교육, 전문 교육, 기능 교육, 예절 교육, 직업 교육, 환경 교육, 노작 교육, 평화 교육…… 같은 모든 교육의 기초를 그 안에 담는다.

다음은 인격 교육과 전인 교육의 차이점이다. 이 둘은 다 교육의 가지이지만 인격 교육은 사람의 말이나 행동에 나타나는 품성을 좋게 키워 내는 도덕적 의지 교육인데 비해 전인 교육은 넓은 교양, 그 중에서도 문화적 소양을 갖추고 그것을 즐길 수 있게 돕는 문화적 교양 교육에 더욱 가깝다. 영국의 로크가 이 인격 교육을 내세운 대표적인 사람이다. 유럽 중세의 기사 교육, 영국의 신사 교육, 한국의 선비 교육, 일본의 무사 교육이 바로 이 같은 전형적인 인격 교육의 특징을 지니고 있다. 이에 비해 전인 교육은 특정 인간상을 지향한다기보다 문화의 거의 모든 분야에 대한 폭 넓은 능력·기능·태도를 지니며, 그 문화를 자기의 온 삶으로 즐기는 교양을 중시한다.

셋째는 교양 교육과 전인 교육의 차이점이다. 앞서 전인 교육은 도덕적 의지로 품성을 닦는 인격 교육에 견주어 넓은 문화적 교양을 지니고 그것을 온 삶으로 즐기도록 하는 교양 교육에 더 가깝다 했다. 그러나 교양 교육과 전인 교육은 근본적으로 다른 점이 있다. 교양 교육은 원래 실용 가치로부터 자유로운 자유인의 교육, 즉 아리스토텔레스의 자유 교육의 이념을 터전으로 하여 모든 학문의 기초를 두루 다지는 기초 교육, 자기 전공과는 좁게는 바로 이어지지 않으면서도 크게는 이어지는 일반 교육, 그리고 기능 교육이나 전문 교육이 아닌 감성 계발 교육 등 일반적으로는 '비실용성'을 존중한다. 그러나 전인 교육은 현실의 삶에서 배우고 그 삶을 좀 더 의미 있고 풍요롭게 가꾸자는 '실용성'을 더욱 중시한다. 이 것은 전인 교육이 생활 교육, 노작 교육, 자율 교육, 공동체 교육, 그리고 우리나라에서는 조상으로부터 이어받은 농토를 지키며 가꾸자는 '위대한 평민 교육' 등으로 전개되는 모습에서도 잘 드러난다.

따라서 우리는 전인 교육을 이렇게 정의할 수 있다.

> 전인 교육은 문화의 여러 기초를 삶으로 다지고, 문화와 삶의 발전을 기하는 온전한 문화 인격 교육이다.

이렇게 정의를 내려 보았으나 그 개념이 아직도 뚜렷하게 잡히지 않은 사람들을 위해 영어나 독어의 표현을 써서 부연해 보기로 한다. 인격 교육은 character education(영어)과 Charakterbildung(독어)으로 그 용어가 분명하다. 그러나 전인 교육은 그렇지가 못하다. '전인'은 온전한 인간이란 뜻인데, 이 '온전'이란 말에 여러 다른 뉘앙스가 있기 때문이다. 우선 성경에 나오는 표현으로 생각해 보자. 예수님의 산상수훈에 "그러므로 하늘에 계신 너희 아버지의 온전하심과 같이 너희도 온전하라"(마태복음 5장 48절)는 말씀이 있다. 그런데 가장 최근에 번역된 『공동 번역 성서』에는 이 '온전'이란 말이 '완전'으로 바뀌어 이렇게 옮겨졌다. "하늘에 계신 아버지께서 완전하신 것 같이 너희도 완전한 사람이 되라." 이렇게 뉘앙스가 조금 달라 영어 성경을 두 종류로 보았더니 모두 perfect, 독어 성경 역시 두 종류 다 vollkommen이었다. 다 '완전', '완성'이라는 뜻이다. 신약 성경 원전인 그리스어에서는 teleios(텔레이오스)인데, 그 용례를 『그리스어 성경 사전』에서 찾아보니, ① 온전히 성취되고 계발되고 실현됨(fully accomplished, developed, and realized), ② 부분적이거나 제한적이 아닌 완전함(complete, entire as opposed to what is partial and limited), ③ 어떤 기준에 비추어 부족함이 없는 완벽함(perfect without shortcoming in respect of a certain standard)이었다. 이렇게 온전함, 완전함, 완벽함 등을 뜻했다.

그러면 이렇게 온전·완전·완벽한 인간을 기르는 '전인 교육'은 어떻게 될까? 미국의 명문 콜롬비아 대학의 총장이요 미국을 대표하는 교육학자 중의 하나요 1931년도 노벨 평화상 수상자인 밧틀러는 인간의 문화를 종교, 예술, 도덕, 학문, 산업의 다섯으로 나누고, 이 다섯 문화를 두루 갖춘 인격을 기리며 이 같은 사람을 wholeman(전인)이라 했다. 그런데 이보다 백여 년 전에 페스탈로치의 동지요 『독일 국민에 고함』으로 유명한 피히테는 문화적 감각을 가장 귀히 여기고, 그런 사람을 키우고 닦는 사람을 Kulturmensch(문화 인격)이라 했다. 페스탈로치의 삼육론을 일본에 뿌리내리게 한 다마가와 학원(玉川學園)의 창설자 오바라(小原國芳)는 그의 명저 『전인 교육론』에서 이렇게 선언한다.

> 교육의 내용에는 인간 문화의 전부를 차려야 합니다. 따라서 교육은 절대적으로 '전인 교육'이어야 합니다. 전인이란 완전 인격, 즉 조화 인격의 뜻입니다. 이러한 인간 문화가 빠지면 그만큼 인간은 병신이 됩니다. 오늘날 일본의 학교는 거의 '병신 학교'가 아닐까요.

그가 말한 전인은 인간 문화의 전부를 고루 갖춘 문화 인격, 모든 능력을 고루 갖춘 조화 인격, 그렇기에 '온전한 사람'을 뜻했다. 그러면 인간 문화를 어떻게 나누고 교육에 담아야 할 것인가. 그는 문화를 학문·도덕·예술·종교·보건·경제의 여섯으로 나누고, 이에 해당하는 가치의 진·선·미·성·건·부를 모두 실현하는 교육을 각각 학문 교육·도덕 교육·예술 교육·종교 교육·건강 교육·경제 교육의 '6방면 교육'의 통일로 이룩하려 했다.

그가 든 비유가 재미있다. "코스모스는 그리스어로 우주를 뜻하는데, 여섯 개의 꽃잎으로 이루어져 있다. 전인 교육도 그래서 코스모스처럼 이렇게 여섯 꽃잎이다." 참으로 아름답고 알기 쉬운 비유다. 대교육학자다운 체취가 풍겨난다.

그런데 한 가지 문제가 있다. 나는 들꽃들을 특히 좋아해서 철저하게 관찰하고 음미하는데, 꽃잎이 여섯인 코스모스는 지금까지 본 적이 없다. 모두 여덟 개다! 오바라가 착각한 것이다. 그러나 이것은 그의 적절한 비유의 가치를 조금도 손상하지 않는다. 아름다운 실수요 애교로 봐주어야 한다. 나는 이 오바라의 전인 교육에 대한 강연을 20대에 교육학도로 들었을 때를 평생 잊지 못한다. 그는 그야말로 페스탈로치의 사도요, 일본 새 교육의 개척자요, 교육에 모든 것을 건 '교육 종교'의 대제사장이었다!

자, 이제 전인 교육의 다양한 모습을 여러 표현을 통해 확인하기로 하자.

먼저 순우리말로 '온전한 사람 교육'이라고도 할 수 있겠다. 영어로는 온전한 교육(wholeman education), UNESCO 교육 문서는 (complete man education), 패터슨 같은 최근 미국 교육학자들은 (humanistic education 또는 humanistic foundation of education), 독일어로는 문화 인격 교육(Kulturmenschbildung)이나 인간성을 일깨워 준다는 뜻의 인간성 지향 교육(Erziehung zur Menschlichkeit) 등이 쓰이고 있다.

라틴어로는, 인간을 다른 동물과 결정적으로 구별하는 본질적 특성으로 도구를 제작하고 사용하는 데서 찾는 공작인(homo faber),

지혜를 지닌 데서 찾는 지혜인(homo sapiens) 등에 대비시켜, 모든 것을 두루 갖추어야만 존립한다든가, 따라서 무엇인가 한 가닥이라도 빠지면 몫을 못 한다든가 하는 특질로 찾는 총체인(homo totus)이라는 표현을 쓰고 있다. 이 용어는 괴테의 친구이자 낭만주의 문학자인 쉴러가 처음으로 썼다. homo는 영어로 human, totus는 total이다. 그래서 '전인 교육'은 'educatio homo totus'일 것 같아서 라틴어 전문가에게 물어 보았더니. 이런 용례는 없다는 것이었다. '전인 교육'이란 개념이 그 시대에는 없었다는 반증이다. 교육이면 당연히 전인 교육이고, 이 둘은 동의어였던 것이다.

"말은 존재의 집이다"는 명제가 있다. 이렇게 다양한 말에 접하면서 우리는 전인 교육이 무엇이며, 무엇이어야 하는가를 조금 다른 시각에서 생각해 보기도 하는 것이다.

뒤틀린 교육과
아이들의 울부짖음

1. 교육의 상식 논의

상식적인 개념이 많다. 민주 국가의 주인은 국민이요, 3권은 입법·사법·행정이요, 모든 국민은 법 앞에 평등하며, 그 법은 국민이 선출한 국회의원들이 국회에서 제정한 것이요, 그래서 민주주의는 전체주의나 군주주의보다 훨씬 늦게 발전한, 그래서 최선의 정치 형태라는 것 따위다. 이 정도의 개념은 초등학교 어린이들도 다 배워 익히 알고 있다. 그렇게 상식이 되어 버려, 우리 일상생활에 녹아 있다. 상식 안에서 살면 편안하다. 아니, 그 상식도 의식하지 않고 사는 삶은 더 편안하다. 우리말에 '법 없이도 사는 사람'이란 말이 있는데, 이를 두고 한 말이다. 경제생활에도 사회생활에도 가정생활에도 이런 상식이 많다. 그런데 이런 영역에 녹아 있는 상식은 대개는 관습이나 습관 그리고 생활을 통해서 자연스럽게 익힌

것이라는 점에서 위의 정치에 관한 상식과는 다르다. 아껴 쓰는 게 좋다, 이웃사촌이 낫다, 웃어른에게는 먼저 인사해야 한다, …… 이런 규범들은 굳이 배울 필요도 없이 생활을 통해 자연스럽게 몸에 배는 것들이다.

그런데 교육에 관한 한 이런 상식이 잘 안 통한다. 아니 그런 상식적 지식이나 일반적 원리가 그리 많지 않다고 해야 옳다. 교사는 촌지를 받아서는 안 된다, 교사는 어린이의 개성을 부추겨 키워 주어야 한다고 할 때, 앞의 것은 상식적 지식이요 뒤의 것은 일반적 원리이기에 누구나 동의할 것이다. 그러나 교육의 주체는 교사다, 체벌은 효과적인 교육 방법의 하나다 …… 이런 말에는 선뜻 긍정을 못 하고 고개를 갸우뚱하는 사람도 많을 것이다. 그 말의 옳고 그름에 자신 있는 판단이 내려지지 않는다는 말이다. 사실 교육의 주체는 학생이라고 여기는 교육관도 있고, 사랑의 매라 해서, 속에서는 울면서 때리는 할아버지의 따끔한 매 한 대가 백 마디 설교보다 더 효과적일 수도 있다고 체벌을 찬성하는 사람도 있다.

교육에 관한 이야기들은 이렇게 쉽고도 어렵다. 누구나 다 잘할 수 있을 것 같고, 실제로 그렇게 잘 해 나가는 사람이 많아서 쉽다. 이런 모습을 페스탈로치는 그 천재적인 직관으로 이렇게 말했다. "다리 밑에 사는 가난하고 무식한 거지 어미도 그 자식을 들장미처럼 아름답게 키워 낸다." 그런데 또 아주 어렵기도 하다. 때려서 잘 듣는 아이가 있는가 하면 도리어 역효과를 내는 아이도 있다. 그런가 하면 아침에는 들었던 아이가 저녁에는 안 듣는 경우도 있다. 아이를 위해 가정교사를 들여 영어다 그림이다 음악이다 가르쳤는데 그것이 독이 되어 아이의 지적 성장을 도리어 막는 경우도 있다. 이 경우를 두고 페스탈로치는 이렇게 질타했다. "타락한 문명에 따라가는 반쪽 어머니들이여! 제발 그대들 자신이 하늘이 맡기신 천성적 교사임을 자각하시라!"

　　교육은 이렇게 쉬운 것 같으면서도 어렵고, 또 어려운 것 같으면서도 쉬운 면도 있다. 자연 과학이나 사회 과학에서처럼 누구에게나, 어디서나 적용될 보편 타당한 일반적 원리가 거의 없기 때문이다. 교육학도 수학이나 물리학처럼 과학으로 다듬어 낼 수는 없을까? 그러려면 교육에서 쓰이는 용어를 잘 다듬고, 교육의 전제를 점검하고, 진짜 교육인 것과 아닌 것을 가려내고, 그래서 논리적으로 체계화해야 한다, 바로 이런 발상에서 ―갑자기 어려운 학술어를 써서 죄송하지만― 언어 분석적 방법을 도입한 교육 철학, 줄여서 분석 철학적 교육학이 등장한 것이다. 철학에서 분석 철학의 등장과 궤를 같이한 것이다.

　　이 분석 철학은 공헌점도 많았지만 한계점도 많았다. 논리적으로 옳고 그름이 판가름 나는 말(명제)만 다듬자 하는데, 그렇다면 가치에 관련된 말은 어떻게 할 것인가. 예를 들어 "인격적 존엄성이 경제적 평등성보다 존중되어야 한다"는 말은 어떻게 할 것인가. 그것은 진위가 논리적으로 판별될 수 있는 말(명제)이 아니니까 버려야 한다! 도대체 철학이 이 따위 가치 관련 논제를 가지고 밑도 끝도 없이 말장난만 해 왔기 때문에 신념의 체계인 신학처럼 되어 버린 게 아닌가! 열 사람의 신학자가 모이면, 그 열 사람이 믿는 하나님이 다 다르기 때문에 열 개의 신학이 생긴다! …… 이런 식이다. 올바른 인식에 이르는 방법을 정밀하게 점검하다 보니 어느새 철학에서 가장 중요한 가치 문제는 뒤에 밀리고 말잔치만 성해졌다. 그래서 이제는 분석 철학도 시들해지고 분석 철학적 교육학도 시들해졌다. 그 역사적 사명을 다하고 뒤안길로 물러나고 있는 것이다.

　　이 분석적 교육 철학은 우리에게 많은 시사점을 주었고, 많은 사실도 밝혀냈는데, 그 중의 하나를 우리가 지금까지 생각해 온 교육의 상식이나 원리 문제와 관련에서 소개하기로 한다. 그것은 교육학이 과학이 될 수 있느냐의 문제다. 그 결론은 이렇다.

> 교육 이론은 의사 과학적(擬似科學的, pseudo-scientific)이다. 즉 과학 같으면서도 과학이 아닌, 과학과 비슷한 학문이다. 왜냐하면 그 가설들은 객관적 사실로 충분하게 검증이 안 되며, 그 구성 요소(예를 들면 학생, 교사, 개성, 정서……)들은 객관적 검사를 할 수 없기 때문이다. 그러므로 이런 교육 이론의 체계인 교육 철학은 연구 절차의 한계, 가치 문제와의 관련으로 인해서 앞으로도 단순한 과학이 될 수 없다. 교육은 인간을 대상으로 하는 학문이기 때문에 다른 인문 과학과 마찬가지로 불확실성, 모순, 그리고 해결이 안 된, 안 될 가치 문제를 반영해야만 하기 때문이다.

교육에는 일반적 상식이나 보편 타당한 원리가 극히 적다는 말을 뒷받침하는 말을 하다가 이렇게 분석 철학 이야기까지 번졌는데, 어떻든 위의 결론은 꼭 한 번쯤은 우리가 깊이 음미해야만 할 귀한 것이다.

2. 교육의 네 주체

자, 이 결론을 토대로 앞서 제기한 교육의 주체 논의로 돌아가자. 교육의 주체는 누구인가. 학생이냐, 교사냐? 아니면 이 둘 다인가. 그렇다면 어버이는 뭔가? 돈만 대주면 되는 객체인가. 아니 또 있을 법하다. 학교나 교육청은 어디로 갔는가. 진짜 힘이 센 것은 학교나 교육청이 아닌가! …… 이렇게 논의는 끝없이 이어진다. 다

옳은 말이다.

어떤 교육관을 갖고 있느냐에 따라 그것이 달라질 수밖에 없다. 전체주의 국가라면 단연 교육청을 들 것이고, 공산주의 국가에서는 아예 어버이는 주체로 생각하지도 못할 것이다. 왜냐하면 공산주의 국가에는 어버이들이 돈을 모아 따로 세우는 사립학교는 아예 존재하지 않기 때문이다. 급진적인 교육 사상가, 예를 들면 서머힐의 니일 같은 사람은, 단연 교육의 주체는 어린이 딱 하나라 할 것이다. 그런데 교육을 문화의 계승·발전 작용으로 보는 문화 교육학의 대표자 슈프랑어 같은 사람은, 교사도 주체요 학생도 주체라 한다. 문화를 압축·정신·체계화해서 전해 줄 사람으로서의 교사, 그것을 이어받고 익혀 발전시킬 사람으로서의 학생, 이 두 인격의 대화적(변증법적) 협동 작용으로 비로소 문화는 계승·발전되기 때문이란다.

이쯤에서 내 입장을 밝혀야 하겠다. "교육의 주체는 학생, 교사, 학부모 그리고 교육행정 당국의 넷이다." 이렇게 말하면 당장에 못마땅해 하는 사람들이 있을 것이다. "아니, 그러면 치맛바람은 어떻게 할 것인가?", "교육행정 당국이 주체라니? 처음 듣는 이야기 같다, 가뜩이나 이렇게 당하고만 있는데 그것도 주체로 받들어야 한다니 될 말인가?", "집에 주인이 하나이듯이 교육에도 주체는 하나이어야지, 이렇게 여럿 있으면 서로 싸워 시끄러워 어떻게 하노!" …… 다 일리가 있는 물음이다. 그래서 교육은 쉽고도 어렵고, 어렵고도 쉽다 하지 않았는가.

교육의 주체는 넷이라는 내 말의 뜻은, 교실을 떠받들고 있는 기둥이 넷이라는 비유로 잘 이해될 수 있을 것이다. 그 네 개가 각각 자기 힘을 자랑하며 버티려 할 때 다른 세 개에도 힘을 쓰게 하여 결과적으로는 네 힘이 다 발휘된다. 이 가운데 한 기둥만 무너져도 교실 전체가 무너져 나머지 세 기둥도 쓸모가 없어진다. 기둥 하나가 무너지면 교실의 4분의 1만 무너지는가. 절대 아니다. 그렇게 믿는 사람이 있다면 바보다. 또 하나 비유를 들자. 이 세상은 남자가 반 여자가 반이다. 만일 여자가 다 죽는다면 이 세상 사람의 반만 없어지는가. 아이를 낳지 못해, 얼마 안 가서 인류 자체가 다 멸절된다. 여자가 망하면 남자도 망하고 인류 전체가 망한다!

그런데 교육의 주체에 대해서는 아직도 주체가 이렇게 넷이라는 올바른 인식을 지니지 못하는 사람이 꽤 많다. 정말 안타까운 일이다. 학생, 교사가 주체라는 것은 말할 필요도 없으니, 어버이가 그리고 교육행정 당국도 주체라는 것만을 밝혀 보려 한다.

먼저 어버이다. 일찍이 페스탈로치는 어린이의 '본적'은 국가에 있지 않고 가정에 있다 했다. 교육의 권리가 어버이에게 있다는 말이다. 그래서 어버이, 특히 어머니를 하늘이 맡기신 천성적 교사라 했다. 그래서 학교 교육도 가정 교육처럼, 교사도 어버이처럼 되어야 한다고 여겼다. 그런데 이와는 정반대로 대립되는 교육관이 플라톤의 것이다. 그는 국가 사회주의적인 입장에서 교육을 국가의 목적을 수행하는 인력 양성으로 본 탓에 어린이의 본적을 국가에 두었다. 그래서 어버이들에게서 아이를 빼앗아 이른 시기부터 탁아소에 집단 수용해서 전문적 보모나 교사를 배치하여 양계장의 병아리처럼 길러야 한다 했다. 플라톤에 의하면 교육의 주체는 국가(교육행정 당국)이어야만 했다. 지금도 전체주의 국가에는 이런 생각이 우세하다.

어버이가 교육의 주체 가운데 하나라는 생각은 현대 자유 진영의 공교육 제도 안에서의 사립학교에 잘 나타나 있다. 사립학교는 원래 공립학교가 잘못 나가고 있거나 명분상 가르치지 못하는 것을 가르치고자 어버이들이 힘을 모아 설립한 것이다. 이 사립학교도 공교육 체계 안에 든다는 것을 알아야 한다. 그래서 정부의 통제도 받고 지원도 받는다.

사립학교의 존재 이유 중의 하나, 공립학교가 잘못 나가고 있어, 이에 대한 대안으로 생긴 경우의 예를 하나 들어보자. 바로 20세기의 지성으로 추앙받는 반체제 사상가요 시대의 예언자 버트란드 러셀이 1927에 세운 비콘·힐 학교다. 그는 자기 두 아들을 국수주의를 주입하여 제국주의 침략을 합리화하는 영국의 공립학교에 넣고 싶지 않았던 것이다. 자유주의, 평화주의 그리고 과학주의의 기수였던 그는 확고한 교육관이 있었고 이를 실천도 했다. 또 주옥 같은 교육 이론들도 다듬어 냈다. 그런데 우리는 그의 평화주의는 잘 알면서도 이 같은 예언자적 교육활동에 대해서는 잘 모르고 있다.

사립학교 존재 이유 중의 또 하나, 공립학교에서는 명분상 가르치지 못하는 것을 가르칠 수 있게 세운 학교의 경우의 예는 종교계 사립학교다. 근대 국가들은 대개 그 헌법에 공교육의 2대 원리를 반영하고 있다. 그 한 원리는 공교육의 자유의 원리인데, 이것은 교육이 특정 정치 세력이나 종교 세력의 영향으로부터 자유로워야 한다는 것이다. 이래서, 예를 들면 카톨릭계다, 프로테스탄트계다 하는 종파계 사립학교가 탄생한 것이다. 우리나라의 경우 불교계도 있다. 이 불교계도 종단별로 다시 나뉜다.

사립학교 유형은 위에서 보기로 든 반관학형, 종파형 둘 외에도 많다. 국민 교육의 보급·확장을 위해 공립과 비슷하게 운영되는 공립 보충형, 새로운 이론을 실험하는 실험 교육형, 그리고 원래는 태어나지도 말아야 할 것인데 현실적으로는 엄연히 존재하는 기업형도 있다. 어떻든 이런 사립학교는 공산주의나 전체주의 국가에는 처음부터 없다는 것을 우리는 주목해야 한다.

자, 이제 교육행정 당국이다, 교육행정 당국이란 개념이 모호하다는 말도 나올 법하다. 사실 교감, 교장, 장학사, 장학관이 다 교육행정가다. 교육의 지원·감독 체제로서의 학교, 교육청, 교육부 그리고 그 최고 기관으로서의 국가, 이것을 총칭하는 교육 당국이라 해도 좋다. 이 국가가 교육의 주체의 하나임은 의심할 여지가 없다. 국가는 국민의 뜻을 실현하는 기관이기 때문이다. 그런데 왜 나는 지금까지 '교육행정 당국'이란 답답한 표현을 써 왔는가. 거기에는 이유가 있다. 교육행정 당국의 일반 행정 당국으로부터의 자유를, 그리고 그 자유를 보장하는 특이한 제도를 말하고 싶어서였다.

교육은 영리를 목적으로 할 수 없는 공공의 사업이고, 목전의 이익보다 미래를 내다보아야 하는 백년대계요, 교직은 개개인의 개성과 인격을 계발하는 전문적 직종이요, 그래서 일반 행정의 지배를 받아서는 안 되는 등, 교육의 중립성·자주성·공공성·자율성·지역성·전문성 등을 살리는 제도가 여러 가지 있다. 교육 위원회나 교육청이 그 대표적인 것이다. 그런데 재미있는 것은 학교의 종류 구분에도 이것이 나타나 있다는 것이다.

우리나라는 교육법 제5장에서 교육 기관을 다루고 있는데, 그 제81조에는 "모든 국민으로 하여금 신앙·성별·사회 신분·경제적 지위에 의한 차별이 없이 그 능력에 따라 균등하게 교육을 받기 위해 다음과 같은 학교를 설치한다"고 규정하면서, ① 초등학교·중학교·고등학교·대학(교), ② 교육대학·사범대학, ③ 전문대학 ④ 기술학교·고등기술학교 …… 이렇게 분류하고 있다. 위의 ①과 ② 구분에 주목하자. 교원 양성 기관을 기간학제 밖에 둔 것이다. 교원 양성 기관을 특별히 보호·감독·지원해 주기 위함이다. 시쳇말로 차별화인 것이다. KBS 안의 한 채널로 있었던 교육 방송도 오랜만에 교육 방송국으로 독립해 나가 숙원을 풀었다.

재미있는 사례가 또 있다. 교원 양성 관련 공문서는 사범대 학장과 그 사범대학 교무 과장이 보관하고 있는 총장의 직인만 찍히면, 그 사범대학이 소속한 종합대학의 교무처를 거침이 없이 곧바로 교육부에 직행한다. 교육 공무원은 일반 공무원에 비해 경제적 대우를 좋게 하기 위해, 별도의 봉급표를 마련하고도 있다. 이 모든 제도가 다 일반 행정 당국으로부터의 교육행정 당국의 독립성을 존중하기 위함이다.

자, 이제 주체에 대한 논의를 매듭짓다.

"교육의 주체는 학생, 교사, 어버이, 교육행정 당국의 넷이다. 이 넷이 서로 힘을 실어줄 때 비로소 올바른 교육이 이루어진다."

3. 네 주체의 흔들림

나는 교수로서 두 가지 일만을 평생 열심히 해 왔다. 비록 능력은 없었지만 이 두 가지 일에 대해서는 몸과 마음과 정성을 다해 왔다는 자부심, 그리고 이에 따르는 일말의 안도감 같은 것을 느낀다. 그러면서 정년퇴직 후에도 계속 공부도 하고 잡서도 읽고 제자와의 만남을 즐길 수 있는 나를 좋은 팔자로 태어났다고 고맙게도 여긴다.

그 두 가지 일이란 무엇인가. 하나는 페스탈로치 연구를 주축으로 하는 인간주의 교육학, 좀 더 나은 문화와 체제로의 전망을 굳히려는 비판적 교육학의 논리와 원리 탐구요, 또 하나는 학생들을 가르치는 교육이었다. 미국식 대학의 논리에서는 대학 교수의 직무를 연구·교수·사회봉사의 셋이라 하는데, 이 기준에 비추어 보면 내 경우 사회봉사는 못 한 것이다.

미국식 대학의 논리에서의 사회봉사는 무엇일까? 쉽게 말하면 정부나 기업의 요청에 의해, 그들의 과업을 '하청 받아' 수행하는 사회참여다. 저자는 이런 논리는 절대 수용 못 한다. 왜냐? 이런 용역적 연구 기관과 인원은 대학 밖에 있어야 하기 때문이다. 각 기업이 자기네 이익 추구를 위해 실용적 기술 연구에 필요한 연구소와 연구원을 마련해야지, 대학이나 대학 교수에게 이것을 맡기거나 기대해서는 절대 안 된다. 이런 논리에서 나는 '사회봉사'에는 아예 눈을 감고 지나왔다. 더욱이 사회봉사라는 명분으로 유신이다, 새마을이다, 세계화다 하면서 감투도 쓰고 연구비도 따먹는 따위는 교수로서는 외도라고 생각했다. 협조나 참여를 안 하는 절대 다수의 교수들을 시대에 처진 교수로 몰아붙이거나 '대안'은 없이 비판만 일삼는 '삐딱한' 교수라고 핍박하고 매도하기까지 하는 공권력이 싫었기 때문이다.

그러나 이런 나에게도 할 말은 있었다. 학문과 교육을 통해 간접적으로, 그래서 좀 더 근원적으로 '사회봉사'를 해야 한다는 논리다. 우리 나이 또래에 우리 정도의 대학 교수 중에서 우리처럼 청와대 구경 한 번 못한 사람은 극히 드물고, 그래서 팔불출이라고 웃어도 할 말이 없을 것이다. 이런 우리 '삐딱한' 교수들의 논리를 나는 다음과 같이 피력한 바 있었다. 벌써 20년 전, 그러니까 군사독재가 대학을 송두리째 지배하던 때의 글이다. 우리의 입장과 논리는 지금도 변함이 없다.

대학의 진정한 사회봉사는 영원한 이상을 노래하고, 민중의 편에서 정부의 시책을 비판하고, 일사불란한 체제로 하나의 목표를 향하여 '전력투구'하려 하는 정치의 생리를 견제하면서, 민족의 양심을 대표하는 '지성적 중립 집단'을 고이 확보하여, 민족의 생명력을 부단한 새 인재의 배출을 통하여 갱신시키는 데 있다 할 것이다.

그런데 우리 같은 이런 절대 다수의 '핫바지' 교수들의 입장이 실은 옳았다. 역사가 그것을 증명해 주었다. 앞으로도 그러할 것이다.

어디 대학뿐인가. 이름없는 핫바지 농민들이 이 겨레의 역사의 주인이 되어 왔듯이, 역시 핫바지 교사들이 그 몫을 다해서 우리나라가 이렇게 급격하게 성장하는 밑거름이 되었다. '한강의 기적'의 역군이 바로 이 교육이었다. 그런데 최근 이 교육이 흔들리고 있다. 아니 뒤틀리고 있다고 해야 좋을지, 어떻든 교육의 네 주체 중 하나도 성한 것이 없다. 그래서 교육의 판이 깨지고 있다. 어떻게 된 것인가.

보릿고개 넘기기 위해 기능 인력 생산의 교육은 불가피했다. 그러나 이제 양식 걱정을 안 해도 좋게 된 이 상황에서는 그것이 안 통한다. 삶의 질을 높이는 데 앞장설 '전인 교육', 즉 인격 교육, 공동체 교육의 자리가 마련되어야 한다. 그런데 현실은 이에 미치지 못한다. 그래서 교육의 네 주체가 다 뒤틀려 울부짖고 있는 것이다. 성경 『로마서』 8장에 "인간의 죄가 자연에 미쳐 온 피조물이 신음하며 진통을 겪고 있다"는 말씀이 있다. 그릇된 교육관 탓에, 그 교육관을 낳은 그릇된 문명과 권력 탓에 교육의 판이 뒤틀리고 교육의 네 주체가 진통을 겪고, 아이들이 울부짖고 있는 것이다. 그 모습을 최근의 신문 기사로 하나씩 차례대로 들어 본다.

우선 학생들이다. 모두 과외 공부로 지쳐 있다. 초등학교 아이들도 72.9%나 과외를 하고 있다. 더구나 유치원 꼬마들까지 이렇게 입시 전선에 일찌감치 뛰어든다. 학교 공부가 끝나고 막 나오는 아이들을 정문에 대기하고 있던 봉고차가 낚아채 간다. 정말 안쓰럽다. 꼭 납치되어 가는 어린이 모습이다. 그래서 중고생들의 78%가 가출 충동을 느끼며, 고교생의 26%가 정신 치료 경험이 있고, 학교 안팎에서 집단 폭행이 난무한단다. 대학은 어떤가. "우리는 없고 오직 '내'가 있을 뿐"이란다. 그래서 과 학생회실엔 사람이 없고, 동문회도 썰렁하고, 선·후배 이름도 알 필요 없고, 취직 필수인 영어와 컴퓨터에만 매달리고, 교양 서적은 쳐다보지도 않고, 스트레스 해소용 취미생활로 끼리끼리 히히덕거린단다.

엊그제 뉴스는 정말 충격적이었다. 친구를 보트에 유인하여 호수 가운데다 빠뜨려 넣고는 허우적거리며 보트를 잡는 그 친구의 손을 차내어 끝내 숨지게 했단다!

교사는 어떤가. 몇 년에 걸치는 출석부형 촌지 리스트가 두 개나 나와 우리에게 큰 충격을 주었다. 학기 초나 5월에는 수백만 원이 들어오고, 그래서 아파트 세 채에다 재산도 수십억이란다. 교사와 짜고 하는 학원·과외 비리도 심각하다. 교장 등 10여 명이 처벌 대상이고 1천여 명이 징계 통보 대상이라 한다. …… 저자도 교사였던지라 이런 교사 이야기는 부끄러워 더 쓰지 못하겠다. 인간 교육이 사라진 교육인지라 이렇게 기능적 기업형 교사가 나오는 것이다.

학부모는 어떤가. 자기 아이의 적성과 능력은 생각지도 않고 모두 일류대학의 인기학과 진학을 위한 과외에 총력을 기울인다. 교육 개발원의 조사(1997)에 의하면, 올해 초·중·고교생의 과외 비용 총액이 국민 총생산(GNP)의 2.24%인 9조 6천 2백 48억 원에 이르는 것으로 추정되었다 한다. 그래서 가구당 월평균 과외비가 서울의 경우 월평균 소득의 19.2%인 40만 4천원이요, 읍·면 지역도 소득의 10.1%인 14만 9천원 가량이었다 한다. 이래서 어려운 계층의 어머니들은 자녀의 과외비 마련을 위해 파출부로 나가기도 하고 심한 경우 몸을 판다는 말까지도 나돈다.

교육행정 당국은 어떤가. 나는 이것을 교감, 교장, 장학사에서부터 시작하여 재단, 교육청, 교육부 등 교육에 대해서 지도·감독·지원을 하는 행정 체제를 총칭하는 교육 당국이라고 정의하였다. 이 교육 당국 구성 요소 어느 하나 성한 것이 없다. 청탁 비리, 인사 비리, 재단 비리 등은 늘 들어 온 터라 이제 별로 새로울 것도 없는데, 최근의 교육 방송국 비리는 처음 듣는 이야기인지라 놀라웠다. PD에게 돈 쓰고 출연하고, 이렇게 '유명 강사'가 되어야만 학원이나 그룹 과외에서 주가가 올라간단다.

더 말해 무슨 소용이 있겠는가. '교육'의 판이 최근 무섭게 흔들리고 있다. 이 판 안에서 교육의 네 주체가 흔들려 뒤엉켜 통째로 뒤틀리고 있다. 아이들 말로 '스타일 싹 구기고' 있는 것이다. 그런데 제일 불쌍한 것은 아이들이다. 그래서 그들은 교실에서, 거리에서, 가정에서, 심지어는 낭만을 키워야 할 아름다운 호숫가에서조차 울부짖고 있는 것이다.

4. 아이들의 울부짖음

누군가가 학교 교육의 현실을 두고 "콩나물 교실, 손바닥 운동장, 주눅 든 교사"라 했다. 또 "18세기 교실에서 19세기 교사가 21세기에 살 아이들을 가르치고 있다"고도 했다. 아이들은 입시 준비만을 위한 과중한 공부로, 교사는 열악한 근무 조건 안에서의 과중한 업무 부담으로, 학부모는 소득의 20%가 넘는 사교육비 염출로, 그리고 교육 당국은 교육을 모르는 정책 당국과 신음하고 있는 교육 현실 사이의 조정으로, 이렇게 교육이 정말 진통·신음하고 있다.

그런데 이 교육의 네 주체 가운데서 가장 크게 고통을 당하고 있는 것은 아이들이다. 눈만 마주치면 공부하라는 어머니 보기가 민망하여 성적 비관 자살을 하는 아이들 이야기는 이제 하도 많아 뉴스거리도 안 된다. 그런데 얼마 전에는 이와는 아주 다른 '일등 자살'이 보도되었다. "그 소망의 일등을 했으니 이제 자유로워야 하겠다"는 뜻의 유언을 남겼다 한다.

이제 이따위 사설일랑 접어 두고 우리 아이들이 어떻게 울부짖고 있는가를 그들의 글을 통해 직접 보기로 하자. 초·중·고·대학 수준에서 각각 한 편씩만 골라 그들의 핵심 주장만을 추려 보자.

〈내 무거운 책가방〉

내 몸집보다 무거운 가방을 들고
나는 오늘도 학교에 간다
성한 다리를 절룩거리며
무엇이 들었길래 그렇게 무겁니?
아주 공갈 사회책
따지기만 하는 산수책
외우기만 하는 자연책
부를 게 없는 음악책
꿈이 없는 국어책
얼마나 더 많이 책가방이 무거워져야
얼마나 더 많을 것을 집어넣어야
나는 어른이 되나, 나는 어른이 되나!

(김대영, 초등학교 5학년)

〈O양의 유서 - H에게〉

난 1등 같은 것은 싫은데……
앉아서 공부만 하는 그런 학생은
싫은데
난 꿈이 따로 있는데, 난 친구가 필요한데……
이 모든 것은 우리 엄마가 싫어하는 것이지

난 인간인데
난 꿈이 따로 있는데, 난 친구가 필요한데……
이 모든 것은 우리 엄마가 싫어하는 것이지

난 인간인데
난 친구를 좋아할 수도 있고,
헤어짐에 울 수도 있는 사람인데
어떤 땐 나보고 혼자 다니라고까지 하면서
두들겨 맞았다

나에게 항상 수단과 방법을 가리지 말고
이기라고 하는 분
항상 나에게 친구와 사귀지 말라고
슬픈 말만 하시는 분
그 분이 날 15년 동안 키워 준 사랑스러운 엄마
너무나도 모순이다, 모순.
세상은 경쟁! 경쟁! 공부! 공부!
아니 대학! 대학!
순수한 공부를 위해서 하는 공부가
아닌,
멋들어진 사각모를 위해,
잘나지도 않은 졸업장이라는 쪽지 하나 타서
고개 들고 다니려고 하는 공부……

꼭 돈 벌고, 명예가 많은 것이 행복한 게 아니잖아.
나만 그렇게 살면 뭐해?
나만 편안하면 뭐해?

매일 경쟁! 공부! 밖에 모르는 엄마
그 밑에서 썩어 들어가는 내 심정을
한 번 생각해 보았습니까?

난 로봇도 아니고 인형도 아니고
돌멩이처럼 감정이 없는 물건도 아니다.
밟히다, 밟히다 내 소중한 내 삶의
인생관이나 가치관까지 밟혀질 땐,
난 그 이상 참지 못하고 이렇게 떤다.
하지만 사랑하는 우리 엄마이기에……
아, 차라리 미워지면 좋으련만,
난 악의 구렁텅이로 자꾸만 빠져 들어가는
엄마를 구해야 한다.
행복은 성적순이 아니잖아?
난 그 성적순이라는 올가미에 들어가
그 속에서 허우적거리며 살아가는 삶에 경멸을 느낀다……
난 눈이 오면 한껏 나가 놀고 싶고,
난 딱딱한 공부보다는 자연이 좋아
산이 좋고, 바다가 좋고 ……
하긴 지금 눈이 와도 못 나가는 걸.
동생들도 그러하고……
너무 자꾸 한탄만 했지, 그치?
 … … … … … … … … … …

난 나의 죽음이 결코 남에게
슬픔만 주리라고는 생각지 않아.
그것만 주는 헛된 것이라면,
난 가지 않을 거야.

비록 겉으로는 슬픔을 줄지 몰라도,
난 그것보다 더 큰 것을 줄 자신을 가지고
그것을 신에게 기도한다.
-1986년 1월 15일 새벽에

(15세, ㅅ사대부중 3학년)

〈고교 교육 현장〉

우리는 명문대 입학의 역사적 사명을 띠고 이 땅에 태어났다. 선배의 빛나는 입시 성적을 오늘에 되살려 안으로는 이기주의의 자세를 확립하고 밖으로는 친구 타도에 이바지할 때다. 이에 우리의 나아갈 바를 밝혀 입시의 지표로 삼는다.

영악한 마음과 빈약한 몸으로 입시의 기술을 배우고 익히며, 타고난 저마다의 소질을 무시하고 우리의 성적만을 행복의 기준으로 삼아 찍기의 힘과 눈치의 정신을 기른다. 시기심과 배타성을 앞세우며 능률적 찍기 기술을 숭상하고 경애와 신의에 뿌리박은 상부상조의 전통을 완전히 타파하여 메마르고 살벌한 경쟁 정신을 북돋운다.

나의 눈치와 이기주의를 바탕으로 성적이 향상하며, 남의 성공이 나의 파멸의 근원임을 깨달아 견제와 시샘에 따르는 책임과 의무를 다하며 스스로 남의 실패를 도와주고 봉사하는 척하는 학생 정신을 드높인다.

이기 정신에 투철한 입시 전략이 우리의 삶의 길이며, 명문대 입학의 이상을 실현하는 기반이다. 길이 후배에게 물려줄 영광된 명문대 입학의 앞날을 내다보며 신념과 긍지를 지닌 눈치 빠른 학생으로서 남의 실패를 모아 줄기찬 배타주의로 명문대에 입학하자.

〈대학 사회의 시장 논리와 학생 자치 권력 찾기〉

"국가 경쟁력 강화와 질 높은 교육 실시를 위해 교육도 이제 철저히 시장 경제에 입각해야 한다. …… "

이상은 오늘날 교육(대학) 개혁과 관련해서 우리가 흔히 들을 수 있는 얘기다. 하지만 이러한 주장에 대해 다음의 견해를 들어 보자. 대학과 인문학이 세계 시장의 논리에 의하여 규정되는 측면이 있다는 것은 부인할 수 없는 사실이지만 대학과 인문학의 이념상 그것이 단순히 시장 논리에 복무하는 것일 수만은 없다. 대학과 인문학은 시장 논리의 관철로 형성된 오늘날의 세계 현실에서 새로운 인간다움의 교육을 창안하는 역할을 수행해야 한다. 현대의 학문 상황은 인문학적 교양을 절실히 필요로 한다. 이는 현대 문명이 갖는 가장 취약적인 부분이 이론적, 공학적 지식의 수준과 도덕적, 정치적 판단력의 수준 간에 심한 불균형이 존재한다는 사실이기 때문이다. ……

특히 여기서 저자가 주목하고픈 것은 대학에 강요되는 시장 경제의 논리다. 누구나 이름만 들어도 아는 유명 사립대학의 총장은 자신을 이른바 세일즈 총장이라 부르면서 적극적으로 대학에 기업의 돈을 끌어들이려했다. 영리 추구 단체인 기업이 반대 급부없이 돈을 주지는 않을 것이란 사실과 돈을 준다면 (단기적) 시장성이 보장된 쪽으로 집중 투자할 것이란 사실을 감안할 때 이는 결코 바람직하지 못할 것이다. 다시 말해 대학의 본질을 망각했을 뿐만 아니라 학문의 불균형을 심하게 가속시킬 수 있는 것이다. ……

교양 교육은 대학인 모두에 의해서 소홀히 취급되고 부실하게 시행되고 있다. 교수나 학생 심지어는 대학 당국까지 교양 교육은 마지못해 해야하는 것으로, 그리고 기껏해야 전공 교육에 부수된 것으로 생각하는 경우가 많다. ……

교양 교육, 아니 대학 4년간의 전 교육 과정은 인간·사회·자연 현상에 대한 이해와 지식뿐 아니라 이를 응용하는 방식에 대한 인식까지 갖게 하는 교육 체험이어야 한다.

(이재성, 『성신』 1997 상반기호 중에서 '교양 교육 제자리 찾기')

〈대학 자치의 본질〉

개체화에 기초한 경쟁과 계약의 원리는 오늘날 학교 교육과 대학을 지배하는 가장 기본적인 이데올로기이며 사고의 근간이다. 누군가를 배제하고 탈락시킴으로써 자신의 가치를 높이고 자신의 능력에 대한 처분권을 전적으로 행사하는 것은 당연한 것으로 받아들여지고 있으며, 계약적 인간관계와 자기의 능력에 대한 계약적 처분이 당연시 되고 있는 현실이다.
......
자본주의는 교육 과정 이외의 시간인 생활 세계에서조차 권력을 행사하는데 그것은 대중 문화의 보급과 소비 문화의 확산을 통해 이루어진다. 즉 소비 문화와 대중 문화의 확산을 통해 대중들에게 자본주의적 가치관과 생활 방식을 반복적으로 제공하며, 복제된 대중들의 삶을 강요한다.
......
오늘날에는 '세계화와 선진 복지 국가의 건설'이 진리이며 모든 학문의 목적이며 관심이다. 어떠한 세계화이며 누구를 위한 세계화인가를 묻기도 전에 이미 대학은 자신의 교육 이념을 세계화에 맞추었으며, 그럴 수 있는 교과 과정과 학생들에 대한 지도 대책이 진행되고 있다. 진리가 무엇인지를 밝히기도 전에 이미 진리는 권력에 의해 규정되어 있으며 학문 탐구의 목적과 방향, 그리고 그 결과는 그것에 철저히 종속되어 있다.
......
대학의 자치는 …… 자유롭게 비판하고 자기 스스로의 올바른 방향을 만들 수 있어야 한다. 원칙적으로 구성원들의 결정에 의해 공동의 삶의 방식이 결정되어야 한다. 이것이 자치활동의 기본이 되며 대학에서의 자치활동이 대학을 이루는 구성원들의 공동의 의지에 의한 공동의 목표로부터 나올 수 있어야 한다.

(김선영, 위의 책)

한국의 대안 교육
거창고등학교와 풀무농업고등기술학교를 중심으로

1. 대안 교육의 기본 성격

교육 개혁의 일환으로 '대안학교'를 행·재정적으로 지원하겠다는 교육부 장관의 말에 우리는 퍽 당혹스러움을 느낀다. 그렇게 보수적이기만 했던 교육행정 관료들마저 이제 겨우 문제의 심각성을 인식하기에 이르렀다는 것, 원래 대안학교는 그 성격상 정부가 통제·장악 하고 있는 공교육의 이념과 방법으로부터 자유롭고자 하는 자율 교육인데, 정부가 지원하고 나선다니 이것은 논리적으로는 절대 모순이라는 것, 그리고 이렇게 되면 너도 나도 대안학교를 한답시고 그나마 막 싹튼, 진정한 의미의 대안학교를 망가뜨리지는 않을까 하는 우려 때문이다.

교육행정 당국이나 그 교육 관료들을 우리가 이렇게 믿지 못하는 데에는 몇 가지 이유가 있다. 우리나라에서는 특히 교육이 정치의 지배를 많이 받아 왔고, 또 교육이 경제 성장을 지상의 목표로 여기는 산업계와 유착해서 인간 교육 아닌 기능 교육으로 치달아 왔고, 더욱이 아직도 교육 현장을 주름잡고 있는 넓은 의미의 교육 행정가들, 예를 들면 교육감, 장학관, 중앙 부서의 국·과장, 각급 학교 재단 임원, 그리고 일선 학교의 교장, 교감들, 심지어 교육 개혁 이론과 정책을 연구한다는 교육 연구 기관들의 책임자들도 거의 군사 정부 밑에서 출세하고 번영을 누린 사람들이어서, 도대체 이런 사람들이 요직에 버티고 있는 한, 교육 개혁을 기대한다는 것이 연목구어(緣木求漁), 정말 나무에 올라가서 물고기를 얻고자 하는 것처럼 보이기 때문이다.

이렇게 비난받아도 싼 근거가 또 수두룩하다. 그 단적인 보기를 하나만 들어 본다. 그 첫째는 전교조 문제에 대한 보수적이고 소극적인 대응이다. 교직 단체 복수화에 대한 논리와 실질적인 제도화는, 이제 OECD까지 가입했고 선진국으로 자처하고 있는 우리에게는 피할 수 없는 것이 아닐까? 그런데 미루고 미루다 이번에 파국을 자초했다. 국회에서 단체 결성권도 인정하지 않는 법안을 날치기로 통과시키려다 예기치 못한 억센 국민적 저항에 부딪혔던 것 아닌가. 교육 당국도 한국교총도 한국교육학회도 한국교육개발원도 모두 입을 다물었다. 심지어 두 야당도 당장의 표 관리에 바빠 옛날 약속을 어기고 이 문제를 국제적 기준과 교육적 원리에 비추어 풀어 보자고 말 한 마디 안 했다. 너무나 어려운 문제라서 자기네 몫이 아니라는 명분으로 철저하게 외면해 버렸다. 결국 교육 현장은 1,500명이나 되는 참교육 교사들이 교실에서 추방되었을 당시와 별로 달라진 게 없다.

그런데 교육부가 난데없이 대안 교육을 들고 나왔으니 착잡한 심정 금할 길 없다. 그러나 일단 교육부의 말도 듣고 믿어 보자. 교육부의 방안은 크게 다음 다섯 가지로 요약된다.

첫째는 그 대상이 중도 탈락자와 같은 학교 부적응 학생들이며, 이들에게 현행 교육 과정의 벽을 어느 정도는 헐 수도 있는 교육 프로그램으로 '전인 교육'을 하자는 것이다.

둘째는 정부의 철저한 행·재정 지원을 받는 대안학교가 1998년부터 설립·운영된다는 것이다. 내년에 우선 여섯 곳이 개교하는데, 60억 원의 예산을 들여 서울·강원 지역의 '두레학교', 경북의 '한울안학교', 전라도의 '푸른 꿈을 가꾸는 학교', 충청도의 '양업고교' 등 5개 학교가 문을 열고, 지난 1982년 설립된 전남의 영산 '성지학교'가 정규 대안학교로 인정되어 행·재정 지원을 받는다는 것이다.

셋째는 소규모 학교제이다. 학급당 학생 수를 20명 안팎으로 제한하고 체험 학습 중심으로, 학생 중심 교육 과정을 마련한다는 것이다.

넷째는 일반 정규 학교와의 연계·협동 체제다. 대안학교의 중·고교 교육 과정을 마치면 같은 격의 정규 학교 학력을 인정해 주며, 또 일반 정규학교에 재학 중인 학생도 대안학교에서 일정 기간 교육을 받은 뒤 원래의 학교로 복귀할 수 있는 1년 이내 단기 과정도 마련한다.

다섯째는 인구 과소 현상으로 농촌에 많이 생긴 폐교 시설을 활용, 전원 학교 형태로 전원 기숙사제를 실시하며, 비행·문제 학생들을 전문적으로 상담·치료하는 상담 전문 교사 등 심리 치료 전문가를 배치한다는 것이다.

처음에 지적한 대로 '정부 주도의 대안 교육'은 거시적으로는 논리상 모순이다. 그러나 위의 다섯 방안은 미시적으로는 현실적 의의가 없지 않다 할 것이다. 새로이 설립될 관 주도의 대안학교와

기존의 자생적 대안학교가 서로서로 돕고 발전하여 한국 교육의 전
인 교육화에 공헌하게 되기를 바라마지 않는다.

2. 한국의 자생적 대안학교

　명년부터 설치·운영될 공공 지원 대안학교와 교육의 선각자에
의해 세워져 운영되어 온 대안학교를 굳이 구별한다면 후자에는
'자생적'이란 말을 그 앞에 붙일 수밖에 없으리라. 정규학교의 공·
사립 구분은 별 의미가 없다. 이른바 제도권 교육 안에서의 사립학
교는 그 설립 취지나 교육 내용, 학생과 교사, 심지어 재정 운영 등
에서도 별로 차이가 없기 때문이다. 그러나 대안학교의 경우는 사
정이 전혀 다르다. 대안학교는 처음부터 제도권 교육으로는 이루어
내기 어려운 교육을 하려는 이른바 제도권 밖의 교육 기관이기 때
문이다. 그래서 또 대안학교는 그 모습이 천차만별이다. 딱 하나 공
통점이 있다면, 그것은 전인 교육을 꾀하는 작은 학교라는 것이다.
　우리나라에도 최근 많은 대안학교가 생겨 그 수는 꽤 많다. 서
울평화교육센터가 최근 엮어 펴낸 『대안학교의 모델과 실천』(내일을
여기는 책, 1996)에는 모델별로 13개 교가 소개되어 있다. 이 책에는
'작은 학교 큰 교육 이야기(1)'이라는 부제가 달려 있어, 앞으로 더
소개하겠다는 다짐이 보인다. 이 책머리에 다음과 같은 귀한 말이
있다.

> 우리 교육은 '보다 많이, 보다 빨리, 보다 편하게'라는 양적 성장
> 주의를 추종하고 있으며, 우리 아이들로 하여금 세상은 '무한 경
> 쟁의 싸움터'라는 것을 알게 하고, 그래서 '네가 살면 내가 죽는

다'는 무조건 승리주의를 신봉하게끔 몰아붙이고 있습니다. 그리고 이런 식의 정신 무장과 훈련은 **빠를수록 좋다**는 것이 우리 사회와 대부분 부모들의 생각입니다. 그 결과 우리 사회의 자랑스러운 전통이었던 공동체 의식은 사라지고, 나만을 위한 극도의 이기주의는 이웃과의 관계뿐 아니라, 아름다운 금수강산을 온갖 폐수와 쓰레기와 골프장으로, 회복 불가능할 정도로 훼손하였습니다. ……

이런 현실을 바로잡기 위한 교육 실천이 대안 교육인데, 그것은 자연과 조화를 이루고(자연 친화적), 온갖 목숨을 소중히 어기며(생명 중심적), 공동체 속에서 남들과 행복하게 어울려(공동체적) 사는 것이 옳은 삶이라는 '가치'에 근거한 교육, 다른 말로는 모든 개인과 공동체, 그리고 생태계의 파멸을 막고 '지속 가능한' 삶을 누리기 위한 교육이라는 것이다.

3. 거창고등학교

이제는 너무 알려져 몰려드는 참관 희망자들 때문에 교육에 지장이 많다며 즐거운 비명을 올리기에 이른 거창고등학교는 우리나라에서 가장 유명한 '실질적' 대안학교로 우뚝 솟아 있다. 1956년 4월 12일, 당시 재정난과 내분으로 폐교 직전에 있던 이 학교를 전영창 선생이 인수하여 교장으로 취임하면서 이 학교는 전인 교육의 도장으로 탈바꿈했다.

그런데 이 학교가 엄밀한 의미에서 과연 대안학교인가는 논의가 필요하다. 정규 인문계 고등학교이기 때문이다. 대안학교는 대개 스스로 학력 인정이나 졸업장 수여를 거부하고, 또 교육청이나 일반인들도 그렇게 알고 있는 비정규학교 범주에 들어가는 학교들이 주류를 이루고 있기 때문이다. 그래서 거창고등학교를 '정규학교형'으로 분류하는 듯하다. 저자는 이 학교에 애착이 많아 「인간의 산실 거창고등학교의 터를 닦은 전영창」이란 글로, 전인 교육을 기한 그 건학 이념, 교육 방법, 그리고 이런 교육의 성공 사례들을 소개한 바 있는데, 그 결론의 한 구절을 이렇게 썼다.

> 거창고등학교는 다른 학교에 비해 다른 점이 너무 많다. 전인 교육을 강조하는데도 입시 성적이 뛰어나게 좋다든가, 농촌에 뿌리내리고 살 일꾼을 키운다 하면서도 독서 교육, 특히 고전적인 독서 교육을 통해 교양 교육에 힘쓴다든가, 학교의 모든 것을 학생들에게 다 알리면서 가족적인 분위기를 자아낸다든가, 인문계 고등학교임에도 노작 교육에도 힘써 그것을 도덕 교육으로 이어지게 한다든가, 교장과 교감도 평교사처럼 꼭 수업에 들어가 학생들에게 평교사의 한 사람으로 여기게 한다든가, 야영이나 기숙사 생활을 통해 얼굴과 얼굴을 맞대는 시간을 많이 마련한다든가, 한 울타리에 초등학교(샛별 초등학교), 중학교(샛별 중학교)를 두고 일관 교육을 한다든가 하는 등이다(김정환, 『인간화 교육 어떻게 할 것인가』, 내일을 여는 책, 1995, 321쪽).

나는 최근에는 특히 이 거창고등학교에 대해 또 하나의 것을 기대하기 시작했다. 그것은 우리의 숙명적 고질병이라는, 특히 정치를 외면하게 하는 지역감정이란 허상의 극복이다. 지역감정은 분명 허상이지 실상이 아니다. 그것은 군사 정권이 관제 언론을 동원하여 만들어 낸 올무다. 그러기에 올바른 교육을 통해 바로 불식할 수 있다. 이것이 저자의 소신이다. 내 이 소신은 이 거창고등학교의 기틀을 닦은 전영창 교장과 이 학교를 이렇게 같이 키워 온 거창 사람들이 입증하기도 한다.

전영창은 경상도 사람이 아니고 전라도 무주 사람이다! 당시 39살의 나이로 전영창은 재정난과 내분으로 폐교 직전에 이른 거창 고등학교 교장에 취임한다. 거창이란 어떤 곳인가. 경남에서도 오지에 속한 곳이 아닌가. 이곳에 전라도 억양과 사투리가 몸에 밴 사람이 교장이 되다니, 지금으로서는 상상도 할 수 없다. 그때는 지역감정이 없었다는 증거다. 그래서 나는 굳게 믿게 되었다. 올바른 교육을 통해 이 망국적인 지역감정은 곧 그리고 꼭 극복할 수 있다고. 특히 거창고등학교는 이런 교육에 앞장서야 한다. 그곳은 특히 전국 각지에서 높은 뜻을 품은 젊은이들이 많이 모인 곳이기 때문이다.

끝으로 이 학원이 안고 있는 어려움 세 가지를 적기로 한다. 이런 어려움은 부분적으로는 대안학교들이 다 안고 있기 때문이다.

첫째는 재정난이다. 일반학교도 그런데 이런 소규모의 학교는 오죽하겠는가. 그래서 동문들의 협조를 바라고 유지들의 기여에도 크게 기대한다. 저자도 한 번 거창고등학회 총동문회의 '거고 동문의 밤'에 나가 본 일이 있었다. 1995년 10월이었다. 장소인 서울역 앞 힐튼 호텔 1층 컨벤션 센터는 그야말로 동문, 하객, 후원자들로 발디딜 틈이 없었다. 마치 어느 정당 전국 대회 같은 인상이었다. 순수하게 마음을 하나로 묶는 것이 있기에 화기애애하다는 것만이 다를까.

그런데 거창고등학교의 동문이 아닌 탓일까. 내가 모르는 것이 있었다. '거창고등학회'라는 표현이 그 첫째였다. '학교'가 아니고 '학회'였기 때문이다. 알고 보았더니 한 울타리에 있는 세 학교, 즉 거창고등학교, 샛별중학교, 샛별초등학교를 한 묶음으로 부르는 말이었다.

둘째는 이 세 학교 중에서도 초등학교가 안고 있는 어려움이다. 이유는 이렇다. 사립 초·중등학교는 학생들의 공납금만으로는 학교의 인건비와 경상비를 충당할 수 없다. 그래서 정부는 보조금 규정을 마련하여 각 학교의 재정 부족에 따라 일정 부분 지원해 주고 있다. 그래서 중학교는 1995학년부터 완전 의무교로 학교의 운영비 모두를 정부가 부담하고 있고, 고등학교는 기본 예산에서 공납금을 뺀 모자라는 부분을 역시 정부에서 지원하므로 별 어려움이 없다. 그러나 사립 초등학교는 그런 규정이 없다. 그러므로 해마다 보조금 신청을 하여 도 교육 위원회의 심의를 통과하는 까다로운 절차를 밟아야만 했다. 1985년까지는 이러했다.

그런데 문제가 생겼다. 서울, 부산, 대구 등 대도시 소재 사립 초등학교들이 '사립 초등학교 공납급 자율화'를 건의했고, 정부도 이를 수용했다. 이래서 보조금이 제도적으로 끊어진 것이다! 도시의 초등학교는 월 8만 원에서 12만 원의 공납금을 받아 낸다. 그러나 거창 같은 가난한 지역에서 이것은 불가능하다. 한 달에 2만 9천 원을 받는다. 이 돈으로는 1년 예산 3억 9천만 원(1995년도) 가운데 무려 1억 8천만 원이나 모자란다.

또 하나의 어려움은 일관 교육의 어려움이다. 외국의 경우 사립학교나 실험학교, 특히 대안 교육 기관은 한 울타리에서 유치원에서부터 시작하여 초등학교, 중학교, 고등학교, 심지어 대학, 대학원에 이르기까지 가능하면 일관 교육을 한다. 건학 정신을 존중하고 학교장의 입학 허가권이 보장되어 있기 때문이다. 그래서 상급학교 입시 준비를 할 필요가 없이 '전인 교육'을 하며, 사회도, 교육당국도 그것을 따뜻하게 지켜본다. 단, 다른 학교 출신들도 어느 정도 받아 교육의 기회 균등 원리를 지킴과 아울러, 자기 아이들에게 새 친구를 마련해 주기도 한다. 그런데 우리나라는 이렇게 안 되어 있다. 특히 중학교의 경우는 공·사립 묶어서 아이들을 컴퓨터로 배정한다. 그래서 일관 교육이 이렇게 중학교 단계에서부터 구멍이 뻥 뚫린다.

거창의 경우 고등학교는 전국 각처에서 모여드니 즐겁다. 그러나 중학교는 이렇게 괴롭다. 금년도 신입생 환영사에도 그 희비의 대조가 역력하다(거창고등학회 소식 제1호, 1997. 5. 15). 고등학교 도재원 교장은 이렇게 말씀하신다.

> 태어나서 처음 치르는 입학시험에 합격했으니 얼마나 기쁘시겠습니까? 또 저희 학교 교육 이념을 이해하시고 동의하셔서 멀리까지 자녀분을 보내 주신 부모님께 감사를 드립니다. 아울러 저희 선생님들이 전력을 다해 교육하겠습니다. 안심하고 맡기고 가십시오.

그런데 중학교의 전성은 교장의 말씀은 이렇게 사뭇 다르다.

> ……그런데 여러분도 아시다시피 우리나라의 교육 제도가 하도 이상해서 가고 싶은 중학교에 갈 수 있게 되어 있지를 않습니다. 거창 교육청의 컴퓨터가 가라고 하는 대로 갈 수밖에 없습니다. 이렇게 여러분의 뜻에 따라 샛별 중학교에 온 것이 아니라 우연에 의해서 온 것입니다. 그러나 저희들은 그렇게 믿지 않습니다. 비록 불합리하고 비교육적이고 어쩌면 망국적이기도 한 기이한 제도에 의해 샛별 중학교에 오게 되었지만 우리가 이렇게 만나 앞으로 삼 년 동안 함께 생활하도록 되어진 일은 우연이 아니라 하나님의 섭리라고 믿습니다. 우리가 여러분의 샛별 중학교 입학을 진심으로 축하하는 까닭이 바로 여기에 있습니다.

셋째는 명문학교로 발전한 데서 오는 건학 정신의 희석, 또는 동요다. 고등학교는 비평준화 지역이라서 전국 각지에서 우수한 학생들이 모여들며, 이 학생들을 또 우수한 교사들이 그야말로 마음과 뜻과 정성을 다해 가르친다. 그래서 졸업생의 거의 90%가 4년제 대학에 진학할 정도로 새 명문고가 되었다. 전인 교육을 내세우며 그렇게 가르쳤는데, 그 부산물로 입시 명문고도 되었다! 이 얼마나 기쁜 일인가. 그러나 기뻐할 일만은 아니다. "전인 교육보다 우선 입시 교육을!" 이렇게 학부모들이 입을 모을 때 어떻게 할 것이다. 학부모도 분명 교육의 주체 중의 하나다. 묵살할 수만은 없다. 이래서 건학 정신이 희미해지거나 흔들릴 우려도 있다. 외국의 경우 이렇게 된 학교가 꽤 있다. 거창고등학교는 이제 이 문제와도 대결해야 할 것이다.

4. 풀무농업고등기술학교

거창고등학교와 더불어 한국의 대안 교육의 쌍벽을 이루고 있는 것이 충남 홍성군 홍동면 소재의 풀무농업고등기술학교다. 이 학교는, 오산 고등보통학교에서 이승훈 교장에게는 인격의 귀함을 배웠고 김교신과 함석헌에게는 또 신앙의 귀함, 특히 이 겨레의 역사와 땅에 뿌리내린 '민족적 기독교'를 배워 그들과 더불어 감옥까지 같이 가기도 했던 이찬갑에 의해 1958년 4월 28일 개교했다. 그는 신앙의 동지 주옥로의 논과 밭을 기증받아, 옛날 대장간이 있어 풀무골이라고 불린 이곳에 '사람을 달구어 낼' 풀무학원을 세워, 조상이 물려준 땅을 일구면서 자랑스럽게 사는 '위대한 평민'을 키워내는 인간 도장으로 삼고자 했다.

역사적인 개교일에 그가 행한 강연의 결론은 이렇게 감동적인 것이었다.

이제 지금껏 말한 것을 결론적으로 말한다면, 지금까지는 현대 문명의 총아인 도시를 중심으로 한 도시 교육·선발 교육·간판 교육·출세 교육에서 이 인간이 멸망하고 이 민족이 썩어가고 있었던 것입니다. 그러나 이제부터의 새 교육은 새로운 시대의 총아일 농촌을 중심으로 한 농촌 교육으로, 민중 교육으로, 정신 교육으로, 실력 교육으로, 인격 교육으로, 이 민족을 소생시키고 이 인간을 새로 나게 해야 할 것입니다.

처음에는 가난해서 중학교에 진학 못 하는 그 지방의 아이들을 대상으로 한 고등공민학교로 출발했다. 그리고 노작과 체험을 중시하는 전인 교육을 지향하였다. 특히 자연 농법, 무공해 농법을 익혀 자족·자립하는 새 농촌 건설에 대한 꿈을 키웠다. 그러나 주위의 철없는 아이들은 이 귀한 건학 정신을 이해할 리 없다. '똥통학교'라고 조롱도 했다. 그러나 역사도 어언 40년, 이 학원이 이제는 전국에 이름을 날리는 대안학교로 평가받게 되었다. 그리하여 1996년, 한국교육개발원은 이 학원을 한국에서 가장 교육을 잘 하는 학교의 하나로 선정하기에까지 이르렀다.

이 풀무학원의 교육·경영 방식 중에서 특기할 만한 것을 다섯 가지만 들어 본다.

첫째는 작은 학교다. 지금도 한 학년 한 반, 전교가 1, 2, 3학년 세 반으로만 이루어져 있다. 한 반 학생 정원은 25명 전후다. 그래서 전교생이 80명 전후다. 금년에는 전국에서 지원생이 몰려 정원의 3배나 되었다 한다. 그래도 그 전 규모를 견지했다 한다.

둘째는 노작 교육이다. 논과 밭에서, 목공실과 온실에서 같이 땀을 흘려 일한다. 이래서 일하면서 배우고 배우면서 일하는 교육 방법을 중시한다. 우리는 노작 교육이라면 생산 기술을 익히는 직업 교육이라고 생각하기 쉽다. 그러나 절대 아니다. 노작 교육은 절대 이렇게 좁은 의미의 것이 아니고 직업 교육, 시민 교육, 도덕 교육을 통일하는 전인 교육인 것이다.

셋째는 기숙사 교육이다. 전국 각처에서 학생들이 오기에 기숙사가 꼭 있어야 한다. 그러나 이것만이 아니다. 교사와 학생이 한 울타리에서 삶을 같이 나누는 것이 귀하기 때문이다. 일반적으로 대안학교는 외국에서도 그러하다. 대안학교뿐이 아니다. 소위 일류 사립학교도 이런 방식을 택한다. 영국의 대표적 명문 사립고인 이튼, 해로 같은 학교가 다 그렇다. 생활을 같이 하면서 스승, 동료, 이웃을 발견하고 정신적 협동 사회에 대한 꿈을 키우게 한다.

넷째는 자연 농법 교육이다. 풀무학원은 일찍부터 자연과 더불어 사는 인간, 환경을 귀하게 가꾸는 농민, 그리고 무공해 식품을 생산하는 자연 농법을 소중히 여기고, 이에 대한 교육과 기술 연마에 힘썼다. 무공해 식품 업체 '풀무원'도 이 풀무학원과 관계가 깊다. 최근에는 '오리 농법'을 도입하여 실험하고 있다. 모내기를 한 다음 추수할 때까지 세 번 정도 벼의 성장을 저해하는 풀을 뽑아 주어야 한다. 그 전에는 사람 손으로 했다. 그러다가 사람 손도 모자라고 인건비도 비싸 제초제라는 화학 약품을 뿌렸다. 그랬더니 땅도 상하고 공해도 유발하고, 벼포기 사이에서 자라나 사는 뭇 생물들, 예를 들면 메뚜기, 개구기, 미꾸라지 따위가 사라졌다. 생태계가 흔들렸다. 그래서 오리를 풀어 벼포기 사이를 그 오리가 휘젓고 다니면서 풀도 먹고 진흙탕 물도 자아내게 했다. 이렇게 생태계를 다시 살리자는 것이다. 이 오리 농법은 성공적이었다고 들었다.

다섯째는 협동조합 운영이다. 졸업생, 학부모, 마을 주민들이 힘을 모아 협동조합을 만들어 서로 돕고 또 그 성과를 나눈다. 그래서 이 학원은 지역의 경제와 문화의 중심이 되어 지역 사회의 학원이자, 그 지역 사회의 발전을 기하는 경제·문화·사회의 중추 기관이 된 것이다.

이 학원에서 소식지로 발간하는 『풀무』에는 귀중한 기록이 많이 담기는데, 올해 창업생(이 학원에서는 졸업생을 이렇게 부른다)의 글에 이런 것이 있었다.

> 창업을 한 뒤엔 아버지께서 하시는 실내 인테리어를 배우려고 한다. 중학교 때부터 해 보고 싶었던 일이기 때문에 일이 어려워 걱정도 되지만 끝까지 열심히 해 볼 생각이다. 풀무생활을 똑바로 하지는 못했지만 어떻게 살아야 하는지에 대해 몸으로 느끼면서 배웠다고 생각한다. 이것을 토대로 앞으로 올바른 삶을 살고 싶다(정○○, 『풀무』 제140호, 1997. 2).

풀무에 와서 배운 것이 무엇이었던가. 어떻게 사는 것이 옳은 삶인가를 온몸으로 느끼면서 배웠다 하지 않는가. 사실 이보다 더 귀한 배움이 어디에 있을까? 옛날 문자를 쓰면, 이것을 배우면 만사성이요, 이것을 못 배우면 만사휴가 아닌가. 이 학생은 꼭 실내 인테리어라는 직업으로 자기 개성을 실현하고 이웃에 봉사하고, 또 하나님에게 산기도를 하게 될 것으로 믿어 의심하지 않는다. 입학생 25명 전원의 입학 소감이 실린 글에는 또 이렇게 감동적인 것이 있었다.

> 다른 사람과 달리 재수를 하면서 어렵게 풀무에 들어왔다. 힘들게 온 만큼 보람되게 보내려 한다. 우정도 쌓을 것이다. 연극 동

아리에서 활동하고, 피아노도 배우고, 꽃과 나무들을 관찰하고, 다람쥐 같은 동물들도 사귀고 싶다. 자연과 함께 사는 게 좋아 될 수 있는 대로 산과 물, 꽃들을 만나고 싶다. 공부도 열심히 할 것이다. 또 여기는 좋은 책이 많으니까 독서도 많이 하고, 지식도 쌓고 싶다. 후회하지 않는 생활이 되도록 노력하겠다(대전에서 온 배○○, 『풀무』 제141호, 1997. 4).

풀무에서도 이제 대학에 진학하는 창업생이 부쩍 늘었다. 그래서 농촌을 지키고 키우면서 사는 '위대한 평민'을 키운다는 건학 정신이 조금씩 흔들려 가고 있는 게 아닐까 걱정하는 사람도 생기게 되었다. 그간 몇 차례 학교의 방향 설정 문제로 깊은 논의도 있었던 것으로 안다. 거창고등학교처럼 일반 정규 고등학교로 개편할 것인가, 아니면 현재 대로 '위대한 평민'을 키워 낼 것인가. 참으로 어려운 문제다. 저자는 이 풀무학원과는 초창기부터 인연이 닿아 가까이 아는 처지여서 그것을 잘 알고 있다.

풀무가 안고 있는 과제는 다음 셋이다. 첫째는 농촌의 피폐에 따른 건학 이념의 흔들림이다. 농촌을 지키고 키울 위대한 평민의 교육이 어려워져 가고 있다. 전국 각지에서 입학 지망생이 오는데 그들이 꼭 농민 교육을 원하는 것도 아니다. 그래서 농민 교육에서 전인 교육으로 방향을 틀 수도 있지 않을까, 이렇게 말하는 사람도 나타나게 되었다.

둘째는 재정적 어려움이다. 일반 정규 고등학교가 아니기에 정부의 보조를 받는 데 불리한 점이 많다. 또 한 학년 한 반 체제로, 입학생은 25명 전후로 한정하기 때문에 수업료 등 납입금 총액도 미미하고, 창업생(졸업생)들의 사회 진출도 화려하지 못하고 수도 적어 그들의 도움을 크게 기대할 수도 없다. 더구나 농촌 한가운데

푹 파묻힌 곳이라 별로 독자가들의 손길이 눈에 띄지도 않는다.

셋째는 학교의 규모 문제이다. 금년에도 모집 정원의 3배에 가까운 지원생들이 전국 각지에서 왔다 한다. 돌려보내기에는 너무 안타깝다. 그러면 다 받느냐, 다 받기에는 우선 시설·설비·교원이 부족하다. 그런데 더욱 큰 문제는, 소규모 학교라야, 이 학교에서 가장 중시하는 전인 교육의 방법으로서의 노작 교육이 효율적으로 이루어질 수 있다는 것이다.

학교가 지향하는 이상은 물론 농민 교육, 생활 교육, 전인 교육을 바탕으로 하는 평민 교육이다. 그러나 현실은 이렇게 너무 냉혹하다. 어떻게 해야 할 것인가. 교육학자라고 이 저자에게 이따금 조언을 구하지만, 현실을 잘 아는 터라 나는 말을 얼버무리고 만다. 그래서 미안하기도 하고, 이 한국의 현실이 원망스럽기도 하다. 그러나 풀무학원은 이 같은 어려움을 슬기롭게 극복하면서 더욱 개성적으로 발전하여, 동쪽의 거창, 서쪽의 풀무, 이렇게 한국의 대표적 전인 교육의 마당으로 장차 한국 교육사에도 자리잡을 것임을 믿어 의심하지 않는다. 끝으로, 어언 40여 년의 교육 동지인 풀무의 홍순명 교장의 '풀무학교의 학부모회'(1997년 3월 『새교육』지에 난 글을 고친 것)라는 글의 한 절을 소개하고, 이것으로 풀무의 소개를 마치고자 한다.

지난해에는 어머니들이 한 학기에 한 번 생활관에 오셔서 밥을 해 주셨는데, 올해는 돌아가며 한 달에 두 분씩 짝을 지어 3년 동안 한 번 오셔서 해 주시기로 하였습니다. 어머니들이 생활관에 밥을 해 주시면 학생들의 몸만 아니라 마음도 푸근히 채워 주는 것 같습니다. 친구들의 어머니를 통해서 공동의 어머니를 느끼기도 합니다. 어머니들이 오시고 실습지나 축사에서 기른 채

소나 축산물을 먹으면서 학교는 공부만 하는 곳이 아니고, 생활의 공동체를 이루어 나가고 있습니다. 공부의 핵심은 진리의 탐구이고, 생활은 또 다른 공부요, 공부의 실천입니다(『풀무』제141호, 1997. 4).

5. 대안학교의 다섯 특징

이쯤에서 대안 교육이 무엇인가를 다듬고 이에 비추어 한국의 대안 교육이 안고 있는 문제가 또 무엇인가를 생각해 보기로 하자.

대안 교육은 교육의 네 주체인 학교, 교사, 학생 그리고 학부모에게 넓은 선택의 기회를 제공하는 전인 교육의 한 형태로서 그 특징은 ① 탈(脫)관학성 ② 문명 비판성 ③ 협동 생활성 ④ 노작 교육성, 그리고 ⑤ 박애 평등성에 있다.

자, 이제 위 다섯 가지 특징에 대해 간단히 살펴보자.

첫째, 탈관학성이란 무엇인가. 공교육이 바람직스럽게 진행되지 않고 있으므로 이에서 뛰쳐나와야 함을 이름이다. 그런데 탈공교육이라 하지 않고 왜 탈관학성이란 어중간한 표현을 쓰는가. 국가의 관리와 통제가 조금은 느슨한 사학 중에는 원리적으로는 대안적인 교육 프로그램이 조금은 있어 온 학교가 꽤 있기 때문이다. 그러나 여기에서 주의할 것이 있다. 현재의 대다수의 사학은 관학과 별 다를 바 없는 사이비 사학이요 그래서 유사 관학적이라는 현실이다.

둘째의 문명 비판성은 독일어에서는 '세계관적'이라고 쓰고, 일반적으로는 알기 쉽게 반문명적이라고 쓰는 개념으로서, 현대의 물질 소비를 행복의 지상의 척도로 여기는 문명을 바로잡자는 생각을 이름이다. 이런 사상적 배경에서 대안 교육 기관은 거의 농촌이나 산촌에 자리 잡고 있다. 현대 문명의 꽃이 모여 있는 도시에서 멀어지고 싶기 때문에, 그리고 하나님이 주신 아름다운 자연으로 다시 돌아가기를 염원해서다.

셋째의 협동·생활성은 온 하루의 삶 자체가 교육이요 그 삶의 마당 자체가 참교육의 마당이 되게 함을 이름이다. 그래서 학생 전원을 기숙사에 들게 하고, 교사들과 그 자녀들도 한 울타리 안에서 같이 생활하면서 아침저녁 사랑을 나누고 그 성실한 삶을 통해 더불어 사는 사회의 모형을 익혀 가는 가정 교육형이 이상이 되는 것이다.

넷째의 노작 교육성은 노작을 가장 귀한, 그리고 효과적인 교육으로 여김을 이름이다. "일하면서 배우고 배우면서 일한다"는 그 교육 방법은 교육의 방법에 그치지 않고 도덕 교육, 시민 교육, 그리고 교과 교육으로도 이어지는 가장 귀중한 교육 원리이기도 하다. 그리고 이것은 그 제창자 페스탈로치에서 비롯하여 켈센슈타이너, 듀이, 몬테소리 같은 모든 개혁 교육 사상가들이 받들어 온 원리이다.

다섯째의 박애 평등성은 교육을 통해 평화롭고 정의로운 사회를 건설하려 함을 이름이다. 좀 더 구체적으로는, 계층 간의 불평등 현상을 교육을 통해 극복해 나가자는 생각을 말한다. 이런 뜻에서 그것은 공교육의 혜택도 받지 못하는 소외층, 즉 농어촌, 광산촌, 도시 빈민층의 자녀들을 그 주요 대상으로 하는 교육, 그래서 학교 교육 차원보다는 사회 교육이나 가정 교육 차원에서 경영되기 쉽다. 우리나라에 현재 번지고 있는 방과 후 프로그램형에 속하는 공부방이나 육아 협동조합, 어린이 집 등이 바로 이것이다.

한국의 대안 교육은 어떻게 발전해 가야 할 것인가. 이제 막 대안 교육이 싹이 트기 시작했다. 사실 일반일은 물론이요 교사들, 심지어 교육학자들까지도 아직 그 개념을 잘 못 잡고 있다. 어떻게 보면 이게 옳은지도 모른다. 대안 교육이라 하면서 표준적 교육 프로그램을 만들어 권장한다면, 더구나 그것을 교육 당국이 추천·지원한다면 그것은 이미 대안 교육의 첫째 특징인 탈관학성에 어긋나기 때문이다. 위에 든 다섯 가지 특징은 저자의 생각이나 관찰에서 나온 것이다. 그래서 이 기준에 맞추어 평가하라거나 바로잡아야 한다는 생각일랑 절대 해서는 안 된다.

그런데 최근 우려할 만한 현상이 둘 나타나고 있다. 하나는 바로 이 글의 첫머리에 지적한 관주도형 대안 교육 논의의 출현이다. 다른 하나는 관지원형 열린 교육이다. 열린 교육 역시 원래 영국의 교육 개혁 실천가 니일의 서머힐을 모델로 하는 반(反)관학적 '자유 학교' 운동이다. 그래서 관이 도와주면 도리어 망가질 우려가 많다.

어떻게 할 것인가. 뭇 들풀들이 자연스럽게 피어나 서로의 개성을 자랑하듯, 대안학교도 제 힘으로 커서 제 개성을 자랑하게 따뜻하게 지켜보자. 도와준답시고 긁어 부스럼내지 말자. 대안 교육 실천기들이 박경리의 『토지』, 유현종의 『들불』, 조정래의 『태백산맥』처럼 베스트셀러가 되는 날이 오기를 기다리자. 이쯤 되어야 우리도 철들었다 하지 않겠는가. 이렇게 우리가 교육에 대한 의식을 새로이 하는 것이 실은 과제 중의 최대 과제라 할 것이다.

전인 교육의 논리와 틀

1. 인류의 위기와 교육

현대 문명의 병폐와 비리를 분석하고 그것을 바로잡지 않으면 인류는 망한다고 예언한 사람들은 이루 헤아릴 수 없이 많았다. 사학자로는 슈펭글러, 종교인으로는 슈바이처, 문학자로는 헷세……, 이렇게 모든 영역에서 그 병폐의 진단과 처방이 나와 있다.

슈펭글러는 인류의 역사도 자연계의 뭇 생명체처럼 발생·성장·성숙·몰락을 거치는 일회적인 것일 텐데, 근세의 서양 문명을 떠받치고 있는 자본주의의 정신은 최근에 들어와서 특히 부패·타락하여 끝없는 전쟁, 도덕적 감각 마비, 독점적 이익 추구 등을 야기시켜 인류를 멸망으로 몰아가고 있다고 예언했다.

슈바이처는 서양 문명의 핵이 되어 온 기독교가 그 평화의 정신을 잃고 투쟁적인 과학주의와 야합하여 자연을 파괴하고 전쟁을 유발하고 타 종교나 타 문화에 대한 지배를 복음 전파라는 명분으로 합리화 하고 있어, 현대의 기독교가 원래의 절대 평화주의, 인류 공영주의, 그리고 자연 안의 뭇 생명과 조화적 공존을 기하는 생명 외경주의로 돌아가지 않으면 인류는 망할 것이라 했다.

헤세는 인류가 자연이라는 삶의 고향을 황폐하게 만들어, 인간을 실향민으로 전락시켰기에, 모든 지혜를 다해 그 고향을 다시 찾고 그곳에 돌아가는 '귀향'만이 인류가 살아남을 길이라 했다.

슈펭글러, 슈바이처, 헤세에 버금갈 사람을 교육 철학자 중에서 찾는다면 단연 20세기 독일의 교육 철학을 대표하는 슈프랑어를 들 수 있다. 그의 문명 진단은 더욱 체계적이고 또 구체적이기도 한데, 위에 든 사람들에 비해 별로 알려져 있지 않기 때문에 그것을 좀 더 자세히 소개하여 본다. 우리는 슈프랑어의 문명 진단을 조직면 · 사고면 · 통치형태면 · 종교면 · 교육면의 다섯으로 나누어 볼 수 있다.

첫째, 현대 문명은 조직면에서 거대한 기구 체계를 특징으로 갖는다. 이 기구 체계는 그 안에 들어가지 않고서는 아무 일도 할 수 없는 인간 유형을 출현시켰다. 그리고 그 조직의 목적에 톱니바퀴처럼 작업만 하는 순응적 인간을 낳았다. 자기 직업을 하나님이 맡기신 자기 실현의 몫으로 보는 '직업성소관' 따위는 아예 생각해 보지도 못한 채 단지 역겨운 노동으로만 보는 '고용 기능공적인 인간'들이 생긴 것이다.

둘째, 사고 방식면에서는 인간의 꿈이나 이상, 그리고 자유 따위는 애써 버리려 하는 실증 과학적 정신의 발호를 들 수 있다. 실증 과학이 중시하는 합리적 정신, 이것은 물론 귀하다. 그러나 그 한계도 정확하게 인식해야 한다. "과학은 사랑을 생산하지 못한다"는 폐부를 찌르는 격언도 있지 않은가.

셋째, 통치면에서는 효율성을 가장한 전체주의적 형태를 들 수 있다. 제각기 다양한 강령을 내세우는 다수 정당 체제가 여당과 야당, 이렇게 둘 만의 복수 정당 체제로, 나아가 그 복수 정당 체제가 단일 정당 체제로 옮아가는 공산주의 체제에서 그 전형적 모습을 볼 수 있다. 그러나 자유주의 국가에서도 실은 거의 비슷하다. 모든 기구를 통해, 예를 들면 언론이나 심지어는 교육을 통해 '프로파간다'해서 여론을 조작하고 "손쉽게 조정되고 조직에 매여 사는 인간 유형"을 만들어 내기 때문이다. 이것이 양심, 역사 의식 따위는 버려야 마음이 편해지는 대중 인간상, 군중 인간상이다.

넷째, 종교면에서는, 과학이 종교의 자리를 지나치게 넘겨다보는 데서 오는 종교의 세속화 그리고 종교의 '문화 능력 상실'이다. 종교란 원래 무엇이던가. 삶이 어디에서 비롯하고, 어떤 삶이 진정한 삶이고, 이 삶은 어떤 삶에 이어지는가를 따지는, 그야말로 '삶의 오리엔테이션'이 아니었던가. 절대자와 나와의 수직적인 관계를 정립하고, 그것을 이웃, 즉 동포·사회·국가·민족·인류 등과의 수평적인 관계로, 더욱 새롭고 더욱 깊게 정립하는 것이 아니었던가. 그런데 그 종교가 세속적 조직 못지않게 또 하나의 큰 세속적 체제로 탈바꿈했다. 이리하여 삼라만상에 깃든 신의 뜻과 역사를 읽어 내고, 이웃과 더불어 기쁨, 괴로움, 보람을 같이 나누며 이 우주의 완성을 위해 기도와 봉사로 신의 일을 돕고, 자신의 삶의 의미를 다지는 경건한 마음 …… 이런 것들은 사라져 가고 있다.

다섯째, 교육면을 보면, 문화의 위기에의 대처 능력 부족을 들 수 있다. 교육이 원래의 자기 몫과 미래에 대한 전망을 탐색, 견지하지 못하고 있다는 말이다. 그리하여 그 본래적인 자율·자주·선도성을 상실하고 근시안적인 정치·경제적 기구의 수단적·용역적 기능으로 전락했다는, 그래서 한마디로 교육을 인력자원 공급 기능으로밖에 보지 못하는 한심한 지경에 이르렀다는 한탄이다.

이 모든 사람들의 진단과 처방을 한마디로 요약하면 무엇이 될까? "인간을 다시 찾자", 이것이 될 것이다.

2. 현대 교육의 일곱 가지 오류

이같이 인간이 사라진 문명과 사회 안에서의 교육은 역시 인간성이 사라진 교육일 수밖에 없다. 또 인간성이 사라진 교육을 받은 사람은 다시 이 사회를 더욱 인간이 사라진 사회로 만든다. 이렇게 원인은 결과를 낳고, 그 결과는 다시 새로운 원인을 낳는, 원인과 결과가 서로 상승 작용을 해 가며 끝없는 인간성 증발 증폭 현상이 진행된다. 이것이 이 시대의 가장 큰 병폐가 아닐까? 그러면 이 악순환의 고리를 어디에서부터 끊어야 할까? 교육에서밖에 없다.

이 그릇된 사회와 문화를 만든 것은 바로 사람이고, 그것을 뜯어 고쳐야 할 사람도 바로 올바른 의식으로 다져진 사람일 수밖에 없기 때문이다. 이 같은 논리로 현대 교육이, 또 그 안에서 현장 교사들이 수행하고 있는 업무가 심하게 잘못되어 있다고 지적한 저서나 논문은 이루 헤아릴 수 없다. 여기에서는 철학자 마리땡, 현장 교사 개토 두 사람의 것만 들어 본다.

"교육은 인간이 자기 자신을 한 인간으로 형성하도록 ―즉 지혜, 판단력, 도덕으로 무장된 인간으로― 지도하는 것이다"고 선언하고 나선 쟈끄 마리땡은 그의 명저 『기로에 선 교육』에서 온 교육 과정의 인격화를 제창했다. 교육의 온 과정이 전인적 인격 도야를 위해서 짜여 져야 한다는 말이었다.

현대 교육의 비인간화 현상은 어디에서 비롯하는가. 가톨릭 수도승과도 같은 근엄한 철학자요 만년에는 프랑스 주재 바티칸 대사 직까지 역임한 바 있어 20세기 가톨릭 교육 철학을 대표하는 그는 다음과 같이 짚고 있다. 현대의 교육 철학에서 설정하는 인간상이 무신론적이며, 교육 조직은 전체 사회의 기능주의적 영향과 인간을 단지 '조직을 위한 수단'으로만 보는 관점의 영향을 받아 전체주의적이다. 또한 교육의 목적은 이 사회 구조에 잘 길들여질 인간을 양산하는 데 놓여 있으며 교육의 방법은 기능화·기계화되어 있다. …… 그래서 한 마디로 교육에서 인격이 사라졌다고 그는 보았다. 그가 구체적으로 든 '현대 교육의 일곱 가지 오류'는 이렇다. 너무나도 귀한 논리요 지적이기에 이것을 차례대로 간략하게 요약해 본다.

첫째는 '목적의 무시'다. 교육은 원래 윤리적 목표를 달성하기 위한 예술인데, 윤리는 간 곳 없고 목적 없는 능률만이 판치고 있다.

둘째는 '그릇된 인간관 설정'이다. 인간관에는 과학적 인간관과 철학적 인간관(또는 종교적 인간관)의 두 유형밖에 없다. 과학적 인간관은 인간을 측정할 수 있고 관찰할 수 있는 재료로만 보는 데 그치고, 인간에게 영혼이 있느냐 없느냐, 자유가 있느냐 아니면 필연뿐인가, 가치가 있느냐 아니면 사실뿐인가 …… 이런 궁극적인 실재의 문제에 대해서는 아예 입을 다물고 비껴간다. 철학적 인간관만이 이 같은 궁극적 물음과 씨름한다. 그런데 현대 교육은 어떤가. 과학적 인간관만을 숭상하고 있다.

셋째는 '행동주의'다. 진정한 행동은 올바른 목적을 지녀야 하고, 이 올바른 목적 설정은 진리를 믿는 데서 나온다. 그런데 현대 교육에서는 바로 이 진리 감각이 소홀히 다루어져 결국은 회의주의자들만 양산하는 꼴이 되었다.

넷째는 '사회 중심주의'다. 현대 교육은 시민 교육을 강조한 나머지 인간 교육을 소홀히 하고 있다. 그 결과 정신적 기쁨, 지혜에 대한 기쁨, 예술에 대한 기쁨을 모르는 아이들을 양산하고 있다. 그래서 그들의 삶은 권태에 지쳐 있고, 그 권태로부터 탈출하려는 갖가지 일탈 행동은 모두 인간성 파괴의 모습을 띠게 된다.

다섯째는 '주지주의'다. 지식만을 중시하는 주지주의는 둘로 나눌 수 있는데, 교육의 최고의 업적을 입신출세에 긴요한 대화법이나 웅변술을 익히는 데 두는 고전형이 있고, 또 우주나 자연, 사회와 삶 등을 지배하는 원리적 지식의 탐구를 포기하고 오로지 세속적 지식의 작업적 기술만을 갖추는데 두는 현대형이 있다. 그러나 이 두 주지주의가 다 인간을 전문적 영역에만 능하고 다른 영역에는 무능한, 진화된 동물 이른바 '전문 바보'로 만들고 있다.

여섯째는 '주지주의'(主意主義)다. 이는 지성을 의지에 굴복시키는 그릇된 생각이다. '하면 된다'든가 '밀어 부치자'라든가 하는 군사 문화에서 잘 볼 수 있는 쿠데타적 사고 방식이다. 이는 나치스에서 보았듯이 인간의 마음을 비합리적인 교조, 예를 들면 자민족 우월주의, 경제지상주의 등을 신봉하게 만들어 인간의 마음 가운데 있는 진리 감각을 분쇄하고, 주술적인 언어로 젊은이들을 도덕적 황폐로 몰아넣은 다음, 모든 것을 그것에만(그것이 국가이건 종교이건 관계없이) 매달려 살게 한다. 이 주의주의는 필연적으로 공정한 지성적 판단을 흐리게 하여 독선적·배타적·파괴적 전쟁이나 독재 체제를 낳는다.

일곱째는 '교육 만능주의'다. 현대 교육은 인간을 재료로 하여 국가나 경제, 넓게는 체제가 요구하는 인력을 생산해 바치는 일을 임무로 삼고 있기에 교육 만능주의에 빠지기 쉽다. 그러나 이 같은 교육에서 애써 비껴가는 사랑, 신앙, 지혜, 직관 등은 어떻게 할 것인가. 실은 이런 것들이 인간을 인간으로 특징지으며 그러기에 인간에게 필수불가결한 것이 아닐까?

마리땡은 현대 교육의 비인간화 현상을 '현대 교육의 일곱 가지 오류'라는 표현으로 이렇게 예리하게 지적하며, 진리 감각을 키워 주는 '종교적 교과'가 중심에 놓이고, 그 밖을 '철학적 교과', 그 밖을 '언어적 교과', 다시 그 밖을 '실용적 교과', 예를 들면 자연 과학 · 생물 과학 · 사회 과학 · 역사 · 도덕(시민 도덕이나 국민 윤리) · 체육 · 예술 · 수학 등이 에워싸는 4차원의 동심원적 교과 과정을 제창했다. 여기에서 우리가 특히 주목할 바는 '종교적 교과'가 그 수렴과 확산을 다지는 중핵적 교과라는 것이다. 진리 감각 도야가 인격 도야, 교양 교육, 그래서 전인 교육의 핵심이기 때문이다.

3. 교사의 일곱 가지 유형과 업무

어머니이면서도 어머니 노릇을 못 하고 있다고 푸념하는 사람이 많다. 변명도 가지가지다. 시간이 없어서, 능력이 없어서, 돈이 없어서, 잘 몰라서, 너무 힘이 들어서……. 그러나 이 경우는 봐주어야 한다. 어떻든 자기가 잘못하고 있다는, 자기 몫을 못 다하고 있다는 안타까움이 그 속에 있기 때문이다. 그래서 듣는 이로 하여금 동정을 자아낸다. 자식들 이야기만 나오면 풀이 죽는 대다수의 어수룩하나 착한 어머니들은 대개 이런 축에 낀다. 이런 어머니들은 그래도 죄가 덜하다.

그런데 문제는 영특하고 모진 어머니들이다. 어머니 몫을 잘 해내고 있다고 자신은 생각하고 있지만 실은 자기 아이를 해치는, 그래서 결과적으로는 어머니 몫을 못 하고 있는 죄 많은 어머니들이다. 그래서 실은 불쌍한 어머니들이다. 눈만 마주치면 공부해라, 학원에 갈 시간이다, 이번에는 몇 등까지는 해야 한다, 누구하고는 이제 놀지 마라, 그런 책을 읽어 무엇 하느냐, 네가 지금 그런 데 한눈 팔 때냐, 그것이 밥 먹여 주냐…… 좌우간 이렇게 아침부터 밤늦게까지 닦달질이다. 그러면서 자기는 어머니 몫을 훌륭하게 해내고 있다고 자임한다. 오로지 성적 올리는 일에 어머니 몫을 다 건다.

이런 어머니들은 이런 식의 성적 올리기 때문에 자기 아이가 병이 들어도 단단히 들고 있다는 것을 모른다. 자기는 다른 어머니들과는 달리 잘 키우고 있다고 착각하고 있는 것이다. 이런 어머니들이 실은 죄가 많은 어머니들이 아닐까? 성적 때문에 자살하기까지 하는 아이들이 속출해서 이제는 이 같은 비관 자살은 뉴스거리도 안 된다.

그런데 어제 저자는 충격적인 뉴스에 접했다. '일등 자살'이다. 그 모진 고생 끝에 일등을 해냈다. 그래서 목표가 달성됐으니 이제 자유로워야 하겠다 하는 유서를 남겼다는 것이었다. 그 일등을 생전 처음으로 해냈을 때 얼마나 기뻤을까? 그 어머니나 그 아이나 다 생애 최고의 환희의 순간이 아니었을까? 그런데 이것이 왜 죽음으로 이어진 것일까? 일등 아니면 원하는 대학 못 들어가고, 그 대학 못 나오면 출세 못하고, …… 그래서 성적 올리기가 바로 삶의 전부라는 강박 관념 탓이다. 사회가 잘못되어도 너무 잘못되어 있고, 교육이 잘못되어도 너무 잘못되어 있다. 우리 사회가, 우리 교육이 이들에게 죄를 지었다. 그래서 책임도 큰 것이다.

교사 중에도 여러 교사가 있다. 자기는 무엇인가 잘못 가르치고 있는 게 아닌가 하면서 자책하고 고민하는 교사들, 이런 틀과 판 안에서는 이렇게 할 수밖에 별 도리가 없지 않느냐 하면서 합리

화하고 자책감에서 애써 벗어나려 하는 태연한 교사들, 또 이 판과
틀은 국가에서 우리에게 짜 준 것이므로 그것이 비록 최선은 아닐
지라도 분명 우리가 지켜가야만 할 것이라며 그 안에서의 교육에
신명을 바치는 천진난만한 교사들, 그리고 이 판과 틀 자체를 바꾸
지 않으면 아이와 우리가 같이 망가지는 데 그치지 않고 사회와 나
라도 다 망가진다고 생각하고 무엇인가 다른 판과 틀을 모색하는
의식 있는 교사들이다.

고민하는 교사, 태연한 교사, 천진난만한 교사, 의식 있는 교사,
이렇게 네 가지 유형의 교사들 이외에도 도 몇 가지 교사 부류가
있다. 그런데 이런 교사들은 극히 드물며, 또 교사라 자임하지만 실
은 교사가 아니기 때문에 말도 꺼내기 싫다. 그러나 기왕에 말이
나왔으니 비껴갈 수는 없지 않은가. 세 유형만 더 들어 본다.

그 첫째는 출세 지향형 교사이다. 교직을 자기 출세의 징검다
리고 삼는 자들이다. 감투라면 맥을 못 추는 사람들이 교직에는 왜
들어왔는지 정말 모를 일이다. 대학 교수들에게 이런 유형이 특히
많다. 처장이다, 학장이다, 총장이다 하는 대학 안의 감투를 다 써
보고도 이에 만족하지 않고 대학 밖의 감투, 심지어 대통령 자리까
지 넘보는 교수들도 있어 정말 연구와 교육에 전념하는 교수들을
부끄럽게 만든다. 자기 감투 쓰는 것은 좋은데 감투 못 쓰는, 안 쓰
는 절대 다수의 진짜 교수들을 우습게 만드니 이게 문제다. 그레샴
의 법칙(악화가 양화를 구축한다)이 이를 두고 하는 말이다.

그 다음은 기업형 교사다. 교직을 돈벌이를 위한 수단으로만
보는 것이다. 어느 직종이고 '경기'를 탄다. 좋을 때도 있고 나쁠 때
도 있다. 그런데 교육이라는 기업, 그리고 교직이라는 직종에는 불
경기가 없다. 아마 불경기가 없는 유일한 직종일 것이다. 어떤 불경
기 시대에도 아이는 낳고 기르고 가르치고 해야 하기 때문이다. 그

래서 일본 서민들 말에 이런 게 있다. "경기 안타는 것은 꽃 가게, 쌀 가게, 신발 가게, 훈장이다." 사람은 불경기 중에도 죽고 또 먹고, 신고, 가르쳐야 하기 때문이란다.

바로 얼마 전 한 초등 교사가 4년 동안 적은 출석부형 '촌지 리스트'가 발견되어 우리에게 충격을 주었다. '황장엽 리스트'가 협박용으로 쓰이면 어떻게 하나 걱정들도 한다는데, 이 초등 교사의 '촌지 리스트'가 절대 다수의 선량한 교사들을 움츠러들게 만드는 데 쓰이지 않을까 걱정이다.

끝으로 부업형 교사다. 본업은 따로 있다. 부동산업도 좋고 문방구점도 좋고 학원 경영도 좋다. 교직만으로는 가난을 못 면하고 자식을 대학까지 못 보낸다. 그러니 달리 궁리를 안 할 수 없다. …… 대충 이런 논리다. 그런데 여기에 함정이 있다. 원래 교직이 본업이라 하면서도 결국은 부업이 본업이 되어 버리는 것이다. 물론 공식적으로는 부업을 못 갖도록 되어 있다. 그러니 남의 이름을 빌리는 것이다. 그러니 찜찜하지 않을 수 있는가. 경기 짚어 보랴, 눈치 살피랴, …… 정말 단 한 번밖에 없는 인생을 떳떳하게 살지 못한다.

위에 든 일곱 유형 말고도 또 있을 것이다. 그러나 이쯤 해 두자. "교육의 알파이자 오메가는 교사다"라는 말이 있다. 시설이나 교과서나 환경이 제 아무리 좋아도 교육을 교육답게 하는 요인은 교사라는 말이다. 교사가 수행해야만 할 업무도 많다. 저자는 페스탈로치의 교직상을 분석하면서 이것을 교과 지도, 생활 지도, 계속 연구, 교직단체활동, 그리고 학원 관리의 다섯으로 요약해 본 적이 있다. 이중에서 교직단체활동이란 개념이 일반인에게는 좀 생소할는지 모르겠다. 그래서 이에 대해서는 좀 부연하여 본다.

교사는 전문직으로서의 세 가지 큰 권리, 즉 교육의 내용과 방법을 법의 테두리 안에서 자유롭게 택할 수 있는 '교육 자유권', 부당한 인사로부터 자신을 보호하는 '신분 보장권', 그리고 중산층 정도의 생활을 누릴 수 있는 '문화 생활권'을 확보해야 한다. 이 교사의 3대 권리는 교사만을 위하기보다 크게는 학생을, 부모를, 사회를, 나라를, 겨레를, 인류를 위하는 것이기도 하다. 그래서 페스탈로치는 교육 역사상 최초로 〈스위스 교육 협회〉라는 교직 단체를 결성해서 교사의 권익 확보와 교육 홍보에 나섰다. 이 협회에 사회인, 예를 들면 정치가나 목사들도 가입시켜 교육의 시야를 확대시켰는데, 정말 그다운 발상이라 하겠다.

　현대의 교육학에서는 교사의 업무를 어떻게 보고 있는가. 그 한 예를 미국의 교육 철학자 피닉스에서 들면 ① 인격 형성 ② 지식 계승 ③ 사표(師表) ④ 학습 환경 조성 ⑤ 평가 ⑥ 참여 ⑦ 사제 동행(師弟 同行)의 일곱 가지다. 여기에서 몇 가지만 부연하면 ③의 '사표'(師表)는 교사가 자기 삶을 통하여 바람직한 삶의 모범을 보여 주는 일, ⑥의 '참여'는 교사가 사회나 학교 안의 여러 교육적 활동에 학생과 더불어 관여하고 귀한 시사를 주는 일, 그리고 ⑦의 '사제 동행'(師弟 同行)은 교사가 진리와 학생 사이의 중개자가 되어 학생과 더불어 진리에의 길을 걷는 일을 이름이다.

　우리는 이렇게 어머니이면서 참어머니 노릇을 못 해 자녀를 망치는 어머니들, 교사라면서도 교사 노릇을 제대로 못 하는 교사들, 그리고 과연 참교사들이 수행해야 할 업무들이 무엇인가를 분석하여 보았다.

　우리 어머니들, 우리 교사들이 가장 잘못하고 있는 일, 그래서 그 일로 아이를 망치고 교육을 망치고 사회를 망치게 하고 있는 일은 무엇인가. 한 마디로 어린이나 학생 하나하나가 남과 바꿀 수도 견줄 수도 없는 귀한 인격적 존재하는 인식을 하지 못함으로써 '교육의 비인간화'를 초래하는 것이다. 다른 말로 바꾸면 '전인 교육'에 대한 인식의 부족에서 오는 기능 교육, '반쪽 교육'이다. 그리고 이 반쪽 교육이 '반(反)교육', 곧 진정한 교육을 몰아내는 해로운 교육으로까지 치닫고 있는 것이다. 또 다른 유형의 교육이 있다. '거짓 교육'이다. 교육이라고 하고 있는데 실은 잘못된 교육을 하고 있음을 뜻하는 이름이다. 예를 들면, 아이를 사람으로 일깨워 주지는 않고 국가나 사회의 요구나 수요에 알맞게 길들여 만들어 내는 따위다. 이것은 '생산'이요 '길들임'이요 '교조 주입'이지 결코 교육일 수 없다.

4. 학교 교육의 일곱 가지 오류

교육이라면 학교, 학교라면 교육을 연상할 정도로 교육과 학교는 거의 동의어가 되었다. 원래 교육의 마당은 가정, 학교, 사회의 셋이다. 그런데 현대에 와서는 이 가운데 학교가 크게 발전하여 가정 교육이나 사회 교육이 상대적으로 아주 희미하게 되었다. 그래서 가정 교육의 몫과 사회 교육의 몫을 다시 챙겨야 한다는 목소리가 높다. 교육을 학교가 독점하고 있다든가, 교육을 학교라는 울타리 안에만 가두어 교육을 두루 못 하고 있다는 우려도 있다. 그런데 바로 그 학교 교육마저도 문제란다. 그래서 "학교는 죽었다", "학교야 너 뭐 하니", "학교는 인간성 도살장이다" 따위의 험한 말까지 나오게 되었다.

학교란 무엇일까? 학교는 원래 귀족이나 부잣집 자녀들을 위한 교육 기관이었으나 근대에 와서는 먼저 그 계층적 한계성이 극복되었고, 다음에는 사회의 가장 중요한 기관으로 여겨져 사회적 관리와 지원 아래에서 운영되었으며, 그래서 또 가장 조직적인 기구의 하나가 되었다. 이것을 근대 학교의 대중성, 공공성, 조직성이라 한다.

그런데 바로 이것이 문제다. 고대나 중세의 학교의 한계점을 극복하려는 이 근대 학교의 세 특징이 바로 현대에 와서는 또 학교의 발전과 질적 향상을 저해하는 것으로도 작용하기에 이르렀기 때문이다. 예를 들면 그 대중성은 학교 교육을 인격 도야보다는 직업 교육에, 그 공공성은 학교를 자율적 자립보다 타율적 의존에, 그리고 그 조직성은 학교생활을 일사불란하게 움직여 숨 막히는 병영처럼 인간성이 살아서 숨 쉬는 것을 막는 관료적 경직성에 이르렀다. 이렇게 학교 교육이 제 몫을 못 하고 있는 것이다. 그래서 학교란, 학교 교육이란 원래 무엇이었던가를 다시 묻고 제자리 찾게 해야만 할 상황에 놓여 있다.

학교란 무엇인가? 인류의 기나긴 역사에서 축적된 귀한 경험을 주로 문자를 통해서 압축·정선·체계화하여, 이를 일정한 공공적 장소에서, 일정한 발달 수준에 이른 아이들이 소정의 교과 과정에 의해 일정한 자격증을 갖춘 전문적 교사의 도움으로 이해·체험하여 이를 계승·발전시키는 문화·사회적 기관이라 하겠다. 그런데 여기에서도 문제는, 이렇게 학교를 구성하는 요소 하나하나에 다 함정이 있다는 것이다.

예를 들면 그 귀한 경험에는 정신적·문화적인 것도 있고 기술적·문명적인 것도 있는데 이것이 어느 한쪽으로 기울었다든가, 주로 문자를 통해서 가르치기에 생생한 체험이 따르지 못한다든가, 일정한 공공적 장소라고 못 박은 탓에 뭇 생명과 더불어 숨 쉬는 자연의 교육이 사라졌다든가, 소정의 교과 과정이라는 명분 아래 특정 이데올로기를 주입한다든가, 일정한 발달 수준의 아이들을 대상으로 하기에 교육이 자칫 규격화·표준화·균일화되어 천차만별한 아이들의 개성을 살려내지 못한다든가, 전문적 교사에 의한 교육은 좋은데 그 전문성이 교사의 인격성보다는 교육 기술에 높은 평점이 매겨지는 따위들이다.

그래서 앞서 소개한 대로 "학교는 죽었다", "학교야 뭐 하니", "학교는 인간성의 도살장이다"라는 비판의 소리가 나왔다. 그런데 이 모든 뒤틀린 교육의 원인은 실은 '사람'이 없는 데에 있다. 그래서 "교사는 있어도 스승은 없다"는 말이 나온 것이다. 일정한 교과 과정을 기술적으로 잘 가르치는 기술자는 있어도 어린이 하나하나를 인간으로 일깨워 주며 귀한 삶의 본을 보여 주는 인격자는 이제 학교에서는 사라진지 오래다는 푸념이다. 이래서 진정한 교사는 일하기가 더 어려워졌고, 힘들기는 고사하고 도리어 비웃음과 따돌림을 당하거나 불이익을 감수해야만 하는 곳이 바로 오늘날의 학교다.

이 같은 역설적 학교상과 그 속의 교사상을 해학적으로 그려낸 글이 존 테일러 개토의 '교사의 일곱 가지 죄'다. 나는 이 글을 읽고 크게 깨우친 바 있기에 그 내용을 간략하게 차례대로 소개하려 한다.

개토는 미국 뉴욕 주 맨해튼의 여러 공립학교에서 26년 동안이나 교직생활을 했고, 또 여러 차례 모범 교사상도 받은 사람이다. 퇴직한 뒤에도 자유학교(대안학교)에서 자신의 독특한 '게릴라식 교수법'을 실천하고 있으며, 미국 전역을 돌며 교육의 근본적인 개혁을 촉구하는 운동을 벌이고 있다. '교사들의 일곱 가지 죄'는 그가 1991년도의 '뉴욕 주 올해의 교사'로 뽑혔을 때의 기념 강연이다. 자신이 잘못 가르쳤다고 고백하고 있는 일곱 가지는 이렇다.

첫째는 '혼란'이란다. 제대로 된 인간이라면 사물의 의미를 어떤 틀 안에서 물어야 할 것인데, 오늘날 학교 교육에서는 사물의 파편적 지식만을 가르쳐, 체계화의 정반대 방향으로 세계를 끝없이 조각내게 해서 어린이 마음을 혼란스럽게 하고 있다.

둘째는 '교실에 갇히기'이다. 번호 매긴 교실에서 번호 매겨진 아이가 거대한 피라미드 속의 돌덩이의 하나처럼 갇혀, 그렇게 갇혀 있는 상태를 좋아하고 편안하게 느끼게 길들이는 일이다.

셋째는 '무관심'이다. 아이들이 어떤 것에도 지나친 관심을 가지지 않도록, 그래서 종이 땡 울리면 하던 일을 곧바로 중지하게 만드는 일이다. 종소리는 학생들의 모든 노력을 무관심이 지배하도록 감염시키는 힘을 갖는다.

넷째는 '정서적 의존성'이다. 권위를 지닌 사람에게 매여서 살도록, ○표와 X표, 미소와 찌푸림, 상과 벌, 표창 따위로 아이들이 자신의 의지를 버리고 남이 미리 짜 놓은 목표에 따르도록 가르치는 일이다.

다섯째는 '지적 의존성'이다. 교사가 시키는 대로 하고 가라는 대로 가며, 자기 생각이나 힘으로는 아무것도 하려 들지 않는 학생들이 착한 학생이라고 여기게 함을 이름이다.

여섯째는 '조건부 자신감'이다. 아이들이 끊임없이 평가와 판별을 받으면서 남이 매겨 놓은 수치에 따라가도록 하는 일이다.

일곱째는 '숨을 곳이 없다'는 것이다. 학생들에게 너희들은 늘 감시를 받고 있다. 너희들이 혼자 조용히 숨을 수 있는 곳은 이 세상에 한 곳도 없다며 제복을 입혀 악대 대열 속에 묶어 놓듯 중앙 통제 아래 아이들을 빈틈없이 다스리는 일이다.

개토는 우리 미래는 어린이들이 비물질적인 경험의 지혜를 익히고 물질의 사용을 극소화하는 자연의 길을 따라 사는 자세를 배우는 데 달려 있는데, 오늘날 우리는 어린이에게 12년의 징역과도 같은 학교 제도로 위와 같은 나쁜 것만 가르치고 있다는 말로 위 글의 결론을 맺는다. 참으로 우리를 섬찟하게 만드는 경구들이다. 이 글을 읽고, 그게 아니다 하면서 울분을 터뜨리는 교사도 있을 것이고 곰곰이 생각해 보니 그 말이 옳기도 하다고 풀이 죽는 교사도 있을 것이다. 저자는 정말 입맛이 싹 가시는 느낌이었다.

국가나 공공 기관이 한쪽에서는 지원하고 또 한쪽에서는 통제하면서 발전시켜 온 공교육은, 오늘날의 경제 성장의 원동력이면서도 인간성 말살 메커니즘의 하나로 군림하고 있다. 어떻게 할 것인가? 공교육의 틀과 판을 다시 짜 '전인 교육'으로 돌아갈 수밖에 없다. 그러면 이 전인 교육은 어떤 틀 안에서 이루어져야 할 것인가. 이에 대한 저자의 생각을 피력하기에 앞서, 저자가 생각하는 오늘날 공교육의 비리 일곱 가지를 들고자 한다. 왜 또 이것도 일곱 가지인가. 이것은 정말 우연이다. 꼭 이렇게 맞춘 것이 아니다.

첫째는 '계층 교육'이다. 사민 평등이란 민주 사회에는 분명 귀족이나 서민 같은 신분적 계급이나 계층은 없다. 그러나 경제적 계층은 엄연히 존재한다. 그런데 오늘날 공교육은 학생들을 선별하여 그에 맞는 계층에 배정하고 있다. 문제는 선별 방법이다. 중산층이나 상류층에게 유리한 내용으로 판가름하기에 이들에게 유리하다. 가난의 대물림도 서러운데, 교육을 통해 '바보의 대물림'이 이루어진다.

둘째는 '기능 교육'이다. 인간으로 일깨워 주는 교육은 현저히 줄어들고 국가·사회, 특히 경제계의 요구나 수요에 알맞은 기능을 갖추도록 기술 교육, 생산 교육, 직업 교육 등이 이른 시기부터 도입된다. 컴퓨터 교육, 영어 교육의 조기 도입이 그 단적인 예다. 그래서 인간 교육과 사회화 교육이 조화롭게 공존해야 할 학교가 인간 자원 생산을 위한 기능 훈련소처럼 되어 가고 있다.

셋째는 '경쟁 교육'이다. 만인의 만인에 대한 싸움터인 사회에서 살아남기 위한 동물 세계의 적자생존의 원리가 그대로 학교 교육에 적용되어, 상호 협동이나 공존의 원리가 살지 못하게 하고 있다. 협동과 경쟁은 좋게만 서로 작용하면 마치 수레의 두 바퀴처럼 전진·발전의 원동력이 될 수 있다. 그런데 수요에 비해 공급이 넘쳐나 일찍부터 경쟁이 벌어지고, 그것도 도에 지나친 과열 경쟁으로 '산업예비군' 훈련이 진행된다.

넷째는 '체제 교육'이다. 주어진 사회, 주어진 문화, …… 한 마디로 주어진 체제에 순응하게 다져지는 교육을 이름이다. 모든 교과, 모든 단계의 학교에서 이것이 알게 모르게 진행된다. 정치적 중립이라고 명분은 좋지만, 실은 정의로운 사회와 역사의 실현을 다지려는 올바른 역사 의식을 움트지 못하게 하는 교육을 이름이다. 체제에의 접근, 체제의 내면화를 통해 체제의 확산을 기하는 교육이다.

다섯째는 '폐쇄 교육'이다. 교육의 공공성을 명분으로 교육을 철저하게 통제함을 이름이다. 학교의 설립 요건, 교과서 검인정, 교사의 복무 규정 …… 이루 헤아릴 수 없는 규제로 옴짝달싹 못 하게 얽어 놓는다. 이에 반발하여 최근에 열린 교육, 대안 교육 같은 운동이 일기 시작했다. 우리나라는 더욱이 '사학의 공영화' 방식으로 사학마저 그 전통과 건학 정신을 못 살리게 하고 있다.

여섯째는 '억압 교육'이다. 아이들은 표본실의 나비처럼 자기 교실의 지정석에 옴짝달싹 못 하게 갇혀, 거의 질식 상태에서 공부하고 있다. 서머힐의 설립자인 니일의 유명한 말이 있다. "자유는 사랑을 키워 평화를 낳는다. 그러나 억압은 증오를 키워 싸움을 낳는다." 그런데 오늘날 공교육은 억압의 방법으로 증오심과 적대감을 유발하여 이것을 다른 나라, 다른 체제와의 경쟁과 전쟁에 전용

한다.

일곱째는 '비인간화 교육'이다. 교육 목적면에서는 인격 교육이 아주 희미하고, 교육 내용면에서는 가치 감각을 일깨워 주는 인문·교양 교육이 시들해지고, 교육 방법면에서는 교사와 학생, 그 학생과 동료 사이의 대화와 협동이 거의 없어지고, 교육 체제면에서는 학교의 생활이나 조직이 거대한 병영처럼 일사불란하게 움직여 그 속에 인간성이 파고들 여지가 없고, 교직면에서는 학생은 교사의 인격과 삶보다 기술과 업적만을 대한다.

5. 전인 교육의 틀 짜기

전인 교육이 왜 필요한가, 전인 교육은 어떤 원리로 이룩되어야 하는가, 어떻게 그것이 발전해 가야 할 것인가. 그리고 그것이 노리는 가장 귀한 것이 무엇인가 하는 문제들을 체계적으로 다룰 '전인 교육론'의 틀을 이루는 가닥을 역시 일곱으로 추려, 이것으로 이 글을 맺는다.

(1) 교육 철학적 조명

교육이란 원래 인간을 도야하는 일이지 결코 지식의 주입이나 기술의 전수가 아님을 확인하는 작업을 이름이다. 코메니우스는 일찍이 "인간의 도야는 인간이 인간으로서 그에 부과된 과제를 성취함에 있다"고 갈파했다. 학교는 인간성의 작업장이요 온 삶의 서장(序章)이요 영원한 이상을 지향하는 전주곡이다. 교육이란 바로 인간성 도야임을 우리는 되풀이 확인해 나가야만 한다.

(2) 교육사적 전망

전인 교육의 이념이 역사적으로 어떻게 전개되어 왔는가를 교육사적 시각으로 다져봄을 이름이다. 전인 교육의 이념은 원래 인류의 보편적 이상이었다. 그런데 그것이 왜, 어떻게 묻혀 있다가 현대에 와서 왜, 어떻게 다시 부각되었는가, 그리고 이것이 고대·근대·현대에서는 각각 어느 점이 같고 어느 점이 다른가를 비교·분석함으로써 우리가 지금 가장 강조해야 할 것이 무엇인가를 밝혀내야 한다.

(3) 시대 정신사적 접근

오늘날의 전인 교육은 특히 어떤 시각에서 포착해야 할 것인가를 시대 정신사적 상황에서 분석해 냄을 이름이다. 예를 들면, 페스탈로치 시대에는 전인 교육이 '삼육'(三育)과 거의 같았다. 그러나 현대에 와서는 그것이 거의 '교육의 인간화' 혹은 '인간화 교육'이다. '교육의 인간화'는 교육의 목적·내용·방법·조직·체제들의 인간화, '인간화 교육'은 교육 목적을 주로 인간화에 둠을 이름이다.

(4) 교육의 내용 및 방법의 인간화

어떤 내용이 어떤 곳에서 어떤 방법으로 누구에 의해 어떻게 다루어져야 할 것인가. 넓게는 이것을 방법론이라 할 수 있다. 가정 교육, 학교 교육, 사회 교육이라는 교육의 세 마당이 어떻게 유기적으로 협동해 가야 할 것인가. 더욱이 오늘날 교육이 제 구실을 못하는 학교 교육에 치우쳐 있기 때문에 이 논제에 대한 연구가 더욱 중요하다 할 것이다.

(5) 전통 문화적 접근

전인 교육을 각 문화권의 전통에서 발전시켜, 그것을 위한 개혁이 이 전통과 조화를 이루게 꾀하는 일이다. 우리의 경우 그것은, 우리 동양 문화의 근간을 이루고 있는 유교의 '수기'(修己)적 인간일 수도 있고, 불교의 '깨달음'에 근거한 '사람됨의 깨달음'일 수도 있고, 동학의 '인내천'일 수도 있다. 이래서 전통적 인자의 재생으로 전인 교육이 살찌고 토착화되어야 할 것이다.

(6) 교육 체제의 인간화

학교의 운영 방식과 교원의 양성 체제, 그리고 특히 교사의 직무 인식 같은 여러 면에 걸치는 교육 체제의 점검을 이름이다. 특히 학교 교육 체제의 비인간화 요인은 가정에도, 사회에도 있음을 잘 인식해야 한다. 그러나 교육 체제 분석 중에서 가장 중요한 것은 교사의 직무 분석일 것이다. 교사의 인간화 없이 전인 교육은 없다. 교육의 알파와 오메가도 교사이기 때문이다.

(7) 교육학 연구의 인간화

오해를 부를 수도 있는 표현이다. 교육의 인간화를 위한 교육학의 건설, 즉 전인 교육을 위한 교육학의 '재개념화'를 이끌어 내자. 행동 과학적 교육학, 사회 과학적 교육학도 물론 필요하다. 그러나 이것들에 '인간학적 교육학'이 치어 오지 않았는가. 철학적 인간학, 교육적 인간학 같은 새로운 학문의 도입으로 이 인간학적 교육학을 새롭게 다듬어 제자리를 찾게 하자.

전인 교육의
원리

전
인
교
육
의

이
념
과

방
법

전인 교육의
역사와 7대 원리

1. 교육의 세 단계 발전과 근본 문제

인류의 영원한 스승들이라고 추앙받고 있는 사람이 넷 있다. 공자, 소크라테스, 석가모니, 그리고 예수다. 이들을 인류의 4대 성인이라고도 한다. 다만 이 중에서 예수를 사람으로 보느냐 하는 문제는 그 믿음에 따라 다를 수도 있다. 그러나 자신이 선언한 바와 같이 그가 '사람의 아들'로서 인류의 교사이기도 했다는 점만은 아무도 부인 못 할 것이다. '산상 수훈' 속에 담긴 주옥같은 그의 가르침, 특히 그 내용을 쉽게 풀어 주는 생활을 소재로 한 비유는 정말 일품이며, 그의 위대한 교사로서의 진면목을 우리에게 잘 보여 주고 있다.

교육은 인류의 역사와 더불어 시작되었다. 이것을 교육사가들은 세 단계로 나눈다. 생활과 기술을 '놀이'라는 모방 체계를 통해

무의도적으로 익히는 단계, 작업으로 참여하여 이것을 의도적으로 익히는 단계, 그리고 몇 대에 걸쳐 축적된 생활 기술이나 지식·행동 양식 등 한 마디로 교양과 문화를 문자를 통해서 간접적으로 경험하는 단계의 셋이다. 전쟁놀이나 소꿉장난 등은 첫째 단계요, 천막치기 돕기나 소 풀 뜯기기 등은 둘째 단계, 그리고 서당에 가거나 사원 따라 나서기 등은 셋째 단계다.

그런데 우리가 여기에서 각별히 주목해야 할 것은 첫째나 둘째의 단계도 셋째 단계 못지않게 훌륭한 교육이라는 것이다. 사실 '산 교육'은 앞의 두 단계에서 더 잘 이루어진다. 문자를 통해서 간접적으로 경험하는 셋째 단계는 '죽은 교육'이 되기 쉽다.

이 직접적 경험의 교육과 간접적 경험의 교육이 원리적으로는 공존해야 하는데 그것이 안 되어, 결국 문자를 통한 교육에 경험의 뒷받침이 없어져, 교육이 말(문자)의 유희나 개념의 주입으로 떨어지거나 물질적 생활·기술과 정신적 교양·문화가 서로 분리되어 따로 놀기 시작하면서 교육의 문제는 발생한다. 우리가 앞장에서 다듬어 생각해 본 학교의 두 기능, 곧 '사회화'와 '교육'의 부조화다. 현대에 와서 이 부조화는 심해져 실은 '교육'도 제대로 안 되고 이 때문에 한 단계 높은 차원에서의 '사회화'도 안 되고 있다. 우리는 전인 교육의 중요한 시각의 하나를 여기에서 찾을 수 있다. 이 사회화와 교육의 괴리를 메우는 전인 교육의 방법의 하나가 바로 노작 교육이 아니겠는가.

육체와 정신이 분리될 수 없는 하나로 조화되어 우리 몸을 이루고 있듯 생활·기술과 교양·문화가 조화되어 참교육, 곧 전인 교육을 이룬다. 그리고 교육에 대한 이 같은 근원적인, 그러면서도 어떻게 보면 아주 단순한 물음 앞에 인류는 예나 지금이나 서 있는 것이다.

　서론이 좀 길어졌지만, 인류의 영원한 스승으로 추앙받는 위네 사람의 핵심적인 사상도 실은 이 물음에 대한 해답이 아니었을까? 교육학자로서의 아전인수격인 해석만은 아니기를 바라며, 이들의 전인 교육의 논리를 먼저 살펴보고자 한다.

2. 인류의 네 스승들의 인간 교육 논리

　공자, 소크라테스, 석가모니, 예수는 한 시대를 여는 예언자요, 대중과 고락을 같이 나누며 그들을 가르친 교사요, 그리고 앎·믿음·삶이 하나됨을 자기 몸으로 보여 준, 그래서 참스승이었다. 이 넷 중에서 앞의 세 사람은 우연일는지는 모르지만 거의 동시대 사람이고, 예수는 약 400년 뒤의 사람이다. 그런데 이들의 교훈의 핵심은 하나같이 "온전한 사람이 되라"는 것이었음은 정말 놀랍다. 산다는 것은 실은 참사람이 되어 가는 과정이어야 한다는 것이다.

　우선 공자님부터 보자. "수신제가연후 치국평천하"(修身齊家然後 治國平天下)라 했다. 먼저 사람부터 되라신다. 그러면 어떻게 사람이 되는가. "자이사교 문행충신"(子以四敎 文行忠信)이다. 넓은 교양, 올바른 행동, 곧은 시민 감각, 변하지 않는 신의다. 다방면에 걸쳐 문화를 익히라는 말씀이다. 그런데 바로 그래야 하기 때문에 "군자불기"(君子不器)라 하셨다. 한 가지 일에만 능한 기능공이 되어서는 안 된다 하신다. 『논어』의 영어역 여럿 중에 이 말씀을 "Great Man is no robot"이라고 한 것이 있다. 저자는 이 robot이란 단어에 폭소를 금치 못했다. 남이 하라는 대로 움직이는 기계가 로봇이 아닌가. 정말 명역 중의 명역이다!

　소크라테스는 "먹기 위해서 사는 것이 아니고 살기 위해, 더욱 올바르게 살기 위해 먹는다"했다. 그러면 올바르게 산다는 것은 무엇일까? 현재의 자기가 지니지 못한 것을 애타게 찾는 동경이다. 진정한 삶이란 이렇게 영원한 것을 찾아가는 동경의 과정이란다. 이것이 에로스(사랑)의 본질이다. 그는 또 교육이란 산파술, 진리의 공동 생산 작용이라 했다. 산파가 도와서 임산부가 쉽게 아기를 낳게 하듯, 교육은 학생 하나하나가 지니고 나오는 능력과 소질을 꽃피우게 도와주는 일, 그래서 교사와 학생의 공동 작업이 그 생명이란 것이다.

이 논리는 교육은 교사와 학생과의 대화를 생명으로 한다는 뜻에서 '대화법 논리'라고도 한다. 교사가 계속 질문을 던져 학생이 올바른 인식에 이르게 하는 것이다.

그러나 소크라테스의 교육에 관한 말 중에 저자가 제일 좋아하는 것은, 교육을 "일깨움에 의한 삶의 방향 전환 작용"이라고 정의한 것이다. 잠만 자고 있는 말이 안타까워 쇠파리가 쿡쿡 쏘아 깨어나 다시 달리게 한다, 이 쇠파리 모습이 교사로서의 자기 모습이자 자기 사명이란다. "윤리적 자극에 의한 인간의 자기 회복", 이것이 진정한 교육이란다. 그런데 이런 쇠파리는 귀찮아하는 말꼬리에 치어 죽을 운명에 처해 있다. 소크라테스도 이렇게 죽은 것이다.

젊은 싯달타의 마음을 사로잡은 물음은 이것이었다. "어째서 살아 있는 것들은 서로 먹고 먹히며 괴로운 삶을 이어 가야만 할까? 무슨 이유로 그렇게 살아가야 하는 것일까? 인생은 고해(苦海)라는 것, 그것은 인연에서 빚어진다는 것, 그래서 그것을 깨닫는 수행을 통해, 그 인연의 쇠사슬에서 벗어나 다시는 윤회하는 세상에 태어나지 않을 것, 이것이 그 결론이었다. 그러면 어떤 방법으로 수도를 하는가. 계(戒), 정(定), 혜(慧)의 셋을 닦음으로 해서다. 이렇게 말씀하신다. "너희들은 청정한 계율을 지니고 선정(禪定)을 닦으며 지혜를 구하여라. 청정한 계율을 지니는 사람은 탐욕과 성냄과 어리석음을 따르지 아니하고, 선정을 닦는 사람은 마음이 산란하지 않게 되며, 지혜를 구하는 이는 애욕에 매이지 않으므로 하는 일에 걸림이 없다. 계·정·혜가 있으면 덕이 크고 명예가 널리 퍼지리라." 이 셋 중의 하나만 빠져도 올바른 깨달음에 이르지 못한다 하신다. 이렇게 불교에서도 교육은 깨달음에 의한 인간의 자기 회복 과정이다.

예수님의 산상수훈의 말씀 역시 어느 하나 귀하지 않은 것이 없다. 그러나 교육과의 관련에서 세 말씀만을 여기에서 음미하고자 한다. 첫째는 이웃 사랑이다. 심지어 원수까지도 네 이웃처럼 사랑하라 하신다. 악한 사람이나 선한 사람이나 가리지 않고 하나님은 똑같이 비를 내리신단다. 이래서 모든 사람이, 우리 개개인의 판단이나 개개인과의 이해 관계를 떠나서, 한 인격으로 존중되어야 할 대상이 되는 것이다. 좋다 나쁘다 하는 판단의 기준은 인간에게는 없기 때문이다. 이래서 모든 사람이 다 존중되어야 할 하나님의 아들이요, 그래서 모든 사람이 다 형제가 되는 것이다.

또 하나 중요한 말씀은 "먼저 하나님의 나라를 구하라"하는 말씀이다. 먼저 주님의 나라와 의를 구하면 의식주 문제는 하나님이 다 풀어 주신다. 공중의 새를 보아라, 들의 백합화를 보아라, 무엇을 먹을까 무엇을 입을까 걱정하지 않아도 하나님이 솔로몬보다 더 잘 입히고 먹여 주지 않느냐는 것이다. 그러면 여기에서 말하는 하나님 나라와 그 의는 구체적으로 무엇인가. 하나님의 올바른 판단과 하나님의 섭리로 이룩하시는 역사라는 뜻이다.

그러나 교육에 종사하는 우리에게 가장 귀하게 여겨지는 말씀은, "하늘에 계신 아버지께서 완전하신 것 같이 너희도 완전한 사람이 되라"하는 말씀이다. 여기에서의 '완전하다'는 뜻은 여러 능력이 두루 갖추어져 이룬 조화로운 상태라는 뜻의 온전함(complete), 최선·최고·최미로 다듬어진 상태의 완전함(fulfill), 그리고 티 하나 없는 상태의 완벽함(perfect)을 이름이다.

인류의 위대한 교사들의 교육론은 이렇게 다 '사람이 되라'는 말씀을 화두로 전개되는 전인 교육론이었다. 그런데 그때는 아직 '전인 교육'이라는 말이 없었다. 교육이 아직 생활·기술 교육과 교양·문화 교육으로 양극화되지 않았기 때문이다. 그러나 위의 네 스승들만은 이 두 기능의 부조화를 이미 직관적으로 인식하였던 것이다.

3. 전인 교육의 세 선구자

교육을 천직으로 자임하고 사립학교를 직접 세우거나 경영하면서 스스로 제자를 가르쳐, 더욱 '인간 교육'에 힘쓴 전인 교육의 선구자를 찾는다면 누가 될까? 위에서 살펴본 고대의 네 스승들은 물론 인류의 영원한 인간 교사다. 그러나 학교에서 제자를 가르친 교사가 아니었으므로 이 범주에는 들지 못한다. 중세의 사원이나 성당의 부설 교육 기관에 승려 혹은 사제 신분으로 교직에 종사한 사람도 이 범주에는 못 든다. 교직이 자신의 본업이 아니었기 때문이다. 이 같은 전문적 교사들이 용솟음치고 떨쳐 일어나는 시기는, 서양에서는 르네상스와 종교 개혁 이후요, 우리나라에서는 조선조 무렵부터가 아닐까?

저자는 현대적 의미의 전인 교육 선구자로 우리나라에서는 이퇴계, 유럽에서는 스위스의 페스탈로치, 그리고 영국에서는 아놀드를 꼽고 싶다. 중국이나 인도에 대해서는 잘 모른다. 이 당시 미국은 아직 학교랄 것도 없었고, 일본은 무사 계급이 지배하는 막부 정권 전성기여서 학문이나 교육에서 별로 볼 것이 없었다.

위의 세 선구자들의 인간 교육 논리를 간단히 살펴보자.

이퇴계(1501~1570)는 이율곡과 더불어 우리나라의 선비상을 대표하는 사람이 아닐까? 그리고 이 가운데에서도 퇴계는 선비를 키워내는 도산 서원을 직접 세워 교사로 임했다는 의미에서 선비 교육을 대표하는 사람이 아닐까? 그리하여 이 겨레의 정치와 문화를 이렇게 이끌어 이어 온 사림 정신의 틀을 잡아 놓지 않았을까?

사림 정신이란 무엇인가. 삶을, 진리를 물어 가는 구도의 과정으로 보는 학자적 기질, 사회 정의의 실현을 위해 힘쓰며 뜻이 이루어지지 않을 대에는 초야에 묻혀 항거하는 지사적 기질, 그리고 마음의 여유를 갖고 삶과 자연의 아름다움을 즐기는 예술적 기질, 이 세 기질이 조화된 정신이다. 퇴계가 몇 번이나 벼슬자리를 버리고 낙향하여 학문하며 교육하며 예술활동을 한 것도 바로 이러한 선비 정신의 발로다. 그는 이 선비 정신을 어떻게 키워 내려 했는가.

첫째는, 높은 뜻을 세우는 교육이다. 그는 「유사학사생문」에서 이렇게 말한다. "학교는 풍속과 교화의 본이며, 모범을 세우는 곳이요, 선비는 예의의 주인이고, 원기가 붙어 있는 곳이다" 했다. 교육은 우선 인류의 영원한 이상을 좇아 마음을 닦는 일이지 결코 세속적 업무를 능숙하게 처리할 기능을 닦는 일일 수는 없다는 것이다.

둘째는, 진리를 탐구하는 교육이다. 진리 탐구의 과정에서 인간의 정신적 능력이 계발된다는 것이다.

셋째는, 지행일치를 다지는 교육이다. 아는 것과 행하는 것이 같아야지, 그렇지 못할 경우 인격의 분열이 온다는 것이다.

저 높은 곳을 향하여 날마다 몸과 마음과 정성을 다해 나아가는 삶의 자세를 다지는 교육, 그리고 학문과 교육과 인생이 하나가 된 진정한 교사의 본을 보여 주는 사표, 이 둘은 우리가 그를 이 겨레가 어려운 역사의 시련을 통해 달구어 낸 이상적 교사상으로 추앙하는 가장 귀한 전인 교육의 원리들이다.

페스탈로치(1746~1827)는 보통 '거지의 아버지', '사랑의 교사'라는 표현으로 감상적이고 얄팍하게 이해되고 있는데 실은 이게 문제다. 민중에게 역사 의식을 배양함으로써 그 민중이 역사의 주체가 되어 새로운 국가를 이룩케 하려는 '전투적 교사상', 이 이미지가 가장 잘 맞을 것으로 여겨진다. 이것은 평생을 페스탈로치 연구로 보낸 저자의 소신이기도 하다. 저자가 제일 싫어하는 거짓말은, "페스탈로치는 사랑만 있었지 가르칠 능력은 모자라 수업은 제자들에게 맡기고 자신은 교정에서 깨진 유리쪽이나 주웠다"는 말이다. 어느 문학자의 창작인지는 몰라도 무식의 폭로요 중상모략이다. 그는 교사요 교장이요 정치가요 예언자요 학자였다. 그래서 무려 42권에 이르는 『페스탈로치 전집』을 남겼고, 교육사가들은 그를 교육의 역사에 코페르니쿠스적인 전환을 일으킨 위대한 교육 개혁자로 평가하고 있다. 그의 교육의 논리는 무엇이었던가.

첫째, 인간 학교다. 읽기, 쓰기, 셈하기, 교리 문답을 가르치는 학교는 있지만 왜 인간을 가르치는 학교는 없느냐 했다. 교육은 인간됨을 일깨워 주는 일이라는 것이다.

둘째는 삼육(三育)이다. 모든 어린이는 하나님이 주신 귀한 인간성의 세 능력, 즉 정신적 능력, 도덕적 능력, 신체적 능력의 씨앗을 가지고 태어난다. 교육이란 무엇인가. 이 세 힘을 고루 키워 온전한 인간이 되게 하는 일이란다. 특히 이중에서 도덕적 능력이 가장 중요하다. 그래서 그의 '삼육'은 실은 '도덕 우위 삼육론'이라 해야 옳다.

셋째, 직관 교육이다. 생활을 소재로 하고 생활 경험으로 뒷받침하는 교육을 이름이다. 하나님의 개념은 목사님의 설교나 성경에서 익히기보다는, 일용할 양식을 주신 데에 대한 식탁에서의 감사기도나 골방에서 혼자 기도드리는 어머니의 모습에서 더 잘 익혀진다. 사랑은 개념으로 이해되는 것이 아니고 사랑을 받음으로써 익혀진다.

민중의 자녀들에게도 기능·직업 교육 아닌 교양·계발 교육으로 인간 교육을 안겨 주어야 한다는 것, 그래서 민중이 교육의 주요 대상이 되는 역사 의식 배양으로 새로운 문화를 열어 가자는 것, 이 둘은 그가 길이 교육의 본질로 섬기는 전인 교육의 두 원리일 것이다.

아놀드(1795~1842)라 하면 영국의 10여 개가 되는 명문 사립학교 '퍼브릭 스쿨' 가운데에서도 신사도 교육을 대표하는 '럭비 스쿨'의 명 교장으로, 교육사에서도 아주 높게 평가되는 사람이다. 고전어·철학·예술 등 인문 교과로 넓은 교양을, 엄격한 극기 훈련으로 도덕 교육을, 그리고 전원 기숙사에서 협동생활을 하고, 지도 교사(tutor)밑에서 인생과 예절과 학문을 동시에 익혀, 한 나라의 지도적 인격을 키운다는 퍼브릭 스쿨의 전통은 이 아놀드에 의해 다져진 것이다. 그는 원래 목사였으나 32세 때 럭비의 교장으로 추대되어 그 후 15년 동안 이 신사도 교육에 전심전력했다. 이 퍼브릭 스쿨의 교육에서 중시되는 것은 무엇인가.

첫째, 교양 교육이다. 빵을 위한 교육이 아니고 인간을 알고 세계를 알고 그래서 자기 자신을 알게 하는 교육이다. 실용 가치로부터 자유로운 교육이라 해서 이것을 '자유 교양'이라고도 한다. 아리스토텔레스가 이런 뜻으로 처음에 쓰기 시작한 말이다.

둘째, 인격 교육이다. 학생 하나하나가 다 남과 견줄 수 없는 귀한 개체이며, 그래서 자기 일에 대해 책임을 져야만 할 인격적 주체임을 인식시키는 교육이다.

셋째, 공동체 교육이다. 그 구체적 모습은 이렇다. 학원 자체가 자연을 벗 삼을 수 있는 전원 학사이다. 학과 수업은 오전 중에만 하고 오후에는 체육이나 취미활동, 서클활동, 종교활동 등을 한다. 학과도 어학·철학·예술이 주가 되는데 현대 작품보다 고전 작품이 더 많이 다루어진다. 일주일에 한 번씩 100여 명 되는 온 학원 가족, 즉 교장·교사·학생 및 그 가족들이 한 자리에 모여 예배드리고 기도하고 토론하고 축제·회식도 한다. 반장이 따로 없다. 학교 안의 거의 모든 일을 돌아가며 맡아 자율적으로 해 나간다.

이 아놀드 교장에 대해 다음 두 가지 이야기만은 꼭 덧붙여 해야겠다. 하나는 럭비라는 운동 경기다. 이것이 왜 '럭비 축구'인가. 럭비 스쿨의 축구이기 때문이다. 원래 발로만 차는 운동이었는데, 어느 꼬마가 엉겁결에 손으로 쥐고 뛰었다. 작은 애들은 이편이 유리하겠다며 이것도 허용했다. 한 팀에 8살에서 18살짜리까지 있다. 이래야만 다 참여할 수 있지 않겠는가. 여담이지만 이 럭비 경기는 프로가 없다. 심지어는 올림픽 종목에도 없다. 명예로운 아마추어 정신을 지켜 가자는 것이다.

또 하나는 '거짓말 절대 금지'다. 이것만은 안 된다. 인격적 명예를 해치는 최대의 도덕적 죄악이다. 그래서 체벌로 다스려진다는 것이다.

넓은 고양을 중시하는 자유·인문 교양 교육, 생활을 같이 하며 사랑과 우정과 인격을 배우는 공동체 교육, 이 둘은 우리가 그에게서 귀하게 이어받아야 할 전인 교육의 두 원리가 아닐까?

퇴계, 페스탈로치, 아놀드에서 각각 두 가지씩 뽑아 본전인 교육의 원리들은 그 어느 하나 버릴 것이 없다. 현대의 전인 교육도 실은 알게 모르게, 이 원리들의 조합으로 발전된 것이라 할 수 있다.

4. 전인 교육의 7대 원리

우리가 지금 살고 있는 이 산업·정보 사회는 여러 병폐를 지니고 있으며 그 중에서도 가장 무서운 것이 인간성 마모·고갈 현상이라 한다. 그러면 그 병폐는 구체적으로 무엇이며 그 인간성 마모·고갈 현상은 어떻게 나타나고 있는가. 위기에 처한 인류를 구원하는 길은 바로 이것이라며 거의 모든 학자들이 이에 대해 진단하고 처방을 내리고 있다. 그런데 그것이 거의 비슷하다. 결론은 하나같이 교육을 통해 인간성을 다시 회복하는 것이다! 바로 전인 교육이다.

그렇게 하고 많은 진단·처방 중에서 저자는 프랑크푸르트 비판학파의 대표자 가운데 한 사람인 사회 심리학자 에리히 프롬의 것을 간추려 보기로 한다. 사회의 틀을 점검하고 그것을 뜯어 고치면서 인간의 존엄성과 이상을 다시 찾자는 이 비판학파의 학자들 중에서도 프롬은 특히 인간 소외 현상의 분석에 빼어나기 때문이다. 그의 진단 처방은 이렇다.

인간 소외란 무엇인가. 인간이 자신을 이방인으로 느끼는 경험의 양태다. 인간이 자신을 낯설게 느끼는 현상이며, 자신·이웃·소유·노동·생산·종교·세계 등과 올바른 관계를 맺지 못하고 있는 현상이다. 이리하여 인간은 '자기 감각'을 상실하여 자신을 '자기' 경험의, '자기' 사상의, '자기' 감정의, '자기' 결정의, '자기' 판단의, '자기' 행위의 주체로 느끼지 못하게 된다.

이 시대의 가장 큰 과제들은 무엇인가. 물질적 소유보다 정신적 자아를 회복하는 일, 인간이 무력감과 고독감을 느끼고 자꾸만 이 세계로부터 도피하려드는 '자유로부터의 도피 현상'을 극복하는 일, 그리고 진정한 자아를 회복하는 일이다. 전인 교육의 원리들을 살펴보고 있는 우리에게 가장 관심이 가는 것은 이 가운데에서도 진정한 자아를 회복하는 일이다. 우리가 너무나도 자아에 무관심해졌기 때문이다. 자아 상실의 현상은 여러 모습으로 나타나 있다. 그의 주저 가운데 하나인 『인간의 자기 회복』(Man for Himself, 1949)의 결론에는 이것이 개성의 상실, 인격의 수단화, 자신의 상품화, 자기 소외, 물질 만능주의, 무기력, 꿈의 상실, 양심 버리기, 인격적 결단의 유보, 그리고 주어진 상황에의 순응 현상 등으로 분석되어 있다.

전인 교육이란 무엇일까? 바로 이런 현상을 극복하고 인간이 제 모습을 다시 찾게 돌보아 주는 교육이 아닐까? 다음에 드는 전인 교육 7대 원리는 이런 시각에서 저자가 선정한 이 시대의 예언자적 학자들의 논리들이다. 더러는 비슷하고 중복되어도 이래서 할 수 없었다.

(1) 노작 교육

독일의 켈센슈타이너(Georg Kerschensteiner, 1854~1932)가 주창자다. 원래 페스탈로치가 빈민층 자녀들을 대상으로 창안한 "일하면서 배우고 배우면서 일한다"(arbeitend lernen und lernend arbeiten)는 학습 원리를 켈센슈타이너가 교육의 일반적 원리, 특히 전인 교육에서 가장 귀중한 원리 가운데 하나로 발전시킨 것이다.

이 노작 교육의 원리는 정신적 활동과 육체적 활동의 조화로운 통일을 통해, 지적 교과 내용에는 경험적인 뒷받침을 안겨 주고, 거꾸로 실기적 교과에는 이론적인 뒷받침을 안겨 줌으로써, 학습 내용의 이해가 자신의 체험으로 와 닿게 하자는 것이다.

노작 교육에서 노리는 가장 귀한 것을 구체적으로 살펴보자. 첫째는 '도덕 교육'이다. 노작이라는 수공적·단체적 작업으로 근면· 인내·주의·자제·희생·봉사·근로애 같은 덕성을 체험한다. 둘째 는 '문화 교육'이다. 문화를 구성하고 있는 가장 귀한 것을 동시에 체험시킨다. 그래서 인격 도야·시민 도야·직업 도야가 하나 되게 이끈다. 셋째는 '전인 교육'이다. 특히 현대 교육에서는 사고·감정· 행위, 페스탈로치의 표현으로는 머리·가슴·손이 따로 놀기 쉽다. 이 셋을 조화롭게 키워 교육이 인간 능력의 조화로운 계발에 특히 힘써야 함을 이름이다.

(2) 생활 교육

주창자는 미국의 듀이(John Dewey, 1859~1952)다. 교육은 어린이 각자의 삶을 위한 것(education for life)이지 결코 국가나 사회를 위한 것일 수 없다는 원리이다. 한 마디로 생활 교육이라 하지만 그 속 에는 여러 가지 뜻이 담겨 있다.

첫째는 현재의 삶 자체를 귀하게 여기는 '경험 교육'이다. 어린 이가 각자의 생활 소재로 배우고, 그 속에서 날마다 새로운 경험을 하고, 그래서 삶이 매일 새로워지는 교육이다. 다시 말하면, 경험을 새로이 하는 삶의 과정 자체가 교육이다. 이것 이외의 미리 정해진 교육 목적 따위는 있을 수 없다. 둘째는 '흥미 교육'이다. 어린이 각 자 흥미와 욕구가 다 다르다. 각자가 자기 적성과 처지에 알맞은 교육으로 학습을 즐겁고 뜻있게, "나는 지금 내 문제를 나를 위해 하고 있다"고 하는 학습의 주체가 되어야 한다. 이런 뜻에서는 이 생활 교육의 원리를 각자의 활동을 중시하는 활동 교수법, 각자가 자기 문제를 푸는 방법을 찾는다는 문제 해결 학습의 둘로 크게 요 약할 수도 있다. 셋째는 사회성 함양의 '도덕 교육'이다. 이것이 그의 대표작 『민주주의와 교육』의 최종 결론이었다. 학교생활 자체가 사회와 이어지고 모둠 학습 등을 살려 학습 과정이 협동 정신 육성과 이어지고, 모든 교과가 넓은 의미로는 도덕 교육과 이어져야 한다는 것이다.

(3) 독서 교육

주창자는 미국의 헛친스(Robert Hutchins, 1899~1977)다. 독서는 옛날부터 교육에서도 아주 중시한 것 가운데 하나인데, 현대에 와서 실용 교육에 비해 교양 교육이 소홀히 다루어지면서 이것이 현저하게 뒤로 처졌다. 그래서 특히 고전 작품 ─즉 그가 말한 '위대한 책'(great books) ─ 을 100권 추려서, 읽기 9개년 계획을 세워 이것을 철저하게 읽고 토론하고 비판하면서 교양을 넓힘과 아울러 인류의 문화와 미래에 대한 전망을 갖게 하자는 인문 교육을 이름이다. 이것은 같은 미국에서의 듀이의 아동 중심적 생활 교육에 대한 반발로 제창되기도 했음을 우리는 주목해야 한다.

독서 교육이 특히 노리는 것이 무엇인가. 첫째는 '교양 교육'의 중시다. 그는 현대 교육의 세속주의·과학주의·회의주의·물질주의를 비판하고 진정한 교육은 전문적 직업인이나 기능인을 양성하는 데 있지 않고 넓은 교양을 갖춘, 그러므로 역설적으로는 경제적 측면에서는 비실용적 인간을 기르는 일이라 했다. 둘째는 '인문 교육'이다. '위대한 책'들은 거의 역사·철학·문학·예술·고전어 교육과 이어진다. 셋째는 '인격 교육'이다. 독서를 통해 시대의 과제와 씨름하고 위대한 인격들과 '위대한 대화'(great conversation)을 나누어, 인생·자연·우주·역사·종교의 근본 문제를 생각하며 참다운 삶에 대한 자세를 가다듬는다.

(4) 인간화 교육

주창자는 프랑스의 마리땡(Jacques Maritain, 1882~1973)이다. 교육의 목적은 인격의 존엄성을 일깨워 주는 데 있고, 모든 교과 과정은 이 인격을 고루 키워 주는 것이 되어야 하며, 그래서 진정한 교육은 '전인적 휴머니즘을 위한 전인적 인격주의 교육'(integral education for integral humanism), 줄여서 '전인을 위한 전인 교육'이라는 것이다.

이 논리의 핵심은 이렇다. 첫째는 가치 감각 도야다. 진·선·미 등의 가치에 대한 감각을 키워 내서 이 현대의 비인간화 현상을 극복하고자 한다. 둘째는 교양 교육 중시다. 이것은 위의 헛친스의 논리와 같기 때문에 다시 부연할 필요가 없다. 비실용적 교양으로 인격을 도야하자는 주장을 하는 교육 철학파를 우리는 '영원주의'라 하는데, 이 마리땡과 헛친스가 그 대표 제창자다. 영원주의의 '영원'이란 표현은, 교육의 목적은 예나 지금이나 영원히 변하지 않은 인격 도야 단 하나라는 뜻이다. 셋째는 진리 감각 도야다. 이 말은 가톨릭 교육 철학을 대표하는 그의 사상 체계에서는 종교 감각 도야라고 바꾸어도 좋다. 성경에 "진리가 너희를 자유롭게 할 것이다"(요한복음 8장 33절)라든가 "진리를 거슬러서는 아무것도 할 수 없고 …… "(고린도 후서 13장 8절)라는 말씀이 있다. 진·선·미 같은 가치도 우리말로는 '거룩함'이라 하는 성(聖)의 경지에 이르거나 그 뒷받침이 있어야 진정하게 그 힘을 나타낸다.

(5) 대화 교육

주창자는 이스라엘의 부버(Martin Buber, 1878~1965)다. '나와 너'라는 인격적 두 주체가 서로 만나 대화를 통해서 서로를 이해하고 서로 성장하고 그래서 드디어는 하나의 진리에 포근하게 안기게 되는 과정, 바로 이것이 진정한 교육이라는 생각이다.

여기에서 '만남'(encounter)과 '대화'(dialogue)는 동의어다. 교육은 이렇게 올바른 관계의 정립에서부터 시작되어야 함을 이름이다. 이 같은 부버의 철학에 근거한 교육 사상에서 강조되는 것은 무엇인가. 첫째는 인격적 관계의 정립이다. 이 세상의 모든 관계는 '나-너'라는 인격적 관계와 '나-그것'이라는 물질적 관계 둘밖에 없다. '나-너'는 서로 온 존재로 대함을, '나-그것'은 서로 부분만으로 대함을 이름이다. 이 중에서 교육적 관계는 서로 목적이 되고, 서로 변하고, 서로 돕고, 서로 사랑하는 인격적 관계가 생명이다. 둘째는 대화를 통한 창조성 계발이다. 대화에 세 형식이 있다. 상대방을 개관적으로 인정해 주는 승인 형식, 상대방 속에 서로를 찾는 협동 형식, 그러나 가장 귀한 것은 상대방의 입장에서 생각해 주는 우정 형식이다. 셋째는 전인(the person as a whole) 교육이다. 교사가 먼저 자신의 삶과 운명을 학생에게 드러내, 학생의 삶과 교사의 삶이 하나의 운명적인 공동체적 삶에 속하는 것임을 밝혀야 한다.

(6) 각성 교육

주창자는 독일의 슈프랑어(Eduard Spranger, 1882~1963)다. 교육은 성장을 도와주는 성장 조성, 전통과 문화를 계승·발전시키는 문화 번식, 그리고 인간 각자의 내면 세계를 일깨워 주는 각성의 세 단층으로 이루어지는데, 이 키움, 이어감, 깨어남 중에서 가장 중요한 것이 깨어남을 도와주는 각성 작용(Erweckung, awake)이라 한다.

이 각성적 교육관에서 가장 중시되는 것은 무엇인가. 첫째는 내면적 세계 각성이다. 교육에 향토 교육의 원리, 노작 교육의 원리, 협동 사회적 원리 그리고 내면 세계 각성의 원리가 있다. 이 가운데에서 가장 귀중한 것이 삶의 의미를 음미하고 더 높은 가치를 지향하며 삶의 엄숙함에 조용히 외경하는 정신적·종교적·양심적 각성을 통틀어 말하는 내면적 세계 각성의 원리다. 둘째는 인격적 자아 각성이다. 자아 의식, 자아 존중, 자아 비판, 책임 의식, 사랑 등의 감각을 부추겨 한 사람 한 사람의 인격을 일깨워 주는 교육이다. 셋째는 문화적 책임 각성이다. 양심에서 우리나와 문화에 대한 책임을 느끼는 정신적 엘리트 감각, 다면적 능력, 윤리적인 삶을 배양하는 인격적 결단, 그리고 자신의 삶과 공동체의 이상을 분리될 수 없는 하나의 삶으로 자리매김하는 종교적 감각으로 이 문화적 책임은 수행된다.

(7) 의식화 교육

주창자는 브라질의 프레이리(Paulo Freire, 1921~1987)다. 주인의식으로 눈 뜬 민중이 오욕의 역사를 청산하고 자신을 피억압 상황으로 전락시킨 정치와 문화의 틀을 점검하고, 이를 개혁함으로써 그 틀에서의 해방을 이룩하고자 하는, 민중과 그 자녀의 의식을 고양시켜주는 비판적 교육(education for critical consciousness)이다. 몇 백 년 동안 유럽의 정치·문화·경제적 지배 아래 있던 남미의 나라들이 그 피식민의 틀에서 벗어나고자 모색한 해방 신학의 절대적 영향 아래서 역시 남미에서 발전한 교육 이론이다. 우리나라에서는 한때 해방 신학(민중 신학)과 비판 교육(민중 교육)을 싸잡아 용공 이단이라고 매도하고 그 문헌들을 출판·판매 금지한 어리석음을 범한 적도 있었다.

의식화 교육에서 중시하는 것은 무엇인가. 첫째는 소위 '제도권 교육' 비판이다. 공교육이라는 미명으로 민중을 지배의 수단으로 무력화 시키고 지배자에 순종하게 길들인다는 것이다. 둘째는 민중의 삶과 이어지지 않는 단편적 지식을 머릿속에 주입하기에 급급한

'은행식' 교육 방식 극복이다. 셋째는 상황 중심 교과 과정 운영이다. 민중의 삶을 망가뜨리고 있는 여러 국면의 상황을 학습에, 토론에, 답사에 반영하여 그 상황을 극복하게 짜 나간다는 것이다.

5. 한국 교육의 긴급 과제 – 전인 교육

경제의 들러리로 교육이 제 몫을 못한 탓에 우리나라는 현재 교육마저 개방화·정보화·세계화라는 구호로 흔들리고 있다. 그 우왕좌왕 하는 모습은 보기에도 딱하다. 한때 '새마을 교육'으로 날리던 사람들이 어느 사이에 '세계화 교육'으로 말을 바꿔 타고 교육을 이리 몰고 저리 붙이면서 제 실속을 차리고 있다. 새마을 교육으로 학교가 군사 독재 정권을 위한 농촌 조직화에 앞장섰다면 지금의 세계화 교육은 무엇인가. 문민 독재 정권의 경제 정책 수행을 들러리 서는 기능 인력 생산에 다름 아니다. 초등학교 3학년부터 정규 교과로 시작하라는 조기 영어 교육 따위가 그 단적인 예다. 한심한 노릇이다.

그러면 한국 교육이 풀어야 할 긴급한 과제는 무엇인가. 저자는 이것을 교육의 민족화, 교육의 현대화, 교육의 인간화 셋이라고 주장해 왔고, 지금도 이 소신에는 변함이 없다. 민족의 문화적 개성 계승·발전, 민족 통일에의 화해 기반 구축 등이 교육의 민족화요, 홍수같이 쏟아지는 정보를 취사 선택할 수 있는 능력, 모든 직업에 필요한 일반적인 기능·교양 등을 익히게 하는 것이 교육의 현대화요, 이 비인간화 사회에서 정신 차리고 살게 인간성을 안겨 주는 일깨움이 교육의 인간화다.

이 세 과제는 나란히 풀어 가야 한다. 어느 하나 소홀히 다룰

수 없다. 페스탈로치의 삼육론으로 말하면 어느 하나 빠져도 교육
이 아니다. 그런데 또 하나 꼭 집어 다져야 할 사항이 있다. 삼육론
이 실은 도덕 기초(우위) 삼육론이듯이 우리 교육의 세 긴급 과제 중
에서도 교육의 인간화가 가장 중요한 것이라는, 우리가 지금까지
다져 온 바로 그 전인 교육 논리다.

저자는 오늘 조간신문을 온통 메운 교육 현장 고발 기사로 내
이런 입장을 다시 굳혔다. "기분 나쁘게 쳐다봤다"는 이유 하나로
동료 여학생을 감금해 전기줄로 손을 묶고 뭇매를 때리는 따위, 초
·중학생의 폭력범이 전체 폭력범의 70%의 비중이 된다는 따위, 여
학생이 남학생보다 더욱 잔인하다는 따위, 언니에게 '찍힘'을 당한
중 2 여학생이 그 짜릿한 재미 때문에 폭력 서클 탈퇴는 꿈도 안 꾼
다는 따위, 강도짓을 한 중 1 남학생이 붙잡혀서도 뉘우침이 전혀
없이 도리어 당당했다는 따위, 1년에 학생 가출이 25만 명으로 지
난해에 비해 35%증가했고 95~96년도 학교 중도 탈락자가 12만 명
을 넘고 학생 자살이 6백 명을 넘어서고 있다는 따위 …… 참으로
암울하다.

어떻게 할 것인가. 기능 교육·입시 교육·출세 교육·경쟁 교육
·개발 교육에서 전인 교육으로 교육이 제자리와 제 몫을 다시 찾
아가는 길밖에 없다. 전인 교육에 왕도는 없다. 교사마다, 학교마다,
지역마다, 어버이마다 그 길을 모색하고 창안할 수밖에 없다. 교육
방법에 왕도가 없다는 말을 저자는 여러 번 한 것 같다. 이것이 삶
과 교육의 실존상이다. 그래서 실은 교육의 즐거움과 보람도 있다.

저자가 분석·분류해 본위의 전인 교육의 원리들이 이런 뜻에
서 조금이나마 도움이 되었으면 하는 바람이 간절하다.

만남과 창조

1. 만남의 뜻

　'만남'이란 말은 실존철학자들이 특히 강조하여 쓰기 시작하였고, 오늘날에는 문학, 교육학 등에서도 중요한 개념으로 다루어지고 있다.

　만남이란 무엇인가? 우리는 새로운 것에 마주쳤을 때도 만났다고 하고, 결정적인 것을 알게 되었을 때도 만났다고 하고, 아직 현실적으로 나타나지는 아니했지만 늘 마음속에 도사리고 있는 것을 갖고 있을 때도 만났다고 한다. 이 모든 일들이 만남에 속한다. 그러나 실존 철학자들이 말하는 진정한 만남은 예측도 못 했고 기대도 안 했던 일이 운명적으로 일어나, 그 사람을 사로잡아 새로운 방향의 삶을 택하게 만들고야 마는 결정적 사건의 돌발을 의미한다. 이렇게 그 뜻을 다듬어 보면 우리가 일상용어로 쓰고 있는 만남과 실존주의에서 쓰고 있는 만남은 개념이 다르다는 것을 알 수 있다.

그런데 우리가 진정한 만남을 중시해야만 할 이유는 어디에 있는가? 우리의 참다운 삶의 창조는 이런 진정한 만남을 통해서만 이루어질 수 있기 때문이다. 그것은 인간을 세속적인 부귀영화를 누리는 상태에서 벗어나 정신적·영혼적 행복의 세계를 기리게 이끌며, 주어진 상태에 안주하지 않고 좀 더 나은 상태를 바라보게 하며, 자신의 부족함을 깨닫게 하여 그것을 채움 받고자 희구하게 하며, 자기의 삶의 길을 180도 회전시켜 새로운 길을 걷게 한다.

역사적으로 위대한 일을 한 사람들 또는 성실한 삶을 남긴 사람에게는 크든 작든 반드시 이 같은 만남이 있었다. 이런 '만남' 중에서도 특히 우리가 중시할 것은 세 가지인데, 그것은 인격과의 만남, 진리(또는 신)와의 만남, 사랑과의 만남이다.

다음에 저자는 위에 든 세 가지 만남의 예를 하나씩 들어 음미하면서 그것들이 오늘날 우리 삶에 어떤 의미를 시사하고 있는가를 살펴보고자 한다.

2. 세 가지 만남

인격과의 만남, 또는 인격 대 인격의 만남 중에서 가장 대표적인 것은 소크라테스와 플라톤의 만남이다. 플라톤은 귀족 출신으로 특히 예술에 소질이 있어 장차 비극 시인이 되고자 힘썼다. 그러던 그가 하루는 시장가에서 상인, 아낙네, 청년들을 상대로 인생이 무엇인가, 참사랑이 무엇인가, 정의란 무엇인가 …… 이렇게 중요한 개념들을 쉬운 말로 풀이하면서 진지하게 대화하는 소크라테스의 모습을 보았다.

그 순간 플라톤은 뱀 앞에서 오금을 못 쓰는 개구리처럼, 소크라테스에 끌리게 되었다. 내가 지금까지 헛살았구나, 내 인생의 길잡이가 되어 줄 사람은 바로 이 사람이구나, 내가 오랫동안 찾던 사람은 바로 이 사람이구나, 이렇게 플라톤은 느꼈다. 그리하여 그 자리에서 플라톤은 자신이 비극시의 경연 대회에 출품하고자 소중하게 지니고 다니던 원고 뭉치를 불사르고 소크라테스 문하에 들어갔다. 이때 소크라테스는 62세, 플라톤은 18세였다.

그런데 플라톤은 8년밖에 소크라테스를 스승으로 모시지 못했다. 너무나도 짧은 기간이었다. 그렇게 믿고 존경하던 스승이, 청년들을 꾀어 선동하고, 아테네에 없던 잡신을 섬기게 했다는 죄목으로 사형을 당했기 때문이다.

이제 스승을 잃은 플라톤은 스승을 본따 자기 혼자서 자기 앞길을 개척해 나가야만 했다. 스승이 자기에게 생전에 한 갖가지 귀한 말씀을 정리하고 인간적인 약점을 극복하고도 남음이 있는 스승의 위대한 인간상을 극으로 그려내고, 같이 스승으로 모시던 제자들과 친교의 기회를 더욱 많이 만들고, 망해가는 아테네를 구원하기 위하여 스승의 이상에 따라 아카데미아를 세워 인재를 양성하고, 이상국을 실현시켜 보고자 시라큐스에 건너가 정치 고문을 하다 음모에 걸려 추방되어 노예처럼 빈털터리가 되어 겨우 아테네에 귀환하기도 한다.

이처럼 플라톤의 온 생애는 소크라테스와의 인격적인 만남에 의하여 결정되었고, 그 만남에 의하여 방향 지워진 것이었다. 플라톤의 일생은 이처럼 소크라테스와의 영혼의 부딪힘이 없이는 생각할 수 없다.

이 플라톤에 인격적으로 끌린 사람이 아리스토텔레스다. 플라톤의 아카데미아 시절의 수재 중의 수재다. 아리스토텔레스는 스승의 본을 따라 '소요학파'라고 불리 우는 학원을 세워 학문과 제자 양성에 힘썼다.

찬란한 그리스 문화를 대표하는 이 세 사람을 우리는 보통 그리스의 '삼거두'라 하는데, 이들이 인격적 만남에 의하여 큰일을 했고, 큰일을 하게 하였음을 우리는 주목해야 한다.

진리와의 만남 또는 신과의 만남의 대표적인 예를 우리는 파스칼에서 볼 수 있다. 그는 젊어서 기독교의 진리를 체험하고 신과 만나 일생을 자신의 진리 체험을 체계적으로 논술하는 데 바쳤고, 그 결과를 『팡세』로 남기게 되었다.

우리는 『팡세』를 단편적인 신앙 체험담이라고 생각하기 쉬운데 사실은 절대 그렇지 않으며 그것은 하나의 위대한 진리를 아침저녁 마음 속 깊게 다지고 또 다진 정연한 기독교 교리서인 것이다. 파스칼의 말 중에 가장 유명한 말은 보통 '생각하는 갈대'라는 말이라 한다. 이보다 더 폐부를 찌르는 말들이 무수하게 『팡세』 속에 나와 있다.

다음에 한두 가지를 우선 소개하여 본다.

한 사람을 죽이면 범죄자로 여김을 받고 쇠사슬에 매여 감옥에 갇힌다. 그러나 천 사람을 죽이면 영웅으로 여김을 받고 훈장을 탄다.

이 얼마나 세속 사회의 모순적인 일면을 잘 꿰뚫어 본 명언인가.

각자의 인생에서 확실한 것은 거의 없다. 가장 확실한 것은 자신의 죽음뿐이다. 그런데 우리 인생은 가장 확실치 않은 것에 시간을 전부 소모하고, 가장 확실한 죽음에 대해서는 아예 생각을 하지 않는다. 인생은 마치 사형을 선고받고 태어난 존재와 같다. 매일 주위에서 몇 사람씩 사형을 집행당하고 있다. 자기도 언젠가는 집행을 당할 것이다. 그런데 자신에게는 그런 일이 절대 일어나지 않을 것으로 생각하고 있는 양 사람들은 그날그날을 넘기면서, 꼭 생각해야 할 것을 생각하지 않고, 생각하지 않아도 좋을 것만을 생각하고 있다.

이 얼마나 매서운 말인가! 그에 의하면 죽음이라는 문제를 완전히 극복하지 않고서는 참 인생은 있을 수 없는 것이었다.

인간은 늘 마음에 불안을 느끼고 있다. 그래서 이 불안에서 벗어나기 위해 갖가지 놀이를 생각해 냈다. 놀음, 연애, 사냥, 운동 등이 그것이다. 임금님이 사냥을 즐기는 이유와 그 모습을 생각하여 보아라. 임금은 자기가 언제 신하에 의하여 배신을 당하여 자리에서 쫓겨날지 몰라 불안하기에 그것을 잊고자 잠시도 설쌈 없이 무엇인가 일을 해 댄다. 사냥도 이런 일 중의 하나다. 생각해 보아라. 한 마리의 토끼를 잡기 위해서 임금님이 뭇 몰이꾼을 거느리고 골짜기를 뛰어다니는 모습을!

이 얼마나 뛰어난 관찰인가! 파스칼에 의하면 갖가지 유희는 이 불안에서 벗어나기 위한 수단에 지나지 않는다는 것이다.

파스칼은 이렇게 인생의 본 모습을 사색하다가 드디어 신과 만났다. 그 순간부터 성경의 한 구절 한 구절이 그의 폐부를 찌른 글임과 동시에 구원의 글이 되었다. 그는 공허한 존재, 모순에 찬 존재, 비참한 존재임을 실존적으로 자각하고, 신에게 이런 모습으로부터의 구원을 의탁하고, 자신을 온전히 신에게 맡겼다.

그러자 이 세상의 짧은 삶이 아주 맛이 있을 정도로 즐거워지게 되었다. "최대의 최소는 최소의 최대보다 더욱 크다"는 유명한 그의 말은 이런 그의 심정을 읊은 말이다. 즉 신을 믿지 않는 사람들의 최고의 세속적 행복보다 신을 믿는 사람들의 최저의 영혼적 행복이 더욱 행복스럽다는 뜻의 말이다.

파스칼은 이리하여 자신의 삶, 이 우주의 존재 이유, 인류 역사의 의의를 신과의 만남을 통해서 깨닫게 되었고, 일생을 이런 일들을 생각하면서 살다 죽었다. 그리고 고전 중의 고전이라고 평가되고 있는 『팡세』를 후세에 남긴 것이다.

사랑과의 만남이란 무엇인가? 그것은 사랑을 체험함으로써 자신의 삶 자체를 의미 있게 영위하는 일을 말한다. 사랑에는 몇 가지 종류가 있다. 아무런 가치가 없는 자에게 자비롭게 쏟는 사랑을 '아가페'라 하고, 어떤 가치를 지닌 대상을 귀히 여기는 사랑을 '에로스'라 하고, 자연스럽게 우러나와 서로 주고받는 사랑을 '필리아'라 한다. 그러나 여기에서 말하는 사랑은 이 셋 가운데 어느 것이라도 좋다. 좌우간 이런 사랑을 체험하고 자신의 삶을 뜻있게 살게하는 계기가 된다면 그것으로 족한 것이다. 다음에 한 가지만 예를들어 보자.

어느 구두닦이 소년이 있었다. 부모 없이 자랐고 거리에 누워 밤을 새우며 깡패들에게 시달리며 살았다. 자기 기억에 있는 한 남에게 사랑을 느낀 적은 한 번도 없고, 사랑을 받은 적도 한 번도 없다. 그런데 하루는 구두를 닦고 있던 그를 유심히 보고 있던 사람이 "네가 혹 XX 아니냐! 너의 아버지는 네가 다섯 살 때 XX 공원에 놀러 가서 미아가 된 이후 지금까지 너를 찾아 전국을 누비며 너를 찾고 다녔다. 이제 가산도 기울었지만 너 하나만 찾으면 소원이 없다면서 지금도 찾고 있다"고 외치는 게 아닌가!

이 소년은 이 말을 듣는 순간 전율을 느꼈고 세상이 갑자기 달라지는 것을 느꼈다. 나에게도 부모가 있었구나, 나를 사랑하는 사람도 있었구나, 이렇게 느끼자 무한한 행복감을 맛보았다. 그 후 그의 생활은 돌변했다. 마음이 사랑으로 충만 되자 그의 모습마저 달라졌고, 그가 대하는 사람마다 정다워 보였고 구두닦이 일마저 흥겨워졌다.

이성 대 이성의 사랑의 만남의 예는 단테와 베아트리체, 로미오와 줄리엣을 들 수 있고, 어버이 대 자식의 사랑의 만남의 예는 성경에 나오는 방탕아와 그의 부친을 예로 들 수 있다. 이런 인간 대 인간의 사랑의 만남은 인간의 마음을 아늑하게 채워 주고, 각자의 삶을 충실하게 이끈다.

그런데 우리가 여기에서 각별히 주목할 것은, 앞에서 고찰한 인격과의 만남, 신과의 만남은 특별한 섭리에 의해서만 가능하지만, 그러기에 모든 사람에게 다 기대할 수는 없지만, 여기에서 우리가 생각하고 있는 사랑과의 만남은 누구에게나 다 기회가 있고, 따라서 사람이면 누구나 다 누릴 수 있는 것이라는 사실이다.

3. 만남과 창조 – 두꺼비 춤

위에서 우리는 만남의 개념과 만남의 종류를 예를 들어 가면서 생각하여 보았다. 이제 만남이 우리 인생에 특히 어떤 뜻을 가져오는 것인가를 생각해 보아야 할 자리에 이르렀다. 저자는 한 마디로 이것을 새로운 생명의 창조라 말하고 싶다.

마지막으로 이러한 만남에서 비롯한 새로운 생명의 창조의 예를 하나 들면서 펜을 놓기로 한다.

어느 종류의 두꺼비는 알을 아무데나 싣지 않고 어느 종류의 구렁이 뱃속에만 싣는다 한다. 그 두꺼비가 알을 실을 무렵이 되면 그는 그 구렁이를 찾아 몇 날 들과 산을 헤맨다. 그러다 드디어 그 소망의 구렁이를 만난다. 두꺼비는 구렁이를 유인하여 자기를 잡아먹게 하기 위해 온갖 아양을 다 떤다. 그러나 구렁이가 보기에 두꺼비는 징그럽기만 하다. 그러기에 구렁이는 슬슬 달아난다. 두꺼비는 또 뛰어가서 아양을 부린다. 구렁이는 다시 달아난다. 이렇게 몇 번이나 두 생명은 실랑이를 되풀이한다.

두꺼비는 이제 최후의 무기를 내놓는다. 그것이 다름 아닌 '두꺼비춤'이다. 두 앞다리를 번쩍 들고, 유난히 하얀 배때기를 드러내 놓고 춤을 추는 것이다. 이쯤 되면 구렁이도 머리가 혼란해져 두꺼비를 잡아먹어 버리게 된다. 이리하여 두꺼비는 그의 알을 구렁이 뱃속에 싣는데 성공하고, 뱃속에 두꺼비 알이 커 가면서 구렁이도 시름시름 앓다 죽고, 그 주검 속에서 새로운 생명, 두꺼비 새끼가 태어나는 것이다.

이 두꺼비 춤은 무엇을 상징하는가? 만남은 새로운 삶의 창조를 가져온다는 사실 바로 그것이다.

저자는 오늘날의 물질 문명, 기계 문명 속에서 인간성이 증발되어가고 있고, 그러기에 교육의 마당에 만남의 뜻이 다른 어느 때보다고 더욱 새롭게 음미되어야 할 때라고 여긴다.

인간 회복의 교육

1. 문제 제기

일본의 한 젊은 교육학자가 저자에게 한국은 참 부러운 나라라고 하기에 그 이유를 물었더니, 그것은 국민이 교육에 대하여 대단히 열성을 갖고 있기 때문이라고 했다. 사실 일본이나 다른 앞섰다는 나라들은 교육을 정치·군사·생산에 비해서 비중을 훨씬 덜 주며, 따라서 대표적 일간지에서 교육 문제를 사설로 취급하는 일은 극히 드문데, 한국은 이와는 정반대로 사설에 가장 많이 등장하는 문제가 교육 문제이며, 적어도 일주일에 한 번 정도는 사설로 다루고 있다는 것이다.

이 말을 듣고 곰곰이 생각하니 사실 한국처럼 '교육입국'이란 슬로건을 갖고 있는 나라도 없으며, 한국인처럼 논밭 팔아서라도 교육에 힘쓰는 사람들은 없을 성 싶다. 해방 후 교육의 기회가 확대된 것은 좋았는데, 이러한 양적 확장에 질적 심화가 따르지 못해 한때 '교육 망국론'이 나돌기도 했지만, 아무튼 우리 민족이 교육을 중히 여기는 민족임에는 틀림이 없는 것 같다.

그런데 앞으로는 어떤 교육을 해야 할 것인가가 더욱 많이 논의되어야 할 것이다. 일찍이 독일의 나돌프라는 교육 철학자는 국가의 3대 영위를 국방·산업·교육으로 대별하고, 국방과 산업은 수단적인 것인데 교육만은 목적적인 것이라 하면서 교육이 국방 및 산업의 지배를 받아서는 안 된다고 갈파했다.

그런데 최근의 교육 개혁 움직임을 보면, 양의 동서를 막론하고, 이 목적적인 영위와 수단적인 영위가 전도되어, 교육이 오히려 국방이나 산업의 수단적인 존재로 전락해 가고 있는 실정에 있다. 공산 전체주의 국가에서는 다시 말할 나위도 없지만, 자유주의 국가에도 이런 사고 방식이 팽배하고 있어 인류의 앞날에 짙은 그림자를 던지고 있다. 진정한 의미의 교육 개혁과 진정한 의미의 인간 교육이 다른 어떤 시대보다도 더욱 요청되는 이유가 여기에 있다.

저자는 이런 문제 의식에서 출발하여 교육 개혁은 어떤 기조 위에 서야 할 것이며, 우리는 어떤 교육적 과제를 안고 있는지, 그리고 특히 강조되어야 할 시각은 무엇인가를 간단하게 논해 보기로 한다. 결론을 미리 제시한다면 오늘날 한국 교육의 최대 과제는 '교육의 인간화'다.

2. 교육의 인간화

'가난'과 관련된 두 가지 속담이 있다. 하나는 "슬픔 중에 제일 가는 슬픔은 배고픈 슬픔이다"는 동양의 속담이며, 또 하나는 "슬픔

중에 제일가는 슬픔은 배부른 다음에 오는 허탈감이다"는 서양의 것이다. 전자는 의식주 문제를 해결하는 일이 지상의 과제였던 옛 동양적 빈곤 사회의 소산이며, 후자는 의식주 문제를 해결한 뒤의 정신적 허탈 문제를 해결하는 일이 지상의 과제로 대두되고 있는 현금의 서양적 풍요 사회의 소산이다. 인간은 유기체적 존재이므로 생존에 필요한 최소한의 물질적 조건을 충족하는 것은 불가결한 것임은 새삼 논할 필요가 없는 일이지만, 또 한편 인간은 정신적 존재이므로 물질만으로는 채울 수 없는 '그 무엇'이 또한 주어져야 할 것임을 우리는 근래에 와서 특히 절실하게 인식하기에 이르렀다.

여기에 이와 같은 사실을 냉혹하게 입증하는 통계 자료가 하나 있다. 세계에서 사회 복지 제도가 가장 잘 시행되고 있다는 나라가 핀란드와 덴마크인데 통계에 의하면 세계에서 자살률이 가장 높은 나라가 바로 이 핀란드와 덴마크이며, 또 동양에서 물질적으로 가장 풍요한 나라가 일본과 대만인데 이 나라들이 동양에서 자살률이 가장 높다는 것이다.

이것은 참으로 충격적인 현상이다. 현재 모든 나라들이 물질 소비의 척도를 바로 인간 행복의 척도로 여기고, 경제 발전 지상주의로 질주하고 있는데, 실은 그것이 그릇된 생각임이 드러나고 있기 때문이다. 현대 사회를 풍요 사회라 하는 사람이 있다. 그러나 그것은 이렇게 빛 좋은 개살구인 것이다.

현대 사회는 풍요 사회일 뿐 아니라, 또 조직 사회이며 기능 사회이며 몰개성 사회이며 내면생활 증발의 사회다. 그리고 이런 특성은 앞으로도 더욱 불거져, 21세기에 이르러서는 인류의 존망 및 인간의 존재상 자체의 문제로까지 번지게 될 것이다. 교육이 바람직한 인간 형성을 위한 작용일진대, 이러한 문제에 대처해야 할 것이요, 그것은 한 마디로 인간성을 교육을 통해서 다시 찾게 하는 일이 되어야 할 것이다.

그렇다고 했을 때 교육 개혁이 교육 방법의 개선, 교육 제도의 변화 정도의 수준에 머물고 있는 한, 그것은 교육을 통해서 새 문화, 새 사회를 이룩한다는 원래의 소임을 다하지 못할 것이다.

3. 인간성 회복의 교육

인간성을 회복시키는 교육은 어떤 시각 위에 서야 할 것인가를 다음에 논해 보기로 한다.

(1) 교육의 인간화

오늘날 인간성 증발을 가져온 문화적 상황은 젊은이들을 비인간화, 몰인격화로 몰아가고 있다. 따라서 교육의 시급한 과제 가운데 하나는 교육의 인간화다. 그것은 개인적으로는 인간이 인간답게 살 수 있는 정신적·내면적 생활을 영위할 수 있는 자질을 갖추게 하여 주는 일이요, 사회적으로는 모든 인간이 개성과 창의성을 가지고 보람 있게 각자의 사회적 역할을 수행할 수 있게 인간성을 안겨 주는 일이다.

교육이 기계화·대중화되면 될수록, 또 한편으로는 교육이 인격화·개성화되어야만 한다는 패러독스가 여기에 있다. 그러기에 앞으로 완전 학습 이론과 교육 공학이 더욱 발전되면, 모든 교과 지도는 '티칭 머신'이 맡게 되고 교사는 넓은 의미로 차원 높은 도덕 교육을 통한 정신 교육에만 종사할 날이 오게 될 것이다. 이때에 비로소 교사의 고유하고 독특한 '인간 교사'로서의 의의는 더욱 귀히 여겨질 것이다.

(2) 인간의 주체화

앞서 논한 교육의 인간화가 대체제적인 인간 '복위'의 이념이라 한다면, 이곳에서 논하고자 하는 인간의 주체화는 대집단적인 개성의 '복권'을 의미한다 할 수 있다. 그것은 집단의 화석화·정형화·교조화된 형이상학과 형식 논리에서 해방되어 한 인간, 즉 개인으로서의 주체성을 찾는 일이다.

그러기 위해서는 각 개인이 다른 사람과 견줄 수 없는 고유하고 독특한 면(one-and-only-oneness)을 갖고 집단에 해소되지 말아야 하며, 공통성을 앞세워 성원 모두를 '동류항'으로 여기고 '통분'하려 드는 다수결의 우상에 사로잡히지 말아야 하며, 또 집단의 존재 이유 및 존재상을 각 개인의 존재 이유 및 존재상과 '동일시'하려는 하향식 형식 논리에도 매몰되지 않는 자신의 생활 철학도 지녀야 할 것이다.

성경 가운데 가장 귀한 말씀은 "한 사람의 생명의 무게는 우주 전체의 무게보다 더욱 무겁다"는 의미의 말씀이다.

(3) 교재의 인문화

학교에서 가르쳐야 할 교육 내용 가운데에서 앞으로 더욱 중요하게 다루어야 할 핵심 교과는 무엇인가? 우리는 교과를 크게 다섯으로 나눌 수 있다. 인간 품성의 도야를 의도하는 철학·종교·역사·문학 등을 주축으로 하는 인문적 교과, 사회적 자질의 도야를 의도하는 법률·경제·상업 등을 주축으로 하는 사회적 교과, 물질의 성질을 연구하면서 실용적 가치 감각의 도야를 의도하는 물리·화학·공업 등을 주축으로 하는 자연적 교과, 인간의 건전한 신체의 도야를 꾀하는 체육적 교과, 그리고 예능 및 과외활동 등이 이것이다.

이 모든 교과가 다 중요하나, 오늘날처럼 기능화·조직화·탈내면화 현상이 생활의 모든 곳에 침투되어 있어 인간 소외 현상을 일으키고 있는 시대에는, 진리가 무엇이며 우주가 무엇이며 인생이 무엇인가를 사색할 기회를 종합적으로 제공하는 인문적 교과가 특히 중요하다고 저자는 믿는다. 그리고 이런 생각은 저 유명한 『교육의 과정』으로 교육 개혁의 기수가 된 브루너(Bruner)에게도 있었음을 환기시키고 싶다.

그는 교과 중에서 가장 중요한 것을 두 개만 골라야 한다면 수학과 음악이라는 뜻의 말을 하고 있다. 수학은 과학·기술 사회의 언어이기에 필요하고, 음악은 인간의 마음을 우주·역사·자연·인간과 따뜻하게 맺어 주는 인간적 정서의 언어라는 뜻이었다. 단 그가 말하는 '음악'은 희랍 시대부터 전통으로 내려온 '무시케'로서 문예를 뜻하며, 로고스에 대한 파토스, 논리에 대한 시(詩)와 아름다운 신화를 의미한다. 우리는 이 '시'(詩)를 회복해야 한다.

4. 결론

저자는 위에서 오늘날의 사회가 풍요 속에서 빈곤을, 조직화 속에서 개성 상실을, 외적 확대 속에서 내적 빈곤을, 가속적 발전 속에서 이에 정비례하는 허다한 취약점을 내포하고 있으며, 이러한 역기능 현상은 21세기에 이르러서는 걷잡을 수 없게 노출될 것이라는 문제 의식에서, 이에 대처하기 위해서는 새로운 교육 이념의 정립이 필요하며 이런 과제를 수행하기 위하여 시사가 될 것으로 여겨지는 기본적 시각을 교육의 인간화, 인간의 주체화, 교재의 인문화 셋으로 간추려 보았다.

서양의 문화는 기독교적 정신 문화(인문적인 것)와 자연 과학적 물질 문명(과학적인 것)과의 상극·투쟁을 거친 조화적 공존 위에서 발전해 왔으나, 근래 정신 문화가 현저하게 후퇴하여 몰락의 징조를 드러내고 있다. 이런 위기 의식은 일찍이 슈펭글러를 비롯하여 슈바이처, 헷세, 토인비 등에 의하여 직관적으로 서술된 바 있으나, 근래에는 그것이 과학적인 사실로 만인에게 인식되기에 이르렀다.

그런데 후진국들은 근대화를 서두른 나머지, 서양의 정신 문화와 물질 문명을 동시에 흡수 소화하지 못하고 물질 문명만을 조급하게 흡수하여 눈에 보이는 겉치레의 문명만을 구축하여 '절름발이 문화'를 만들고, 나아가서는 먹는 것 외에는 아무것도 모르는 '경제 동물', 만드는 것 외에는 아무 것도 모르는 '공작인', 노는 것 외에는 아무것도 모르는 '오락인'을 만들어 가고 있다. 더욱이 서양인이 자신들의 문화에 한계를 느끼고 동양을 흠모하고 이질적인 것을 찾아 자신들의 문화 재생에 힘쓰고자 하고 있는 바로 이때에 서양인이 버리고자 애쓰고 있는 찌꺼기를 찾아 헤매고 있는 어리석음을 되풀이하고 있다.

'맹렬 사원'이란 짓궂은 말이 있다. 자기 회사의 일을 위해서는 아침부터 저녁까지 명령대로 정신없이 뛰는데, 당신 회사가 어떤 의미 있는 일을 하느냐고 물어 보면 대답을 못 하는 얼빠진 사원을 이름이다. 세계 전체가 무엇 때문에 경영되는지도 모르는 이런 맹렬 사원만을 거느리는 하나의 커다란 주식회사가 되어 있는 이때에, 동양은 서양 역사의 교훈을 깊이 새김질하여, 새 이념의 교육을 통해서 세계사의 진전에 이바지해야 할 것이다.

인간을 일깨우는 교육

'교육'에는 세 가지 모형이 있다. 식물 재배형, 동물 훈련형, 그리고 인격 각성형이 그것이다.

밭에다 호박씨를 뿌려 물과 거름을 주고 벌레도 잡아 준다. 그러면 자연히 크도록 되어 있다. 간섭 안 해도 성장하도록 되어 있다. 제발 내버려 두어라. 조물주가 알아서 다 해 준다. 대충 이런 논리가 식물 재배형이며, 한 마디로 교육을 '성장 조성 작용'으로 보는 것이다. 영어로는 'grow'다.

곡마단에서 곰 새끼를 사와서 춤을 가르친다. 새끼 곰은 사람들이 추라는 춤이 무엇인지 몰라 움츠러들기만 한다. 매로 때려도 보고 바나나도 주어 본다. 그래도 잘되지 않는다. 이때 최후의 무기가 나온다. 철판 위에 새끼 곰을 올려놓고, 그 철판에 전류를 흐르게 한다. 발이 저려 새끼 곰은 요동한다. 강한 전류에는 강하게 요동하고 약한 전류에는 약하게 요동한다. 이것이 바로 새끼 곰의 춤의 원형이다.

그러면 이제 다음 단계, 즉 나팔로 이어진다. 전류가 강하게 흐를 때는 나팔을 강하게 불고, 전류가 약하게 흐를 때는 나팔을 약하게 분다. 이런 훈련을 되풀이 하다 이제 훈련의 세 번째 단계로 들어선다. 전류가 흐르는 철판에서 새끼 곰을 내려놓고 나팔만으로 춤을 추게 한다.

사실 이게 가능하다. 이래서 새끼 곰은 자극과 반응의 고리로 이어진 훈련으로, 자기가 원래 몰랐던, 더욱 원하지도 않았고 재미도 없는, '남의 춤'이라는 '새로운 행동'을 익히는 것이다. 그래서 그 춤의 대가로 자기는 바나나를, 주인에게는 돈을 안겨 준다. 우리 속담에도 재주는 곰이 넘고 돈은 되놈이 걷어 간다 하지 않던가. 이 것이 동물 훈련적 모형이다. 외부에서 매와 먹이로 철저하게 닦달질해서 새롭게 만들어 준다. 그래서 영어로는 'make'요, 'train'이다.

말이 졸고만 있다. 광야를 달려야 할 말이 이게 웬일인가. 등에가 딱해서 말을 침으로 쏜다. 제발 그만 일어나서 정신 차려 달리라는 말이다. 그런데 말은 계속 단잠에 빠지고 싶어 하고, 등에는 너무 딱해 계속 쏘아댄다. 말은 귀찮아서 꼬리로 등에를 쫓는다. 그래도 등에는 포기하지 않는다. 이러다가 드디어 등에는 말의 꼬리에 치어 죽기도 한다. 이것은 소크라테스의 『변명』에 나오는 유명한 비유다(30e-31a).

진정한 교육이란 이렇게 진정한 자기 회복을 이룩하게 돕는 인격적, 윤리적, 그리고 예상 못 했던 '만남'이라는 자극적인 것이다. 잠에서 깨어나게 자극을 준다. 이런 뜻에서 이것을 각성적 모형이라 한다. 영어로는 'awake'이다.

자, 교육이란 무엇인가. 그 교육에 진짜도 있고 가짜도 있다. 또 낮은 차원도 있고 높은 차원도 있다. 본질적인 것도 있고 비본질적인 것도 있다. 우리 교육은 어디에 문제가 있는가. 진짜 높은 차원의 본질적 교육이, 낮은 차원의 비본질적 교육, 가짜 교육에 가려 맥을 못 추는 데 있다. 위의 세 모형으로 보면 낮은 차원의 '식물 재배적, 동물 훈련적, 비본질적 교육'이 높은 차원의 '인격 각성적, 본질적 교육'을 업신여기는 데 있다.

어린이 존중도 좋고 기능 인력 육성도 좋다. 그러나 그 어린이 존중도 '진정한 의미로의 어린이'라는 인격 각성, 기능 인력 육성도 '자기 몫을 살린 진정한 의미로의 자기 실현'이라는 인격 각성과 이어져야만 한다. 그렇지 못하면 그것은 놀이요 생산이지, 교육이 아니다. 우리 교육의 큰 병도 바로 이 같은 진정한 교육에 대한 인식의 모자람에서 오는 것으로 여겨진다.

오늘 아침 한 신문의 사회면 머릿기사가 나를 놀라게 했다. 새 대학 입시에서 내신 성적의 비중이 높아지자 각 고등학교가 공정한 시험 관리에 초비상이고, 그래서 갖가지 방안이 고안 시행되고 있다 한다. 학년별로 시차를 두는 '3부제 시험', 고사장마다 학년을 뒤섞는 '혼합형 시험', 국어·영어·수학 같은 중요 교과만 먼저 시험을 치르는 '분리 고사제' 등이란다. 손목시계도 못 가지고 들어가고 심지어 벽시계까지 뗀다 한다. 내 연구실 조교에게 물어 보았더니, 손목시계는 그 속에 여러 기억 계산 장치 입력이 가능하기 때문이란다. 벽시계를 왜 떼는지는 자기도 모르겠다는 대답에 나도 놀랐다. 조교와 고교생 사이에 벌써 이렇게 세대 차이, 문화 차이가 생겼다.

얄밉다거나 나쁘다 못해 영악한 아이들을 이렇게 길러 놓고 우리는 '교육입국'이란 표어를 걸며, 21세기 미래로 매진하자며 큰소리친다. 교육이 이렇게 헛바퀴 돌고 있다. 그런데 문제는, 우리 국민들이 최근 잇달아 터진 육·해·공의 대참사는 슬퍼하면서도, 바로 이 같은 교육의 대참사는 아직 참사로도 인식하지 못하는 데 있다.

도산 안창호 선생이 지금 우리에게 간절히 당부하고 있는 것은 무엇일까. 한 마디로 인격 혁명이다. 한 사람 한 사람이 거짓없는 삶을 일깨움 받아 개인적으로 성실한 삶을 즐기고, 또 직업을 성실하게 수행함으로써 이웃에 봉사하고, 나아가서 역사 앞에 성실하게 서서 하나님이 주시고 조상이 가꾸어 온 이 땅을 더욱 아름답고 의로운 땅으로 갈고 닦는 역사에 참여하는 일이 아닐까. 더욱 그것은 인간적 성실성, 직업에 대한 성실성, 그리고 역사 앞에서의 성실성을 두루 갖추는 인격 혁명인 것이다.

인간적 성실성, 직업에 대한 성실성, 그리고 역사 앞에서의 성실성, 이 셋이 두루 갖추어지지 못할 때, 그것은 전인적 인격이 되지 못하고 분열 파괴된 인격이 되어 본인에게는 불행을, 사회에는 해악을, 그리고 역사에는 비극을 가져오지 않을까.

저자는 도산의 인격 혁명 개념을 이 세 차원의 성실성의 통일을 기하는 것으로 이해하고 받들고자 한다.

만남과 교육

　실존주의는 교육에서 인격적 만남을 아주 중시한다. 특히 실존주의의 입장에서 본 진정한 교육은 인간과 인간의 영혼이 맞부딪혀 불꽃을 튀기며, 두 사람이 서로 새사람이 되는 과정을 말한다.

　이러한 만남의 예를 우리는 역사 속에서 많이 볼 수 있다. 먼저 소크라테스와 플라톤의 만남이다. 플라톤은 비극 작가가 되어 이름을 온 그리스에 날리고자 원고 뭉치를 가지고 응모하러 가던 길에 상인, 아낙네, 젊은이들과 인생이 무엇이며, 잘 산다는 것은 무엇인가를 놓고 대화를 나누는 소크라테스를 보았다. 플라톤은 이 모습을 보자 온몸이 떨리는 것을 느꼈다. 개구리의 눈이 뱀의 눈과 맞부딪혔을 때의 전율일 것이다. 플라톤은 자기가 오랫동안 찾아 왔던 스승은 바로 이 사람이라 여겨 원고 뭉치를 불살라 버리고 그 자리에서 소크라테스에게 '투항'한다.

　그 뒤로 플라톤은 8년 사사했다. 너무나도 짧은 기간이었다. 소크라테스가 청년들을 홀려 새로운 잡신을 믿게 했다는 죄목으로 처형되었기 때문이다. 스승을 잃은 플라톤은 자기 혼자서 앞길을 헤쳐 나가야만 했다. 스승의 생전 모습을 그려 내고, 스승의 생각을 잘 다듬어 놓고, 스승이 남긴 제자와 친구들을 영혼으로 보살피고, 스승의 이상을 실현시키고자 옛 제자를 찾아 시라큐즈에도 건너가 보고, 그랬다가 추방되어 빈털터리가 되어 노예처럼 방랑도 해 보고……. 이처럼 플라톤의 온 생애는 소크라테스와의 만남에 의하여 결정되었고 그 만남에 의하여 방향 지워진 것이었다.

소크라테스는 이 만남에 의하여 어떻게 달라졌는가? 씩씩한 남성이 길거리에서 아름다운 여성을 보았을 때 한 몸 한 마음이 되어 아름다운 자녀를 공동으로 생산하고자 하는 충동을 느끼듯이, 소크라테스 역시 플라톤에 반해서 '쇠파리'처럼 플라톤을 따라다니며 꾹꾹 쏘면서 플라톤의 영혼을 일깨워 주고 그 능력이 잠들지 않게 했던 것이다.

이 두 사람의 진정한 삶은 만남에 의하여 시작되었다. 만남에 의하여, 두 사람이 그 전에는 지니지 못했던 새로운 상태로 변한 것이다. 그리하여 이 두 영혼이 하나가 되어 진리를 공동으로 생산하여 희랍의 철학을 다듬은 것이다. 이러한 과정이 진정한 교육의 과정이 아니고 무엇이랴! 플라톤이 내린 교육 작용에 대한 유명한 정의가 있다. '교육이란 영혼의 전향술'이라는 말이 그것이다.

역사적으로 위대한 일을 남긴 사람들은 다 이런 인격적 만남이 있었다. 베드로는 갈릴리 해변에서 그물질을 하다가 예수를 만나 그물을 내던지고 따랐다. 이리하여 그 무식꾼 베드로가 천국의 열쇠를 한 손아귀에 쥐는 자가 되었다.

예수는 이 못난 베드로에게 끊임없는 아가페 사랑을 퍼부어 드디어는 새 역사를 베드로로 하여금 열게 했던 것이다. 예수 없이 베드로는 있을 수 없고 또 베드로 없이 예수도 있을 수 없었다. 이 두 영혼의 만남이 각자의 사명을 완수케 한 것이다.

이제 그러한 만남의 특징에 대하여 생각하여 보자. 첫째 특징은 '우연성'에 있다. 서로 우연히 만나게 되는 것이지 미리 짜여진 것이 아니다. 둘째는 '배타성'에 있다. 하나의 만남은 다른 만남을 배제한다. 한 남성이 두 여성을 동시에 사랑한다면 그것은 거짓 사랑이다. 셋째는 '회심성'에 있다. 지금까지 걸어오던 길을 180도 바꾸어 새 길을 감으로써 새사람이 되는 데 있다. 넷째는 '일회성'에 있다. 불꽃 튀기는 영혼과 영혼의 만남은 한 번으로 족하고 또 그 한 번으로 완성되는 것이며, 평생 그 영향이 이어진다는 뜻이다. 이런 뜻에서 '비연속적'이라고 말하기도 한다.

만남은 이렇게 인격 형성의 가장 중요한 계기가 되는 것인데 실은 그것이 지니는 몇 가지 두드러진 특징이 '비교육적'임을 깨닫고 우리는 새삼 놀라지 않을 수 없다. 왜냐하면 요사이의 행동 과학적 교육의 개념은 '의도적·연속적·계속적 행동의 변화'이기 때문이다.

자, 이제 우리는 실존주의에서 말하는 교육의 개념과 행동 과학적 입장에서의 교육의 개념 중에 어느 것이 참된 교육인가를 생각하여 보자. 곰에게 춤추는 법을 가르친다 하자. 나팔을 불어도 곰은 재미가 없어 꼼짝 않는다. 그래서 다음에 전류를 통하게 한 철판 위에 곰을 세워 놓고 강한 전류를 흐르게 하면서 나팔을 분다. 곰은 몸이 저리니까 춤춘다. 더 세게 전류를 흐르게 해서 더 즐겁게 춤추게 하기도 하고 약한 전류로 슬프게 추게도 한다. 그리고 나중에는 전기 철판을 없애 버리고 나팔 소리의 세고 약함만으로 춤을 즐겁게도 슬프게도 추게 한다. 행동 과학적 입장에서의 교육의 개념은 극단적으로 표현하면, 이렇게 곰이 춤추는 모습으로 비유할 수 있다. 인간이 '의도적·계획적·계속적'으로 작용을 가하여 행동의 변화를 일으키게 했기 때문이다.

만약 '바람직한 인간'을 개성과 주체성을 갖고 자신의 양심적 결단에 의하여 창의적인 생활을 개척하는 인간으로 본다면 실존주의적 교육관이 더 타당할 것이고, 반대로 주어진 사회의 규범을 무비판적으로 답습하고 남이 나팔을 불면 춤이 저절로 나오게 기능화된 인간을 '바람직한 인간'으로 본다면 행동 과학적 교육관이 더 타당할 것이다.

그런데 요사이 유럽을 제외하고는 온 세상에 이 기능적 인간관이 판치고 있으며, 따라서 교육을 마치 물건을 생산하는 기능공을 만드는 일로 착각하고 있다. 진정한 교육은 만남에 의한 영혼의 전환술이란 플라톤의 생각을 우리는 다시 새롭게 음미해야 할 때가 왔다.

페스탈로치의
전인 교육 다섯 원리

1. 인류의 영원한 스승 세 명

인류의 영원한 스승을 셋만 든다면 누가 될까? 소크라테스, 페스탈로치, 그리고 설리반 여사가 아닐까.

소크라테스는 "너 자신을 알라"는 명제로 학생 하나하나의 인격을 일깨워 주었다. 마치 쇠파리가 졸고 있는 말을 침으로 쏘아 대어 잠에서 깨어나 다시 달리게 하듯이, 교육이란 학생 개개인의 영혼을 일깨워 그 몫을 다하게 하는 일로 보았던 것이다. 교육에서 이 영혼의 일깨움을 버린다면 무엇이 남을 것인가.

페스탈로치는 학생 하나하나의 사람됨을 일깨운 사람이다. 그의 '인간 학교'의 명제가 그것이다. "읽기를 가르치거나, 쓰기를 가르치는 학교도 있고, 계산을 가르치는 학교, 교리 문답을 가르치는 학교도 있다. 그런데 왜 '인간을 가르치는 학교'는 없다는 말인가."

너무나도 유명한 그의 말이다. 사실 교육에서 '사람됨'을 버리면 무엇이 남을 것인가.

설리반 여사는 단 하나의 학생, 더구나 눈도 멀고 귀도 막히고 말도 못 하는 장애아 헬렌 켈러를 이 우주와도 맞바꿀 수 없는 귀중한 인격으로 여기고, 헬렌에게 생명의 몫을 찾아 안겨 준 사람이다. 수도꼭지에서 나오는 물에 손을 대게하고, 이것이 water(물)라 하는 것이라고 되풀이 하면서 단 하나 살아남은 감각인 '촉각'으로 '물'의 개념을 이해시키는 과정, 이것이야말로 눈물 없이는 볼 수 없다. 교육에서 이 능력의 계발과 —헬렌의 경우 그 능력은 처음에는 촉각밖에 없었다— 소질을 부추겨 키워 내는 일을 버리면 무엇이 남겠는가.

2. 근대 교육의 아버지 페스탈로치

그런데 인류의 영원한 교사를 딱 한 사람만 보기로 들라 하면 이 셋 중 누구를 들 것인가. 아마 누구나 페스탈로치(1746~1827)를 들 것이다. 왜냐? 그에게는 소크라테스적인 것, 설리반적인 것도 아울러 있기 때문이다.

그러나 그에 대해 우리는 잘 아는 것 같으면서도 실은 잘 모르고 있다. 사랑의 교사, 고아의 아버지, 스위스의 교육 개혁자, 이런 정도 밖에 모르고 있기 때문이다. 그러면 그의 참 모습은 무엇인가. 우리는 사랑의 교사 운운하면서 그의 교육 실천의 측면만을 감성적으로 기리곤 한다. 그러나 이것은 너무나도 큰 잘못이다. 우리는 그를 교육의 역사에 코페르니쿠스적인 전환을 일으킨 위대한 교육 철학자로 평가해야 한다. 다시 말하거니와 그의 실천적인 측면보다 실천을 뒷받침한 교육 사상, 또 실천의 과정에서 얻어지고 다져진 교육 철학을 더 평가해야만 한다. 바로 이 측면의 평가가 우리나라에서는 잘 이루어지지 못하고 있다. 저자가 페스탈로치의 대표작의 하나인 『게르트루트의 자녀 교육론』을 이번에 이렇게 분석하면서 평가하는 까닭도 바로 이 같은 아쉬움을 조금이나마 덜기 위함이다.

자, 이제 페스탈로치에 의해 이룩된 교육의 코페르니쿠스적인 전환이란 구체적으로 무엇이었던가를 먼저 살펴보자. 저자는 이것을 다음과 같이 분식·평가한 바 있다.

페스탈로치에 의해 주로 상류층 자녀 중심의 교육이 민중 자녀 중심의 교육으로, 교과서 외우기 중심의 교육이 어린이의 생활과 경험을 중시하는 교육으로, 그리고 학교 교육 중심의 교육에서 어머니에 의한 자녀 교육(가정 교육), 나아가 사회의 모든 구성원을 대상으로 하는 사회 교육까지도 포함하는 국민 교육으로, 이렇게 교육의 방향이 180도 달라지게 되었다. 그의 사상이 이렇게 교육의 흐름을 바꾸어 놓은 분수령이 되었다는 뜻에서 그는 특히 '근대 교육의 아버지'라고 칭송되어야 할 사람이다.

3. 전인적 기초 교육론과 다섯 원리

페스탈로치는 많은 글을 남겼다. 교육·문화·사회·정치에 대한 이론 혹은 논설을 담은 저작 전집이 29권, 당대의 정치적 지도자들, 자신의 학원의 부모, 동지, 제자들에게 쓴 총 6,252통의 편지를 남김없이 담은 서한 선집이 13권, 이렇게 총 42권의 저작을 우리에게 남겼다. "교실에서 직접 가르칠 능력이 없어 수업은 제자뻘 교사에게 맡기고 페스탈로치는 교정에 나가서 깨진 유리 조각을 줍곤 했다." 우리는 이 같은 '페스탈로치상'을 가지고 있는데 이것은 너무나도 큰 잘못이다.

그를 잘 모르는 소설가가 그의 '사랑'을 강조한답시고 만들어낸, 그야말로 '소설'인 것이다. 그런데 이 소설이 번역되어 옛날의 우리 초등학교 국어 교과서에 실렸다. 이 소설이 읽히고 또 읽혀 우리는 그것을 사실인 것으로 착각하고 있는 것이다. 슬픈 일이다. 이렇게 거짓을 가르쳤고 그것을 외우게 하여 '사랑'이라는 미명 아래 그의 교육 혁신 논리를 몰아내다니!

저자는 이 같은 잘못 박힌 페스탈로치상을 바로잡으려 노력하여 왔다. 내가 강의에서 즐겨 소개하는 사실 몇 가지 중에서 딱 하나만 소개하자. '페스탈로치가 교원 노조의 아버지'란 말이다. 사실 그는 1808년에 교육 역사상 최초로 조직적인 교직 단체 '스위스 교육 협회'(Die Schweizerische Gesellschaft der Erziehung)를 창설하고 교직 윤리, 교권, 교육 홍보, 정치와 교육과의 협동을 다졌는데, 만장일치의 추대로 그 회장이 되기도 했다. 실로 지금부터 190년 전의 일이다. 그런데 우리나라는 아직도 페스탈로치의 이름으로, 사랑이라는 이름으로, 교사더러 유리 조각이나 주으라고 한다. 무지, 사기도 이만저만이 아니고 정치적 조작도 이만저만이 아니다.

페스탈로치의 교육 사상 혹은 교육 철학을 잘 알 수 있는 저작은 어느 것일까? 이른바 그의 3대 저작이라는 것이 그것에 해당한다. 저술 연대순으로 보면, 인간이 무엇인가를 탐구하면서 참교육을 모색한 『탐구』(1798), 민중을 주요 대상으로 하는 교육의 이론과 실천의 전략을 담은 『게르트루트의 자녀 교육론』(1801), 그리고 정치와 교육과의 바람직한 관계의 정립을 모색한 『호소』(1815)다.

여기서 우리가 분석하고 평가하고자 하는 것은 그 중에서 둘째

에 해당하는 『게르트루트의 자녀 교육론』(Wie Gertrud ihre Kinder Lehrt)
이다. 이 저작은 원래 총 14통의 편지 형식을 빌어 슬기로운 농민의
아내인 게르트루트가 어린이를 여럿 거느린 어머니로 어떻게 그 자
녀들을 착하고 튼튼하고 쓸모 있고 인간답게 가르치고 있는가를 소
개하는 것이었는데, 실은 민중의 자녀를 그 주요 대상으로 하는 전인
적 기초 교육론이 되었다.

위의 세 대표작 중 하나를 뽑으라 하면 저자는 바로 이 저작을
서슴없이 뽑겠다. 왜냐하면 이 속에는 그의 교육 실천 과정, 그 속
에서 우러나온 국민 교육의 이론, 머리·몸·가슴의 세 분야에 걸치
는 삼육론, 그리고 이 '삼육' 중에서도 실은 가슴의 교육이 가장 중
요하다는 그의 '정서(도덕) 교육 우위론'을 남김없이 볼 수 있기 때문
이다. 이 저작은 우리나라에서도 이미 세 번 번역·출판되었다. 다
행한 일이다. 그러나 많이 팔렸다는 이야기는 듣지 못했다.

이 『게르트루트의 자녀 교육론』은 여러 종류의 페스탈로치 전
집 중에서도 가장 학문적이고 고증이 체계적으로 되어 있다는 점에
서 '비판판 전집'(Kritische Ausgabe)으로 불리는 전 29권의 저작 전집
제13권에 수록되어 있으며, 분량도 본문만으로 180면을 넘는 대작
이다. 이 저작에서 주장된 전인적 기초 교육의 원리들을 다섯으로
요약하여 살펴보자.

첫째는 '자연 교육'의 원리다. 페스탈로치의 눈에는, 당시의 학
교는 마치 3층으로 된 큰 가옥처럼 보였다. 맨 윗층의 현란한 가구
로 장식된 방에서는 극소수의 사람들이 이 세상의 온갖 부귀와 영
화를 누리고 있다. 가운데 층에는 근면하고 검소한 꽤 많은 사람들
이 성실한 생활을 하고 있다. 그런데 이 방 사람들은 위층으로 가
는 계단에 오를 생각을 감히 못 하고 있다. 올라가려 하면 위에 있
는 사람들이 사정없이 막고, 페스탈로치의 좀 심한 비유로는, 팔과

다리를 막 잘라 버린다. 맨 아래층에는 절대 다수를 점하는 가난한 사람들이 창하나 없는 어둡고 습기 찬 골방에 갇혀 바깥도 보지 못하면서 먹고 자기만 한다. 이렇게 그 당시 유럽의 학교는 가진 자는 가진 자대로, 없는 자는 없는 자대로 모든 인간을 비인간화(entmannen) 시키고 있다.

그러면 어떻게 해야 할 것인가. 페스탈로치는 이 타락한 문명의 틀과 굴레에서 어린이를 해방시켜 하나님이 주신 아름다운 자연의 모습으로 돌려주어야 한다고 역설한다.

둘째는 '수(數)·형(形)·어(語) 교수론'의 원리다. 이것은 오늘날의 표현으로는 산수·기하·국어의 세 교과에 대한 교육 방법의 원리라 할 것이다. 이 세 교과가 왜 지식 교육의 핵심 내용이 되어야 하는가. 이것들이 사물의 본질을 인식하는 기본 도구가 되기 때문이다. 왜인가? 우리는 사물을 볼 때 ① 몇 개인가 ② 어떤 꼴을 하고 있는가 ③ 어떤 이름이 붙어 있는가 하는 인식에서부터 출발하기 때문이다. 이것이 그의 '수·형·어(Zahl-Form-Wort) 교수 이론'의 근거다. 여기에서 말하는 '어'(Wort)는 원래 '단어'(이름)을 뜻하나 이에 그치지 않고 단어의 구조적 모임인 '언어'(Sprache)로 발전하고, 그래서 이것은 초등 교육 단계에서는 국어 교육만을 뜻하나 상급학교 단계에서는 외국어 교육으로 이어진다.

이 세 교과의 공통적인 교수 원리는 무엇인가. ① 가장 단순한 것부터 시작한다. ② 주요 개념을 철저하게 익힌다. ③ 개념들 사이의 연관성 학습을 철저히 한다. ④ 심리학적인 순차성과 계열성을 존중한다. ⑤ 직관력을 키우는 데에 궁극적인 목표를 둔다.

셋째는 '직관력 도야'의 원리다. 오늘날 교육은 참으로 어리석다. 직관이 교육 방법의 기초가 되어 있지 않고, 사물의 본질을 인식하려 하지 않으며, 개개의 교과가 서로 연관성 없게 다루어지고,

원리는 가르치지 않고 '부스러기 진리'만을 안겨 주며, 학습의 동기 부여가 없다. 민중의 교육에 대한 연구가 없고, 수업을 법칙적으로 진행시키지 못한다. 더욱이 인쇄술의 발달로 상류층과 하류층의 문화 사이에 격차가 생겨 상류층은 활자의 노예가 되고, 하류층은 그런 문화에서 상대적으로 더욱 소외된다. 이래서 교육은 비본질적인 것의 피상적·외형적 장식으로 전락하고 말았다. 이런 폐단을 극복하는 교육 방법은 무엇인가. 그 가운데 하나가 바로 직관력을 키워 주는 교육이다. 이것은 직관적 대상으로 교육하여 직관적으로 사물의 본질에 접근함으로써 사물의 본질을 올바르게 체험하고 이해하는 힘을 키워 주는 교육을 일컫는다. 이웃을 사랑해야 한다고 교과서에서 활자로 가르치기보다는, 따뜻한 빵을 친구와 나누어 먹게 함으로써 이웃을 가슴으로 느끼게 하는 방법이 그 한 보기가 될 것이다.

넷째는 '체험에 기초한 도덕·종교 교육'의 원리다. 민중 교육의 여러 방법론을 이렇게 다듬어 온 페스탈로치는 이제 이 저작의 결론 부분인 제13~14장에서 체험에 기초한 도덕·종교 교육의 원리를 다듬는다. 이 원리는 비단 이 분야에서의 원리로 귀중할 뿐 아니라 그의 일반적인 교육 방법의 원리를 가장 구체적으로, 또 가장 간결하게 드러낸다는 점에서 대단히 소중하다. 사실 그 자신도 이것을 자신의 전 교육 체계의 받침돌이라고 스스로 다짐하고 있다. 그 원리는 다음 다섯으로 분석·요약될 수 있다. 첫째, 하나님의 개념은 어머니와 자녀 사이의 사랑·신뢰·감사·믿음·순종·의무감 등에서 싹터 자란다. 둘째, 도덕 교육에는 이성적 접근과 정서적 접근의 두 방식이 있는데, 후자가 앞서야 한다. 셋째, 아이의 첫 걸음마가 귀하듯 어린이의 자율적 판단이 귀하다. 넷째, 도덕성은 개인적으로는 자기 완성, 사회적으로는 동포 구원, 즉 참여 의식을 키워 역사를 완성시킨다는 두 측면을 고루 갖추어야 한다. 다섯째, 종교의 자기 초월성의 인식이다. 종교는 자기를 초월한 절대자에 비추어 자기 완성, 인류 완성, 그리고 우주의 완성을 기해야 한다.

다섯째는 '교육의 인간화' 원리다. 모든 교육의 목적은 궁극적으로는 인간의 삶을 일깨워 주고, 개개인이 참인간이 되게 도와주는 데 있다. 특히 민중 교육의 경우 그들이 밥벌이나 잘하며 그것을 통해 생산에도 이바지하는 직업 교육이 강조되기 쉬운데, 페스탈로치는 이 같은 특정의 기능 중심적 직업 교육을 단호하게 거부하고 전인적 직업 교육을 주장한다. 그는 말한다. "직업 교육은 인간의 여러 능력을 일깨워 북돋우고, 각 개인의 처지나 능력, 여러 계층적 요구에 고루 알맞은 직업 능력으로 발전시키는 전인적 노동 교육이어야 한다"고.

4. 한국 교육에 던지는 다섯 가지 시사점

고전은 영원히 새롭다는 말이 있다. 『게르트루트의 자녀 교육론』이라는 교육 고전이 우리 한국의 교육에 특히 시사하는 것은 무엇인가.

첫째, 교육 방법론의 올바른 위상 정립이다. '교육 방법'이라면 특정 지식이나 기능을 가르치고 익히게 하는 기술 정도로 여기기 쉽다. 그러나 페스탈로치의 교육학 체계에서는 그것은 교육의 체계, 즉 이념·내용·방법·체제 안에서 올바른 자리를 차지한 인간 교육, 즉 전인 교육의 한 국면이다. 예를 들어 보자. 수학 교사는 수학을 잘 가르치는 기술자가 아니고 수학을 소재로 해서 인간을 가르치는 교사이어야 한다는 말이다.

둘째, 생활 교육의 이념과 방법의 모색이다. 생활 교육은 교육이 각자의 삶과 그 삶의 마당인 사회의 문제를 풀면서 발전을 이룩하는 삶의 교육을 말한다. 따라서 학습의 주체는 우선 학생이고, 교육은 삶의 개선을 위한 것이고, 그 방법은 학생이라는 하나의 인격에 알맞은 인간적인 것이어야 한다.

셋째, 일반 도야와 기초 도야의 중시다. 페스탈로치는 인간의 여러 능력을 고루 계발하는 일반 도야(Allgemeinbildung)와, 인간이 되려면 꼭 갖추어야 할 몇 가지 기본적 능력의 기초를 닦는 기초 도야(Elementarbildung), 이 두 가지를 중시했다. 아니, 일반 도야와 기초 도야가 아닌 교육은 진정한 교육이 아닌 것으로 여겼다.

넷째, 올바른 직업 교육에 대한 새로운 인식이다. 그것은 자기 적성에 맞는 직업을 갖는 데 필요한 기본 지식과 기술을 배우고 익히며 올바른 직업관과 노동관을 세우게 하는 교육이요, 또 이 사회가 앞으로 나아가야 할 방향을 점검하면서 자신들이 개척해야 할 미래에 대비할 능력과 기능을 익히는 일이다. 또 현재의 여러 산업계, 예를 들면 농업이나 공업의 전망과 이에 기초한 개선·발전책의 모색이다. 이것이 페스탈로치가 생각한 올바른 직업 교육이다.

끝으로, 체험의 세계를 중시하는 교육이다. 흔히 교육에는 세 차원이 있다고 한다. 행동적 차원, 인지적 차원, 정서적 차원이 그것이다. 이에 따라 각각 그 차원에 맞춘 교과나 교육 과정, 교육 방법이 마련되고 있다. 그런데 이 세 차원의 교육 중에서 인격 형성에 가장 중요하면서도 다루기가 어렵기에 소홀히 취급되고 있는 것이 정서적 차원의 교육이다. 페스탈로치는 이 차원의 교육의 기초는 어머니의 몫이라고 본다.

전인 교육의
방법

■■■

전 인 교 육 의 이 념 과 방 법

■■■

전인 교육의 7대 방법

1. 현대의 교육 개혁 동향

"시대는 사람을 부른다"는 말이 있다. 새로운 시대는 그 과제를 풀어 갈 예언자 같은 선지자를 불러 그로 하여금 그 짐을 지게 한다는 뜻이다. 이런 논리고 "새 시대는 새 교육을 부른다"는 말도 성립할 수 있으리라. 이 같은 선지자의 외침을 경청하고 그것을 교육을 통해 실현해야 한다.

20세기에 들어와 교육 개혁의 소리가 갑자기 높아졌다. 바로 이 새 시대의 요청에 의해서다. 그 새 시대가 어떤 사회인가는 지금까지 여러 번 여러 시각에서 진술해 왔기에 이 자리에서 다시 되풀이할 필요가 없다. 단, 이 새 시대의 많은 병폐들 중에서도 인간 소외 현상이, 또 이에 따라 교육의 비인간화 현상이 가장 큰 병폐라는 것만 확인하고 넘어가자. 한 마디로 이 새 시대의 교육 개혁 운동의 주요 표어는 인간 교육, 즉 전인 교육의 회복이었다.

세기 초의 교육 개혁 운동의 진원지는 독일과 미국이었다. 왜 영국은 없는가. 원래 보수적인데다가 아직도 대영제국에 해가 떨어지는 날이 없다는 제국주의를 내심 즐기고 있었기 때문이다. 그런데 독일은 바로 이 시기가 새 체제를 지향하는 격동기였고, 또 하나, 독일인들의 순수하고 낭만적이고 이상 지향적인 기질 때문이기도 하다. 그러면 왜 미국인가. 미국은 원래 역사가 짧아 전통이 그렇게 무겁지 않고 원래 진취적이어서 새것을 좋아하기 때문이다. 중국과 일본은 왜 없는가. 중국은 반식민지 상태에서 서구의 문물이나 제도를 도입하는 데 바빴고, 일본은 영국처럼 제국주의 전성기여서 새 시대나 새 교육에의 요청 따위가 아직 없었기 때문이다.

교육 개혁 운동의 진원지는 이래서 독일과 미국일 수밖에 없었다. 동명이곡이라, 이 두 나라의 교육 개혁 구호도 말은 조금씩 다르나 내용은 거의 같았다.

우선 독일에서 보자. 그 구호들은 지식 중심의 교육 과정과 기술 중심의 교육 방법 쇄신, 인격을 기르는 교육과 교과서를 가르치는 수업과의 분리·분열 현상 극복, 새로운 사회에 부응하는 교육의 모색, 권위적인 학교 경영 체제의 민주화, 그리고 무엇보다도 학생 개개인의 개성 실현과 인격적 각성 등이었다. 이것은 헤르만 리이츠의 전원 학사 운동, 파울 게헤프의 생활 협동 학교 운동, 페터 페터젠의 예나 대학 부속실험학교 운동(학부모와 교사와의 밀접한 유대·협력 체제), 그리고 근로자 계층의 자녀들에게 인간성 존중의 교육을 안겨 주는 발도르프 학교 운동으로 이어진다. 그러다가 히틀러의 등장으로 거의 사라졌다가 제2차 대전이 끝난 후에 다시 부활한다.

미국은 개혁 운동이 진보주의 운동 한 가닥으로 모아졌다. 그래서 1918년에 결성된 진보주의 교육 협회의 강령만으로도 그 기본 동향을 알 수 있다. 그 강령 7조는 이렇다.

① 학생은 외적 권위에 의하지 않고 자신의 필요에 의해서 자연스럽게 발달할 자유를 누려야 한다.
② 모든 학습과 활동의 동기는 흥미와 욕구의 충족이 되어야 한다.
③ 교사는 학생의 활동을 고무하고, 적절한 정보를 제공하는 안내자가 되어야 한다.
④ 학생의 평가는 학과에 대한 평가뿐이 아니고, 학생의 신체·지성·덕성·사회성을 포함하는 것으로서 학생의 발달과 지도에 도움이 되는 것이어야 한다.
⑤ 가장 중시되어야 할 것은 학생의 건강이며, 따라서 학교의 시설·환경·인적 조건은 건전해야 한다.
⑥ 학교는 학부모와 긴밀한 협조 관계를 유지하면서 학생의 교육에 힘써야 한다.
⑦ 진보주의 학교는 좋은 전통 위에다 새것을 담는 실험학교로서 교육 개혁 운동의 중핵이 되어야 한다.

다 옳은 말이다. 독일의 여러 교육 개혁 논리를 다 담아 놓은 것 같다. 그런데 미국은 진보주의 교육 운동의 지나친 독주로, 얼마 안 가서 오히려 '반진보주의' 교육 운동, 즉 본질주의, 영원주의, 재건주의 등이 일어났다. "지나침은 모자람만 못하다"던가.

다음은 현대 교육 개혁에 큰 영향을 준 대안·실험학교들을 들고, 그 전인 교육의 방법을 각각 하나로 요약하고 그것을 세 개씩의 하위 개념으로 나누어 본 것이다.

2. 전인 교육의 7대 방법

(1) 어린이 집의 자주적 감각 계발 교육

'몬테소리'하면 다락방 같은 유치원, 그 속의 어린이 교구를 연상할 정도로 몬테소리 유치원은 거리마다 있고 그 교육 방법도 종래의 유치원과 다르다는 생각이 널리 퍼져 있다. 그런데 이 같은 인상은 실은 긍정적인 면도 있고, 부정적인 면도 있다. 산더미같이 많은 정밀한 교구를 가지고 혼자서 작업하며 배우는 자주 학습은 긍정적이지만, 어떻게 보면 바로 이것이 친구와의 유희(놀이)나 생활 교육을 경시하여 부정적일 수도 있다. 이 '어린이 집'(Casa dei Bambini)은 이탈리아 최초의 여의사인 몬테소리(Maria Montessori 1870~1952)가 빈민층 가정의 어린이들, 그 가운데에서도 특히 정신박약아의 감각 계발 교육 기관으로 1907년 로마의 빈민촌에 세운 유치원이며 동시에 빈민 아동의 전인 교육 기관이다.

▶ 감각 교육

몬테소리 교육 사상의 핵심적인 원리는 자율 교육(자주 교육 auto-education이라고도 한다)이다. 정교하게 작성된 교구로 혼자서 작업하면서 시각·청각·후각·촉각 등을 훈련·계발·도야한다. 지능이 모자라거나 문화적 환경에서 뒤지는 빈민층 자녀들에게는 문자나 개념에 의한 학습보다 이 방법이 효과적이다. 그래서 이 방법으로 정상인 정도의 학습 결과를 얻어 보람과 자신감을 갖게 해 준다.

▶ 자율 교육

교육 방법에는 어린이의 학습의 자유, 어린이의 발달 과정이나 교구 등 교육적 환경을 총칭하는 구조, 이 두 가지 요인이 중요하다. 어느 것이 더 중요한가. 이것은 닭이 먼저냐, 알이 먼저냐와 같은 어리석은 질문이다. 이 둘이 잘 맞물리는 것이 작업이다. 교구는 바로 그 소재다. "행복한 삶의 비결은 신나는 작업이다." 어린이는 자율적 작업으로 창조하면서 행복을 느껴야 한다.

▶ **자연 교육**

프뢰벨은 자연 교육으로 생명 외경 교육을, 몬테소리는 교구 교육으로 감각 기능 교육을 중시한다고 2분법적으로 비교하는 사람도 있는데 이것은 큰 잘못이다. 몬테소리의 대표작 『몬테소리 방법』의 제10장은 바로 이 자연 교육이다. 어린이는 흙도 일구고 동물이나 식물을 돌보면서 자연을 배우는데, 이 가운데서 가장 값진 것이 자기가 파낸 흙 속의 뭇 생명을 보고 생명에 외경을 느끼는 것이란다.

(2) 발도르프 학교의 영혼에 눈뜨는 교육

'인지학'(人智學, Anthroposophie)에 근거해서 슈타이너(Rudolf Steiner 1861~1925)가 담배 공장 사장의 재정 지원으로 노동자의 자녀들을 위해 슈트트가르트 근교의 발도르프에 1919년에 세운 발도르프 학교는, 1994년 독일에서만 150여 개교, 유럽·미주·아시아 등 세계 50여 개국에 640여 개교나 된다. 그런데 발도르프 학교가 이렇게 많아진 것은 그 교육을 뒷받침하는 종교적 분위기 때문이다.

영혼의 눈을 여는 교육으로 우리 동양 사람들은 눈을 육안(肉眼), 심안(心眼), 영안(靈眼)의 세 단계로 구분한다. 교육이란 무엇인가. 육안과 심안 단계를 착실히 거친 다음 초감각적 영혼의 눈, 곧 영안을 열어 주는, 적어도 그런 세계가 있다는 것을 직관시키는 단계에까지 가야 한다. 이것이 발도르프 학교의 인지학적 사상에 근거한 교육의 기본 입장이며 교육 방법의 원리다.

그러면 그 인지학이란 무엇인가. 인간의 본질은 광물적인 물리적 신체, 성장·번식 등을 하는 생명체, 의식·기쁨 등을 지니는 감정체, 그리고 타인과 구별되는 결정적인 것을 갖는 자아체의 네 요소로 구성되어 있다는 사상이다. 또 인간의 본질은 육체, 영혼, 정신의 3원으로 된다고도 했다. 어떻든, 교육은 좀 더 높은 단계의 세계에 대한 눈을 열어 주고 더욱 높은 가치의 세계를 지향케 하는, 동양의 언어로는 '영혼의 눈'을 여는 일이다.

▶ 발달 단계 존중 교육

각 발달 단계에 맞는 교육을 말한다. 예를 들면, 신체적 발달 단계인 3살 정도의 어린이라면 진흙을 가지고 노는 흙장난 자체가 교육이다. 이 시기는 특히 단순한 자연물, 예를 들면 조개, 밤, 돌, 솔방울 등으로 놀면서 공부해야 한다. 위의 4단계는 각 7년씩이다. 각 단계에 알맞은 교재와 교육 방법이 안겨져야 한다. 뛰어넘는 것은 설익는 것으로 절대 금물이다.

▶ 자주 교육

교장이 없는 학교가 이상적이다. 왜냐하면 이 경우는 모든 교사, 모든 학생, 모든 학부모가 다 교육의 주체로서 책임과 자유를 누릴 수 있기 때문이다. 실제로 발도르프 학교 교사들은 교육 내용이나 방법을 자유로이 결정하고, 학생들은 관심 주제를 매일 두 시간씩 한 달 가량 집중적으로 공부하는 '에포크 수업'(Epochen unterricht)을 받을 수 있다. 물론 통지표, 숙제, 낙제도 없다!

(3) 서머힐의 자유 교육

서머힐은, 스코틀랜드 태생이지만 주로 영국에서 교육 개혁 운동을 전개한 니일(A. S. Neill 1833~1923)에 의해 1924년 영국의 돌세트 지방의 라임 레기스에 세워졌고, 학생 수 증가로 서포크 지역의 레스턴에 이주하여 현재에 이르고 있다. 예나 지금이나 학생 수는 80명 전후를, 그리고 초등학교에서 고등학교 단계의 모든 연령층을 학년 구별 없이 교육하고 있다. "자유는 사랑을 키워 평화를 낳는데, 억압은 미움을 키워 싸움을 낳는다"는 사상으로, 어린이의 자유를 최대한으로 존중하고, 어린이가 교육의 주체가 되어 자기 실현을 하게 돕는다.

▶ 심리적 지도

억압이나 규제로부터 해방됨으로써 어린이의 바람직하지 못한 행동을 바로잡게 도와준다. 이 같은 프로이트 심리학 발상의 도입으로 큰 성공을 거두었다. 어느 7살짜리 아이가 화장실(수세식)에만 흥미를 가지고 몰래 훔쳐보곤 했다. 성에 대한 무의식적 관심이다. 그래서 화장실에 하루 종일 마음대로 있게 해서 실컷 보게 했다. 그랬더니 깨끗하게 낫고 명랑해지더란다.

▶ 자율 학습

교과서도, 그리고 시험도 출석부도 숙제도 없는 학교다. 그래서 아이들은 철저하게 학습의 자유를 누리며, 자기가 하고 싶을 때, 하고 싶은 공부만을 해 나간다. 한 주제만으로 며칠 계속해도 좋다. 출석 자유도 그렇다. 일주일은 약과이고 한 달 두 달을 놀아 대는 아이들도 있다. 그러다가 어느 날 '나도 이제 공부도 하고 싶다'고 정신이 퍼뜩 나면 그때부터는 정말 정신없이 공부를 해대어 수업 결손을 순식간에 보충한다고 한다.

▶ 자치 생활

학원 안의 모든 일을 온 학원 가족이 평등하게 참여해서 결정해 가는 자유·자율·자치적 학교생활이 이상이다. 그래서 학교의 생활 규칙을 개정하거나 폐지하는 전체 회의(자치회)가 자주 열린다.

이곳에서는 교장인 니일도 단 한 표요 7살짜리 꼬마도 한 표로 완전히 평등하다. "청소 따위 하지 말자"가 가결되었으나 일주일 후에 "냄새 때문에 못 견디겠다. 역시 청소는 필요하다"고 다시 개정하더란다.

(4) 비콘·힐 학원의 평화 교육

버트란드 러셀(Bertrand Russell 1872~1970)은 20세기의 지성과 양심을 대표하는 시대의 예언자요, 문명 비평가로 꼽히고 있다. 해가 떨어지는 날이 없던 대영제국의 재상의 손자로 태어난 그는 그 대영제국의 죄악상을, 그 절대적 국가 권력에 지배·종속되어 있는 공교육의 비리를 냉철하게 비판하는 데 그치지 않고, 이 공교육에 항거하여 자기 두 자녀를 위해 1927년 비콘·힐에 사재를 털어 사립학교를 세워 경영까지 한 교육 사상가이기도 했다.

그의 교육학적 두 주저 『교육에 대하여』(1926), 『교육과 사회 체제』(1932)는 참으로 예언적 전인 교육론이다. 그는 교육의 목적을, 덕성을 고루 지닌 인간을 키워내 세계의 평화를 이룩하는 것으로 삼았다. 그가 1950년에 노벨 문학상을 탄 것도 이 같은 교육활동과 핵금지 평화 운동에 대한 공로 때문이다. 원래 성격상 '평화상'감인데 '반기독교'적 사상가라서 문학상으로 돌렸단다.

▶ 개성 교육

개성과 시민성은 인간성의 두 극이라 할 수 있다. 그런데 오늘날 국가가 독점·지배하는 공교육에서는 이 가운데 시민성 교육, 곧 국가와 그 지배 계급에 유리한 신조나 행동 양식에 잘 따르도록 길들이는 교육에 치중하고 있다. 그래서 개성을 키우는 교육은 공교육 밖으로 뛰쳐나갈 수밖에 없다. 개성과 시민성의 조화로운 공존은 제국주의 체제와 그 교육에서는 기할 수 없기 때문이다.

▶ 자유 교육

교육은 셋이다. 느긋하게 성장의 기회를 제공하면서 나쁜 영향으로부터 보호만 해 주는 소극 교육(자유 교육), 문화로 도야하여 문화를 발전시키는 문화 교육, 유용한 시민을 만드는 시민 교육이 그것이다. 그런데 이 셋 가운데에서 가장 귀한 것이 자유 교육이다. 그 이유는 둘이다. 자유는 사랑을 키워 주고 억압은 증오를 낳기 때문이요, 자유는 지적 호기심을 환기하고 억압은 그것을 말살하기 때문이다.

▶ 평화 교육

기독교나 기독교 문화만이 올바른 종교요 앞선 문화라는 제국주의적·침략주의적·독선주의적 사고 방식과 그것을 합리화해 온 국수주의 교육을 지양하고 모든 종교와 그 문화를 이해하고 존중하는 평화 교육이 긴요하다. 그러기 위해서는 교육 목적을, 삶을 즐기는 생동성, 자기 양심에 따라 행동하는 용기, 이웃과 즐거움과 괴로움을 같이 나누는 감수성, 그리고 지식을 합리적 방법으로 얻는 지성, 이 네 덕을 갖추는 데 두어야 한다.

(5) 향촌 사범학교의 해방 교육

중국은 85%의 인구를 점하는 농민의 교육을 위해 농촌 각지에 향촌 사범학교를 세워야 하며, 이곳에서 중국을 그 피식민·반식민의 굴레에서 해방시키는 위대한 평민들을 양성해야 한다는 생각에서 다오셍지(陶行知, 1891~1946)는 1927년 남경의 교외에다 효장(曉莊) 사범학교를 세웠다. 관립 사범학교 출신들은 농촌에 들어가지도 않으려니와 그들이 받은 교육학이 중국의 역사와 토양에 맞지 않으며 또 민족에 대한 사랑도 적기 때문이라 한다. 이 효장 사범학교는 그가 세운 많은 향촌학교와 민중학교, 곧 산해공학단(山海工學團), 부녀공학단, 아동공학단, 육재학교, 사회대학 등의 모형이 된다. 일찍 미국에 유학 가서 저 유명한 새 교육철학자 듀이 밑에서 공부한 그는 이래서 중국의 민중 교육 이론가요 실천가로 추앙받고 있다.

▶ 민족 해방 교육

"비록 지금은 외국의 지배에 있지만 교육만 잘하면 언젠가는 독립을 얻을 수 있으니, 지금은 교육에만 전념하자"는 선교육 후독립의 논리는 아주 잘못이다. 민족의 생명이 외국의 지배에 있는데 어찌 교육의 생명이 온전하겠는가. 그러니 교육의 생명을 민족의 생명에서 찾는 선민족 후교육의 국난 해결 교육으로 민족 해방을 이룩하자! 이것이 이데올로기보다 겨레를 앞세우는 그의 민족 해방 교육 논리다.

▶ 문화 해방 교육

문화에는 서적·신문·연극·영화·학교 교육·사회 교육·민중운동·전문적 학술 연구가 포함된다. 그런데 이 문화가 현재 소중(小衆)에 의해 독점·지배되고 있어 민중의 것이 못 되고 있다. 그러니 문화를 원래 그것을 창조한 대중의 것으로 해방시켜 이 대중이 문화를 즐기고, 그것으로 또 민족의 생명인 문화를 발전시키게 해야 한다. 문화는 삶과 겨레의 장식품이 아니고 그 해방을 기하는 무기가 되어야만 한다.

▶ 아동의 창조력 해방

아동의 창조력을 계발하기 위해서는 어린이가 다음 다섯 가지 해방을 이룩해야 한다. 과거의 인습·미신·선입관으로부터의 해방(머리), 묶여서 글자만 배우고 있는 상태에서의 신체의 해방(양손), 질문이나 대화가 없는 교육에서의 입의 해방, 큰 자연, 큰 사회와 담

을 쌓고 있는 상태에서의 공간의 해방, 그리고 시간표, 시험, 성적
표로부터의 해방(시간)의 다섯 가지 해방이다.

(6) 다마가와 학원의 전인 교육

다마가와 학원(玉川學園)은 페스탈로치 연구가요, 교육 개혁 창도
자요, 현대 일본의 교육을 대표하는 위대한 교사 오바라 구니요시
(小原國芳, 1887~1977)에 의해 전인 교육을 표방하고, 1929년 동경 교
외의 다마가와라는 곳에 창설되었다. 오바라는 원래 히로시마 고등
사범학교와 쿄토 제국대학 철학과를 나온 엘리트로 일류대학 교수
나 교육 관료의 길이 보장되는 사람인데도 입시 준비 위주의 '반쪽
교육'에 망국의 징후를 느끼고 초등학교 교사로 부임해서 세상을
놀라게 한 예언적 교사이기도 하다. 그러나 현재의 다마가와 학원
은 명문학교로 발전하여 초창기의 정신은 다소 희석됐지만 '전인
교육'의 이념과 방식은 잘 견지되고 있다.

▶ 전인 교육(6방면 교육)

일본인들은 '전인 교육'하면 오바라, '오바라'하면 전인 교육을
연상한다. 이 전인 교육은 6방면 교육의 통일을 말한다. 진·선·미
·성·건·부의 여섯 가닥 교육을 고루 해야 비로소 '온전한 인간'이
된다는 것이다. 이것을 학문·도덕·예능·종교·건강·경제 교육이
라고도 한다. 단 경제 교육은 '돈을 버는 교육이 아니고 돈을 이기
는 교육'이란다.

▶ 자학 자율 교육

학생 각자가 흥미를 느끼는 논제를 계속적으로 공부하게 도와
주는 자주적 학습이 권장된다. 오바라의 표현으로는 '자학 자율'이
다. 이러한 교육에는 필연적으로 개성 존중 교육, 노작 교육, 창조

성 교육, 체험 교육이 더불어 간다. 교실 앞 화단에 각자 물을 주고 벌레를 잡아 주고 잡초를 뽑아 줄 수 있는 꽃 몇 포기를 갖게 해서 체험에 와 닿는 교과 교육, 도덕 교육, 종교 교육으로 이어지게 한다.

▶ 일관 교육

전인 교육은 특히 일관되게 이루어져야 한다. 학교 단계별로 끝나버릴 수 없다. 그래서 유치원·초등학교·중학교·고등학교·대학교를 한 울타리에 다 세우고 유치원에서 대학에 이르기까지 전인 교육이 이어지게 한다. 다마가와 학원 졸업생은 그 상급학교에 계속 진학하도록 권장되고 입학생 전형에도 많은 가산점이 주어진다. 또 이렇게 각급 학교장들의 권리가 보장되어 있다. 건학 정신의 존중이다.

(7) 풀무학원의 평민 교육

풀무학원은 민족 사학 오산학교의 이승훈·유영모, 민족적·민중적·토착적 기독교를 주장한 '무교회 기독교'의 신앙 동지 김교신·함석헌, 그리고 이 '무교회' 안에서도 농촌 운동에 특히 관심이 많았던 송두용·류달영 등의 정신적 유산과 지원으로 이찬갑(1904~1974)에 의해 1958년 충남 홍성군 홍동면 팔괘리에 '위대한 평민'의 교육을 표어로 세워졌다. 처음에는 중학교에도 가지 못하는 농촌의 자녀들을 주요 대상으로 하는 공민학교로 출발했으나, 지금은 농업 고등 기술학교로 발전하여 고등학교 과정만 1개 학년 1개 반, 전교생 80명 규모로 농촌에 뿌리박고 자연·유기 농법 기술, 생활화된 믿음 등을 바탕으로 보람 있게 사는 농민을 키워 내고 있다.

▶ 농촌 갱생 교육

농촌은 우리 겨레 문화 계승·발전의 온상이다. 이 농촌을 살려 내기 위해서는 자연·유기 농법을 익혀야 하며, 그것으로 농촌을 살리는데 보람을 느끼는 확고한 신앙과 삶의 자세를 굳혀야 한다. 온실에서, 축사에서, 논과 밭에서 일하면서 배우고 배우면서 일하는 노작 교육은 이래서 생산 기술을 익히는 방법 수준의 훈련에 그치지 않고 삶의 자세를 가다듬는 도덕 교육이다.

▶ 지역 사회 협동 교육

지역 사회의 과제를 교육의 과제로 끌어들이며, 지역 사회와 밀접한 관련을 유지하고, 학교와 지역 사회가 더불어 발전하는 협동 교육이 중시된다. 그래서 이 학원 졸업생들을 중심으로 하는 협동조합, 유치원, 농산품 공장, 그리고 지역 신문사까지 경영된다. 홍성 군민을 대상으로 하는 『홍성 신문』은 우리나라에서 드물게 성공한 귀한 지방 신문이라 한다.

▶ 종교 교육

토박이 지역 출신을 제외하고 전원 기숙사에 수용하여 아침저녁 생활을 같이 하며 만남과 믿음과 삶을 다지고 굳힌다. 성경 공부는 필수다. 그러나 직업적인 목사, 곧 교목은 없다. 모든 선생님들이 돌아가면서 믿음을 간증하고, 인생에서 가장 소중한 것이 실은 종교라는 것을 보여 준다. 단 그 종교는 특정 종파, 특정 종교, 특정 교리에의 예속을 거부하는 독립 종교다.

3. 전인 교육의 원리와 방법

앞에서 살펴 본 전인 교육 방법에 공통적인 것이 있다. 그것을 추려 보면 다음 다섯 가지 정도가 되리라.

첫째는 전인 교육의 조기 도입이다. 유치원에서부터 시작되어야 한다는 것이다. 우리는 보통, 전인 교육은 일종의 도덕·윤리 교육이므로 철이 드는 시기 혹은 인격 감각이 싹트는 시기부터, 보통은 고등학교에서부터 시작되어야 한다고 여기기 쉬운데, 이것은 큰 잘못이다. 어린이에게도 사랑, 명예, 인격의 감각 등이 엄연히 있기 때문이다.

둘째는 협동생활이다. 학원의 온 식구 ─교장, 교사, 학생, 학부모 그리고 교직원 가족─ 들이 한 울타리에서 생활하며 서로 가르치고 서로 배우면서 올바른 삶을 보여 주며 설계한다. 우리는 더불어 살아야 할 존재라는 것, 이것을 협동생활로 익히는 것이다. 그래서 대개는 전원 기숙사제요, 통지표 따위의 경쟁 교육 잔재가 없어진다.

셋째는 문명 비판 교육이다. 이 시대의 문명은 분명 잘못 가고 있는, 정의롭지 못하고 평화롭지 못한 그릇된 체제의 문명이다. 우리는 이 문명에 매몰되지 말고 용감하게 탈출해서, 우리 인간성에 알맞은 문화를 창출하는 '전투기지'를 마련해야 한다. 대충 이런 논리가 그 속에 담겨져 있다. "호랑이에게 물려 가도 정신 차리면 산다"했다. 이렇게 정신 차리게 하는 교육이다. 올바른 인생관이나 문명관을 지니게 한다는 뜻에서 독일에서는 이것을 '세계관 교육'이라고도 한다.

넷째는 체험 교육이다. 생활의 문제를 풀기 위해, 생활을 소재로 하는 생활 교육도 물론 중시하지만 이 단계를 훨씬 넘는 체험의 교육이 더 중시된다. 심지어는 '영험'(靈驗)의 경지까지도 부추긴다. 눈에 육안, 심안, 영안의 세 차원이 있듯이 인식의 심도에도 경험, 체험, 영험의 세 차원이 있다.

　다섯째는 만남에 의한 사제 동행이다. 인격과 만나고 진리와 만나 학원의 온 식구가 같은 길을 걷는 것을 말한다. 동양적인 표현으로는 교학상장(教學相長)이라고도 해서, 교사와 학생이 서로 배워 성숙해간다 했다. 서양적인 표현으로는 교육의 진리 공동 생산성이다. 교사와 학생이 인격과 사상의 교환으로 한 단계 높은 진리의 길을 같이 연다는 뜻이다.

삶의 오리엔테이션 교육

강남 지역의 향락 산업 실태가 연일 일간 신문의 특집으로 다루어지고 있다. 우리를 특히 놀라게 하는 것은 그 규모가 아니고 그 존재 이유에 대한 변명들이다. 이것도 국민 경제의 일환인 산업의 하나라는 점은 이해할 수도 있다. 그러나 그들의 말대로 '흔들어야만 돌아간다'는 식의 강변에는 소름이 끼친다.

'흔들어야 돌아간다.' 이 말에는 두 가지 뜻이 담겨져 있다. 하나는 돈 있는 사람들이 이렇게 흥청망청 뿌려 주어야만 이 불경기 시대에 그래도 경기가 도는 것 아닌가 하는 뜻이 있고, 또 하나는 이 세상이 너무 재미없다, 몸을 비틀고 흔들 때만 겨우 삶의 즐거움을 느낄 수 있다는 뜻이다. 첫째의 뜻은 우리 교사들로서는 너무 어렵고 전문 분야 밖의 일이기에 할 말이 별로 없다. 그러나 둘째의 뜻은 바로 우리들 교사의 피부로 와 닿는 것이다. 그것은 삶의 재미를 '흔드는 것'으로밖에 확인하지 못하는 우리 청소년의 모습을

3_전인 교육의 방법 173

우리 교육 현장에서 늘 보고 있기 때문이다.

한 마디로, 이런 그릇된 현실은 우리 교육이 그 사이 삶의 오리엔테이션을 하는 종교 교육, 또는 종교적 감각 도야를 너무 소홀히 했기 때문에 생긴 것이다. 이런 현실을 야기 시킨 요인이 어찌 이것 뿐이겠는가마는, 그러나 모든 요인 중에서 가장 큰 것이 실은 '삶의 오리엔테이션 교육의 결핍'에 있으리라는게 우리의 확신이다.

종교란 무엇인가? 우리는 이것을 적어도 몇 가지 단계로 나누어 그 뜻을 밝힐 수 있다.

첫째는 공포로부터의 도피다. 인간은 나약한 존재이기에 자기가 당하고 있는 재앙을 누군가 절대자의 노여움의 결과로 보고 그 절대자의 노여움을 풀기 위해 제사를 드린다.

둘째는 자연에 대한 외경이다. 자연 만물에 인간처럼 영혼이 깃든다. 이 자연과 인간이 서로 마음을 주고받아 하나의 큰 생명으로 공생공영 하자는 것이다.

셋째는 세속적 욕망의 충족을 기리는 기복이다. 어려운 사람, 괴로운 사람, 약한 사람일수록 종교에 심취하는 현상이 이것을 여실히 말한다.

넷째는 내세의 안락한 생활에 대한 소망이다. 천국이라든가 지옥이라든가 하는 개념들로 짜여진 종교가 바로 이 단계다.

다섯째는 마음의 평화다. 자기 삶을 커다란 우주 운행의 하나의 필연적인 연쇄로 보고 자기 삶을 버림으로써 평화로운 마음을 찾게 되는 단계다.

여섯째는 최고 가치에 대한 동경이다. 좀 더 구체적으로 말하면 진·선·미를 다 담고 동시에 그것에 의미를 부여하는 성스러움의 추구다. 이 성스러움의 경지의 추구야말로 철학과 종교를 구분하는 특질이라 할 수 있다.

일곱째는 각자의 삶의 의미, 존재 이유의 확인이다. 이 삶은 어디에서 비롯하며, 무엇 때문에 살고 또 죽은 다음에 어디로 가는 것인가? 바로 이 물음에 대답하는 단계다.

그리고 여덟 번째는 이웃, 역사, 나의 삼자 사이의 바람직한 관계 정립이다.

종교의 뜻을 이렇게 여덟 단계로 분석한다면 처음 네 가지는 하등 종교, 그리고 다음 네 가지는 고등 종교의 특질이다. 우리나라는 종교 국가란 말도 있다. 종교가 많고, 종교 신자가 많은 데서 나온 말일 것이다.

그러나 과연 우리 한국인의 종교가 이 고등 종교인가 하는 데는 의문이 많다. 열 집 건너에 절이 하나씩 있었다는 고려기의 불교가 어떻게 조선조 시대에 들어와서는 유교로 하루아침에 둔갑하였고, 개화기가 되자 어떻게 하루아침에 그렇게 기독교 일색이 될 수 있었던가? 그것은 우리가 올바른 고등 종교를 갖지 못했기 때문이다. 이 말은 우리가 종교를 고등 종교적 차원에서 믿지 못했다는 말이다. 저자는 우리 현실의 정신적 혼란상의 근본 원인도 여기에 있다고 확신한다.

우리 개개인이 올바른 삶을 이룩하기 위하여 가장 시급하게, 그리고 진지하게 생각해야 할 것은 실은 종교다. 특정 종교를 믿어야 한다는 말이 아니다. 고등 종교적 차원에서 각자가 특정 종교를 믿거나, 고등 종교적 차원에서 각자가 삶의 문제를 생각해야 한다는 말이다. 그 단적인 증거를 하나 대자. 유럽에서의 평균 이혼율은 1/4인데, 부부가 비교적 규칙적으로 성경을 읽을 경우는 이혼율이 1/57, 그리고 매일 읽을 경우에는 1/500이라 한다.

향락 산업의 광태는 종교적 감각의 결핍과 올바른 삶의 자세의 미정립에서 오는 필연의 산물이다. 이 현실을 어떻게 극복해야 할 것인가? 저자는 이에 대해 두 가지 처방이 있다고 생각한다.

첫째, 종교 교단이 지니고 있는 재산을 사회에 환원시키자. 불교이건 기독교이건 종단, 교단으로서 종권과 막대한 재산을 지닐 때 그것은 필연적으로 체제화되고 타락한다. 그래서 교단, 종단의 타락은 그 해당 종교의 타락을 가져올 뿐 아니라, 종교에 대한 국민의 염증을 유발하여 결과적으로는 국민의 정신생활을 좀먹는다. 이상적인 신앙생활은 교단, 종단을 거치지 않고 각자가 성경, 경전을 직접 읽는 믿음의 생활화다.

둘째, 종교적 내용을 각급 학교의 교과 과정에 초교파적으로 도입하는 일이다. 종교적 내용이란 한 마디로 '삶의 오리엔테이션'을 기하는 것이면 된다. 이것이 법적인 제약 때문에 어렵다면 잠재적 교육 과정이나 특별활동 형식으로라도 권장되어야 한다.

노작 교육과 인간 교육

친구 사이에 의리도 없고, 학습에 의욕도 없고, 선생님이나 부모님에게 반항만 하는 문제아들을 어떻게 지도할 것인가? 생각하다 못해 이들만 모아 여름 방학에 농촌에 데려다가 보름 동안 고된 일을 시켜 보았다. 그랬더니 이들이 몰라보게 달라졌다 한다. 친구 사이에 협동심이 생기고, 학교 공부가 왜 필요한가를 스스로 자각하고, 물건이 얼마나 귀한 것인가는 물론이요, 선생님이나 부모님의 은공까지도 알게 되었다 한다.

이런 이야기를 어느 교육 잡지에서 읽고 나는 페스탈로치의 노작 교육의 이념 ―일하면서 배우고, 배우면서 일한다(arbeitend lernen und lernend arbeiten)― 을 생각했다. 일이란 인간에게 이렇게 소중한 것이며, 교육에 이렇게 큰 효과를 나타낸다. 그런데 우리는 이 '일'을 교과 과정에서 추방해 버렸다. 그 결과 무엇이 남았는가? 머릿속에서만 맴도는 공허한 지식, 그리고 소비·소유만을 행복의 척도로 아는 물질 만능 풍조만이다.

일본에 초일류 고교가 둘 있다 한다. 하나는 동경대학에 100여 명이나 입학생을 보내는 동경 도립 히비야고교이고 또 하나는 오지 중의 오지 야마가다 현에서도 산 속에 박힌 전교생 80명도 안 되는 기독교독립학원이라 한다. 왜 후자를 일류 고교로 치는가? 그것은 '인간 교육'을 하는 곳이기 때문이다. 전교생이 1·2·3학년 합쳐 겨 우 80명인 이 작은 학교의 교육 방침은 무엇인가?

첫째는 종교 교육이다. 이 학원에는 교목(校牧)이 따로 없고 모 든 교사가 종교 교사이며 그들의 생활 자체가 종교적이다. 24시간 온 하루가 학생들에게 산 종교를 보여 준다. 이 학원의 교사와 학 생들은 숲에서, 논에서, 밭에서 일하면서 배우고, 자기들이 땀흘려 생산한 일용할 양식에 감사하면서 먹으며, 웬만한 교사·축사·실험 실은 자기네들 손으로 짓는다. 굳이 생활 교육이 따로 없다. 하루의 노동이 그대로 생활 교육이 되는 것이다.

80세가 넘은 이 학교 노교장의 학교 운영 방식 또한 특이하다. 우선 학교의 규모를 확장하지 않는 일이다. 이 학원의 '인간 교육' 을 흠모하여 일본 전국에서 입학 지원생이 쇄도한다. 그러나 딱 잘 라 버린다. 교장이 학생 하나하나의 이름·성격·가정 배경·특기를 알지 못하고는 참교육이 안 된다는 것이다. 한 사람이 이렇게 알 수 있는 인원은 자신의 경험으로 80명이 최대 인원이라는 것이다.

둘째는 노작 교육이다. 땀을 흘리지 않고서는 사람이 될 수 없 다 한다. 노동을 함으로써 대자연의 아름다움, 생산품에 대한 애착, 노동의 귀함, 그리고 직업이 단순히 돈을 벌기 위한 것이 아니고 개성을 실현하며 이웃에 봉사하는 것임을 알게 된다.

셋째는 협동생활이다. '너와 나'와의 인간적인 '만남'이 없는 교 육은 온통 헛것이다. 만남을 안겨 주기 위해서는 공동의 생활의 장이 필요하다. 그래서 이 학원은 그 동네 출신 몇을 제외하고는 기숙사에 학생을 전원 수용한다. 교장은 물론이요, 교사·직원까지 한 울타리에서 살며, 교직원 자녀도 이 학원에 다 보낸다.

이 학원은 입시 준비를 별도로 시키지 않는다. 그러나 희망하는 학생들은 웬만한 대학에 합격할 수 있다. 이런 보잘 것 없는 학원이 왜 초일류라고들 야단인가? 인간을 길러 내 주기 때문이다. 인간이 되어 있기에 일류 회사에서 서로 뽑아 가려고 야단이다. 써 보니까 좋아서란다. 성실하고 근면하고 건실하면서도 창의성이 뛰어나 곧 두각을 나타낸단다.

인간이 된다 함은 무엇인가? 남을 존중하고 남의 일을 내 일처럼 여기며 남의 고통을 내 고통으로 여기는 사람다움을 말하는 것이 아닐까. 예수에게 어느 사람이 물었다. "이웃, 이웃 하시는데, 도대체 당신이 말하는 이웃이란 누구를 말하는 겁니까?" 예수의 대답은 참으로 걸작이었다. "지금 너를 가장 필요로 하는 사람이 바로 네 이웃이다."

그렇다. 이 학원은 노작 교육을 통해 바로 이 이웃을 발견하게 하고 있는 것이다. 그러기에 돈 많은 학부모에게 몽땅 기부금을 받아서 가난한 아이에게는 무료는 고사하고 장학금까지 주어도 아무런 불평이 없다. 기숙사에서 여러 계층의 아이들이 같이 먹고, 같이 놀며, 같은 인간임을, 그리고 나는 너의 이웃, 너는 나의 이웃임을 배우고 확인하는 것이다.

지금 한국의 현실을 볼 때에 우리에게 가장 절실히 요청되는 것도 실은 이러한 노작 교육이 아닌가 생각된다.

루소의 유명한 말이 있다. '철인처럼 사색하고 농부처럼 노동하는게 이상적 인간이다.' 아이들에게 일하고 땀 흘릴 기회를 어떻게 마련해 줄 수가 있는가? 대도시의 대규모 학교에서는 도저히 기대할 수 없다는 이유로 이 이상을 깨끗이 버릴 것인가? 아니다. 무엇인가 방안이 있을 것이다. 방학 중의 특별활동을 이용한다거나, 농번기에 대도시의 학생들을 농촌의 친척집에 보내서 하다못해 모 한 포기라도 심어 보게 한다거나, 변두리 녹지대의 일부를 교육 용지로 지정하여 학교 농원으로 만들어 아이들이 콩 심고 팥 심어 거둬들이게 한다거나, 좌우간 무엇이 있을 것 같고 또 있어야만 하겠다.

창조성을 기르는 교육

창조성 육성은 교육에서 중요한 위치를 차지하여야 할 과제이다. 나는 먼저 교육이라는 행위의 본질은 무엇이며 왜 창조성 육성이 더욱 강조되어야 할 것인가를 살펴보고, 그 다음에 창조성이란 구체적으로 무엇을 의미하며 그것을 육성하기 위해서는 어떤 방법이 있는가를 정리하여 보기로 한다.

1. 교육의 본질과 창조성

교육의 본질을 나는 다음과 같은 네 개 기능의 종합 통일이라고 생각한다.

첫째, 교육은 사회 질서, 정치 체제 등 광범하게는 문화 유산이라고 일컬어지는 것을, 보수적·수구적·과거 지향적으로 계승케 하는 활동이다. 교육사가 부루바커(Brubacher)가 명저 『교육 문제사』의 제1장에서 교육 목적을 논하면서, 고대 사회의 교육 목적은 모름지기 사회 질서를 수구적으로 유지케 하는 데에 있다(conserve static social order)고 한 것도 이러한 관점을 말하는 것이다. 민주주의 국가에서는 민주주의를, 사회주의 국가에서는 사회주의를 각각 체제적으로 계승코자 헌법에 이를 명기하고 있으며, 이런 국시의 유지가 교육의 기능 가운데 하나임은 아무도 부인하지 못할 것이다.

둘째, 교육은 인간이 선천적으로 타고난 소질과 힘을 조화롭게 발전시킴으로써 개인적으로 행복하고 사회적으로 유능한 인격을 도야하는 일이다. 이런 입장을 교육 역사에서 맨 처음으로 체계적으로 밝힌 사람이 페스탈로치이다. 그는 어린이는 도덕적·정신적·신체적인 힘이 될 싹을 가지고 태어나는 것이므로, 마치 기타의 여섯 줄이 공명하여 화음을 일으키듯 어린이에게 있는 이 세 힘의 싹이 조화롭게 발달해야 한다고 말했다. 이것이 '천성적 인간성의 조화로운 발달'(die harmonische Entwicklnug der inneren Menschennatur) 이념이다. 사실 인류는 바람직한 인격의 도야를 옛날부터 교육의 중요한 활동으로 삼아 왔다.

셋째, 교육은 인류 문화 유산의 계승이다. 이 이념을 특히 강조한 사람은 슈프랑어이다. 그는 교육의 기능을, 앞선 세대가 뒤에 오는 세대에게 인류사적 혹은 인류 공동체적 차원에서 가장 중요한 문화 유산을 선택·압축·체계화하여 계승(Ueberliefern)시키며, 나아가서 확충시키는 것이라고 정의하고 교육의 독자적인 영위를 문화의 번식(Kulturfortpflanzung)이라고 명쾌하게 다듬고 있다.

넷째, 교육은 개성의 사회화(socialization of individuals)이다. 사회화란 구체적으로 무엇일까? 인간이 시대적·공간적으로 제약된 하나의 사회에 태어나서, 그 사회 집단의 언어·행동 양식·생활 풍습

· 가치관 · 규범 등을 배우고 익혀, 그 사회의 한 성원으로서의 자질을 갖추고 그 사회에서 자기가 맡아야 할 역할을 담당해 나가는 것을 말한다. 따라서 교육이란 가장 넓은 의미로는 개성의 사회화라고 볼 수 있다.

이러한 이념을 가장 중시한 사람은 듀이(Dewey)라고 보아야 한다. 그가 교육적 신조에서 밝힌 다섯 개의 기둥, 즉 첫째로 교육은 사회생활에의 참여이며, 둘째로 학교란 축소된 사회이며, 셋째로 교재란 사회활동의 경험이며, 넷째로 교육의 방법이란 활동하면서 배우는 과정을 말하며, 다섯째로 교육과 사회와의 관계를 보면, 교육이란 사회의 혁신을 가져오는 가장 기본적인 방법이라고 말한 것이 단적으로 이 이념을 밝힌 것이다.

위에서 우리는 교육의 기능을 간추려 보았다. 그러면 이것은 창조성과는 어떤 관계를 갖는 것인가를 살펴보아야 할 차례이다.

창조란 한 사람이 자신의 의지적인 노력으로 새로운 것을 모색하고 만들어 내는 것이라고 생각할 때, 이 창조성은 위에서 제시한 네 개의 교육 기능의 밑바닥에 다 깔려 있는 것임을 알 수 있다.

첫째, 질서의 수구적 유지는 창조성과 관계가 없는 듯 보이기도 하나 실은 그렇지가 않다. 민주주의를 유지하기 위해서는 민주주의가 무엇인가를 전혀 모르는 어린이로 하여금 민주주의가 좋은 것임을 자주적인 생활과 자율적 학습으로 익히게 해야 할 것인데, 이것이 어린이에게는 아주 새로운 창조인 것이다. 기계적으로 관행을 익히게 하는 일은 동물적 훈련이지 의지적인 노력에 의한 비판과 판단에 따른 인간 교육이 아니기 때문이다.

둘째, 인격의 조화로운 발전도 창조 없이는 불가능하다. 인격의 완성이란 현재의 자신이 모자라다는 것을 인식하는 것을 계기로, 바람직한 새로운 것을 동경하면서 자신을 갈고 닦는 활동을 함으로

써만 이루어지기 때문이다.

셋째, 문화 유산의 확충 번식도, 개인 속에 먼저 좋은 문화를 익히게 하고 이것을 바탕으로 하여 새로운 문화를 창조케 하는 활동에 역점을 두고 있기에, 그것도 실은 옛것을 새롭게 재창조하는 활동인 것이다.

넷째, 개성의 사회화 역시 한 개인이 낯선 사회에 적응하는 새로운 삶의 준비인 적응과 개성을 통한 새로운 삶의 틀을 기하는 사회의 혁신에 역점이 놓여 있는 점을 고려할 때 둘 다 창조 없이는 기하지 못하는 일들이다.

참으로 교육이란 창조 없이는 성립치 않으며, 창조성의 육성이 교육의 여러 활동의 밑바탕에 이것을 이룩하기 위한 대전제로 깔려 있다고 보아야 할 것이다. 그러나 최근에 산업계의 인력 확보 경쟁과 국가 간의 군비 확충 경쟁으로, 교육계에 이에 부응할 수 있는 '인간 자원의 개발'이란 이름으로 창조성 육성의 긴급한 요청이 들어오게 되었음을 우리는 우려하고 또 주시해야 한다. 교육의 본질로서의 창조성의 육성과 경쟁에 대비하기 위한 창조성의 육성은 그 이념을 달리하기 때문이다. 후자의 경우 자칫하면 교육을 산업 또는 국방의 시녀로 떨어뜨릴 우려가 있기 때문이다.

2. 창조성이란 무엇인가

창조란 지금까지 없었던 새것을 산출(production)하는 일이다. 그림을 그린다거나 시를 쓴다거나 하는 일이 이것이다. 그러므로 창조는 이미 있던 것을 본 따며 옮기는 모방(copy, reproduction)과는 근본적으로 다르다. 이렇게 말하면 이 세상에 완전히 새로운 것이 있을 수 있느냐 하는 반문이 나올 수 있다. 여기에서 말하는 창조란 이런 새것을 의미하는 게 아니고, 예부터 있던 소재를 새로운 관점으로 재구성함을 말한다. 게슈탈트 심리학의 용어로 한다면, 기존의 형태를 파괴하고 새로운 형태를 만드는 일이라 하겠다. 따라서 창조성(creativity)에는 자주성과 주체성이 대전제가 되며, 비판이 이에 앞서는 것이다.

과연 어린이들에게 이런 창조성이 가능한 것일까? 그런데 듀이에 의하면 사고는 창조적 활동이라는 것이다. 즉 "생각한다는 일은 이전에 없었던 고안을 하는 점에서 독창적이다. 학자만이 독창적인 연구를 하는 것이 아니고, 모든 사고는 연구이며, 모든 연구는 그것을 하고 있는 사람에게는 독창적인 것이다. 설사 그가 생각하고 있는 일을 이미 남이 했고, 그 결과가 동일했다 할지라도, 그는 자기로서는 새로운 것을 새로운 방법으로 경험하고 있기에 창조적인 것이다"고 듀이는 말한다.

이런 생각은 브루너(Bruner)에게도 계승되어 간다. 그는 말한다. "지식의 최첨단에 서 있는 학자의 연구활동이나 초등학교 3학년 교실에서의 연구활동이나 그것이 지적 활동이라는 점에서는 똑같이 창조적이다"라고.

창조의 과정은 어떠한 것일까. 이에 대하여는 왈라스(Wallas)의 고전적인 4단계설이 있다. 그것은 준비·숙고·계시 및 검증이다. 과연 창조활동이 꼭 이렇게 정연한 단계를 거쳐서 이루어지는지는 의문이지만, 이러한 종류의 사고활동을 포함하고 있는 것만은 확실하다. 맥켈러(McKeller)는 사고를 환상적 공상, 상상적인 것이 지배적인 자폐적 사고, 과학적 사고나 논리적 추리 등 사실에 대한 관심, 논리적 연관성이 특징인 논리적 사고로 나누면서, 예술·과학·문예등 모든 학문이, 궁극적으로는 논리적 사고를 지향하는 것이지만,

그것에 이르게 하는 아이디어 자체는 꿈·환상 같은 자주적 사고에서 얻어지는 것이라고 말하고 있다. 이것은 독창이 논리성과 결합되어 창조성이 됨을 밝히는 말이다. 울리히(Ulich)도 직관을 중시하면서 "창조적인 사람은 논리적일 뿐 아니라 직관적이기도 하다. 창조적 예감은 지식·기술의 단순한 축적에서는 나올 수 없다"고 말하고 있다.

위에 든 몇 학자들의 주장은 어휘는 다르지만 내용은 거의 같다고 할 수 있다. 이로 보아 교육의 주된 임무는 어린이들에게 창조적 직관을 도야시키는 일이라 하겠다. 이 직관력 도야의 중요성을 과학적·체계적으로가 아니고 직관적(!)으로 논한 사람이 다름 아닌 페스탈로치이니, 퍽 재미있는 일이다. 그가 말한 직관(Anschauung)이란 외계의 사물을 수동적으로 수용하는 작용이 아니고, 자신의 정신적 활동을 통해서 그것을 재구성하는 통찰(insight)을 말하는 것이었다. 그러므로 그것은 하나의 창조이며 독창이며 자주적인 활동인 것이다.

3. 창조적 육성

창조성을 육성하기 위해서는 다음과 같은 점들이 특히 고려되어야 한다.

첫째, 창조는 유연성을 예상하는 것이다. 그러므로 ① 마음의 유연성을 기르고 ② 경이의 마음을 늘 지니게 해야 한다. 둘째, 창조는 자주성을 예상하는 것이므로 ③ 자주성을 키워야 하며 ④ 모험성을 지니게 해야 한다. 셋째, 창조는 심리적인 안전과 자유를 예상하는 것이므로 ⑤ 자신감을 지니게 할 필요가 있고 ⑥ 학습 마당의 분위기를 잘 조정해야 한다. 넷째, 창조성은 도야·육성되는 것이므로 ⑦ 경험을 풍부하게 갖게 하고 ⑧ 창조적 활동의 기회를 많이 주어야 하며 ⑨ 교사 자신이 창조적어야 한다.

위에 든 항목들을 좀 더 자세히 풀이하여 보기로 한다.

(1) 유연성

창조에는 널리 열려 있는 마음이 필요하다. 그리고 고정된 관념에 사로잡히지 말고 늘 외계에 마음의 문을 열고 있어야 한다. 그리하여 주관적 자아와 객관적 타자와의 통일로서의 자기를 확립해야 할 것이다. 따라서 타자에 대한 동경과 자아에 대한 비판이 꼭 필요하다.

(2) 경이의 마음

닫혀 있지 않은 마음은 자신의 주위에 대하여 날카로운 감수성을 갖는다. 이런 감수성은 경이의 마음으로 나타난다. 이 경이의 마음을 잃은 자는, 미(美)에 대해서나 진(眞)에 대해서나 탐구의 정신을 잃은 자이다. 늘 의문을 던짐으로써 우리는 경이의 마음을 키운다. 그러기에 사회 심리학자 프롬은 창조의 제일 조건을 '놀라는 능력'이라고 했고, 물리학자 포안까레도 "과학적 천재는 놀라는 능력에 있다"고 말하고 있는 것이다.

(3) 자주성

창조는 동조하는 게 아니고 개성을 발휘하는 것이므로 자주성의 육성은 창조적 육성의 첩경이라 하겠다. 권위를 맹신시킨다거나 세상 사람들의 상식을 그대로 받아들이게 해서는 안 될 것이다. 늘 자신에 대해서 진실하게 살고자 다짐하는 용기가 필요하며, 때에 따라서는 주위의 사람들에게서 고립되는 괴로움을 맛볼 각오도 서 있어야 한다. 학습 과정에서도 교사의 판단을 그대로 받아들이지 않고, 자가의 판단을 자기 말로 옮겨 쓸 수 있게 해야 할 것이다.

(4) 모험성

창조에는 모험이 필요하다. 성격상으로 소극적이며 안전 제일을 원하는 아이들은 독창성을 발휘하고 창조적인 일을 찾아서 할 가능성이 적다. 꼴과 틀을 깨고 나가는 모험성은 자주성의 구체적 표현이기도 하다. 기존의 관념 질서를 파헤치며 새로운 변화에 대처할 힘이 필요하다.

(5) 자신감

창조성을 저해하는 요인 가운데 가장 큰 것은 자신감의 상실이다. 남의 비판을 무서워하거나 작은 실수를 저지르는 것을 두려워해서는 안 되며, 자기가 하는 일에 자신과 긍지를 가지고 임하도록 해야 할 것이다. 어린이 미술 교육에서 예를 들어 보자. 우리는 아이들이 그린 그림을 어른의 눈으로 비판해서는 안 된다. 먼저 아이가 그린 그림의 좋은 점을 찾아 주고 어른이 볼 수 없는 면을 그려 냈다고 칭찬하여 줌으로써, 그들을 격려 고무하여 자신감을 갖게 해야 할 것이다.

(6) 분위기

창조성 육성에는 그것이 고무될 수 있는 교육 마당의 분위기를 조성하는 일이 선행되어야 한다. 전통적인 관습이 지배적이고 개인의 행동에 자유가 없으며 고정된 하나의 양식만이 권장되는 분위기에서 어찌 창조가 나올 수 있겠는가. 가정과 교실의 분위기를 조성

함으로써 아이들이 자기 생각을 마음대로 표현할 수 있게 해 주어야 한다. 학교를 중퇴한 에디슨을 발명왕으로 만든 것은 그의 어머니의 이 같은 뛰어난 배려에 있었다.

(7) 풍부한 경험

경험이 풍부하면 할수록 아직 경험치 못한 새 것이 나올 가능성이 많아진다. 경험을 풍부히 한다는 것은 널리 안다는 것과 깊이 안다는 것의 두 면을 모두 포함하는 말이다. 인생의 단맛 쓴맛을 다 알지 못한 사람에게서 어찌 사람을 감동시킬 수 있는 시가 나올 수가 있겠는가. 창조는 속에 고인 것이 샘물처럼 흘러나와 거기에 새로운 길이 만들어짐을 말한다고 할 수 있다.

(8) 기회의 부여

어린이에게 창조적인 활동을 시킴으로써 우선 친근한 일상생활을 통해서 작은 발견을 하는 즐거움을 맛보게 하는 것이 창조성 육성에 필요한 큰 요건 가운데 하나이다. 브루너는 모든 학습은 '발견'이어야 하며, 발견적 탐구의 방법이 적용되지 않는 수업은 효과가 없다고 말하고 있다. 창조성이 창조성을 낳게 한다는 사실을 알아야 한다.

(9) 교사의 창조성

창조성 육성의 궁극적 조건은 교사 자신의 창조성일 것이다. 교사 자신이 모든 교과에 탐구하는 태도와 흥미를 갖고 학습 지도에 임한다면 그 태도와 자세는 어린이들에게도 저절로 옮겨질 것이다.

참으로 교육의 알파와 오메가는 교사이다. 교사의 마음가짐은 그 밖의 여러 여건의 부족을 보충하고도 남음이 있다.

영혼의 괴로움도 곱씹어야

1. 마음을 좀먹는 삼무(三無)주의

소크라테스가 인류의 위대한 교사라고 불리 우는 까닭은 "자기를 알자"는 명제로 인간의 자기 각성을 촉구한 데 있다. 사실 그는 자기 자신의 고유한 사명을, 늙은 군마처럼 졸고 있는 아테네 청년들의 마음을 쇠파리처럼 쏘아 대어 일깨워 주는 데에 있다고 자각했다.

'자기를 안다' 함은 무엇인가? 소크라테스에게 그것은 무지의 자각에서 비롯한 진리에의 애모, 땅에 붙어살면서도 하늘을 우러러 보는 모순적이며 중간자적인 가능태로서의 자기의 이해, 그리고 이상적 자아 실현을 위한 기본적 자아의 정립이 아니었던가.

오늘날 '삼무주의'라는 해괴한 말이 청년들 사이에 유행하고 있다 한다. 나는 체제 속에서 하나의 수단적 존재에 지나지 않는다,

따라서 일체의 감정을 배제하고 달리기만 해야 한다는 '무감정주의'가 그 첫째요, 모든 악은 오로지 사회의 소산이며 그러기에 악에 대하여 내가 책임을 느낄 필요는 조금도 없다는 '무책임주의'가 그 둘째요, 역사는 '밤'에 이루어지고 있으므로 역사 따위에 관심을 가진다는 자체가 우스꽝스러운 일이라는 '무관심주의'가 그 셋째라 한다.

이런 삼무주의는 청년들의 마음을 좀먹고 황폐하게 하고 있다. 우리는 핵무기에 의한 인류의 파멸을 막아야 하지만 이에 못지않게 삼무주의에 의하여 인간성을 잃어 가는 청년들을 보살펴 주어야 할 의무가 있다. 소크라테스가 자신을 가리켜 '영혼을 보살피는 교사'라고 했던 심정도 이런 맥락에서 이해되어야 할 것이다.

청년들의 영혼을 보살펴 자기를 알게 한다 함은 무엇을 뜻하는가? 자기 동일성을 견지하면서 주체적으로 삶을 개척하게 하는 일이요, 양심에 눈뜨고 진리 감각을 닦아 확고한 가치관에 의거해서 살게 하는 일이요, 이웃·남·역사·우주에 대하여 무한한 관심과 사랑을 갖고 인류사에 능동적으로 참여하게 하는 일을 뜻하는 것이다. 삼무주의를 극복하게 하는 길은 주체 의식·가치 의식·참여 의식의 삼유(三有)주의(?)가 될 것이다.

주체 의식은 자기가 남과 달리 지니고 있는 귀한 자기 동일성을 견지하는 일이라고 앞서 말한 바 있거니와 한 마디로 이것은 '자기 존재'를 견지하는 일이다. 자기를 자연적 현상의 필연적 결과로 보지 않고 귀한 자유를 확보하고 있는 주체적 존재로 보고자 하는 마음가짐을 말함이다.

오늘날의 사회 체제가 인간의 자아를 잃게 하고 인간을 평준화·균일화·규격화해서 인간으로부터 개성과 주체성을 박탈해 가고 있으니만큼 인간 각자가 늘 자기 존재성을 다짐하는 일은 더욱 절실히 요망된다 할 것이다.

2. 자기 생명을 아끼고 닦아야

성경에 "세계 전체를 얻어도 자기 목숨을 잃으면 무슨 소용이 있겠는가"하는 말씀이 있는데 그 뜻도 이것이다. 우리는 오늘날, 한 생명의 무게는 지구 전체의 무게보다 더욱 무겁다는 귀한 말씀에 눈떠 더욱 자기 생명의 가치에 눈 떠 이깃을 아끼고 닦아야 한다.

가치 의식은 가치 대상에 대한 일정한 태도의 견지를 말한다. 자기의 감정과 의지의 요구를 시행착오로 충족시키지 않는 태도를 확고하게 지님을 말한다. 그런데 우리는 가치에 몇 가지 차원이 있음을 알아야 한다. 독일의 철학자 막스 쉘러는 이런 가치의 위계에 대하여 다음과 같이 논한다.

가장 낮은 단계의 가치는 감각적 가치이다. 쓰면 뱉고 달면 삼키듯이 말초적 쾌감의 충족과 관계되는 가치다. 제2단계의 가치는 건강이라는 가치이다. 자기 유기체를 유지하는 데 필요한 욕구의 충족과 관계되는 가치다. 약은 입에 쓰지만 병을 고치기 위해서는 먹여야 하고 노동은 괴롭지만 의식주 문제 해결을 위해서는 우리에게 불가피하다. 이런 가치를 생명적 가치라고도 한다. 제3단계의 가치는 정신적 가치이다. 우리의 내면적 정신생활과 관계되는 가치다. 자유 아니면 죽음을 달라고 외치는 의분, 침식을 잊고 학문에 몰두하는 탐구심, 남도 공정한 대우를 받기를 원하는 정의감들이 이런 차원의 가치와 관계된다. 그 다음으로 가장 높은 단계의 가치는 종교적 가치이다. 사랑의 욕구와 관계되는 가치다. 이웃·역사·우주·하나님에 대한 사랑과 관심이 이것이다.

쉘러의 가치 위계론에서 우리가 오늘날 시사 받아야 할 귀한 것은, 우리가 좀 더 고차원의 가치에 눈을 떠야 한다는 것이다. 우리는 의식주의 문제 해결 또는 복지 사회 건설을 지상 목표로 여기고 경제 성장에만 온 힘을 기울이고 있는데, 이와 더불어 우리는 인간 정신의 성장에도 힘써야 한다는 이야기이다.

인간이 최고 가치인 사랑을 잃을 때 어떻게 되느냐 하는 것은, 복지 제도가 가장 잘 시행되어 있다는 유럽의 나라에 자살자가 가장 많다는 사실이 웅변적으로 보여 준다.

참여 의식은 이 세상의 모든 현상에 관심을 갖고 역사를 우리의 힘으로 개척해야 한다는 책임 의식과 함께 이웃에 대하여 '우리' 의식, 즉 동료 의식, 공동체 의식을 갖는 일이다. 참여 의식은 대화를 통해서 일깨워진다. 대화의 철학자로 알려진 부버는 대화를 세 차원으로 분석하고 있다.

첫 차원의 대화는 상대방의 입장을 경건하게 이해하며 받아들이고자 하는 태도로서 대화 상대자를 객관적으로 이해하는 것이다. 다음 차원의 대화는 자기의 입장을 밝히면서 상대방을 끌어들이는 자세로서 대화자와 상호 이해를 하는 차원이다. 그리고 가장 높은 차원의 대화는 상호 이해를 바탕으로 대화자 상호 간의 인격적 만남을 유발하는 우정 관계의 정립이다.

오늘날 인간이 서로를 수단으로 여기고 적대시하고 있는 마당에 대화를 통한 우정의 회복, 그리고 우정을 바탕으로 하는 '우리 의식'의 촉발 같은, '우리' 삶의 터전과 미래를 개척하고자 하는 참여 의식의 계발은 긴급한 문화사적 과제 가운데 하나라 여겨진다.

3. 자아에 눈뜨는 사춘기

주체 의식, 가치 의식, 참여 의식의 바탕이 되는 것은 무엇일까? 소크라테스의 말로 돌아가서 생각해 보면 그것은 자아 의식이다. 이런 자아에 눈뜨는 시기가 사춘기다. 우리나라 학제로서는 고등학교 시기가 된다. 그러기에 저자는 고등학교 시절을 어떻게 지내느냐에 따라서 그 인생의 충실도가 정해지고, 고등학교 교육을 어떻게 하느냐에 따라서 민족의 운명이 징해진다고 여긴다. 따라서 저자는 고등학생에게 높은 차원의 윤리·도덕 교육이 가장 긴요하다고 생각한다.

고등학교 학생들은 높은 세계를 지향하고 영혼의 괴로움을 맛보아야 하며, 이상적 자아에 비추어 현실적 자아를 비판하면서 자기 분열의 쓰라림을 겪어야 한다. 그리고 자아를 확립하고자 들로, 산으로, 혹은 바다로, 사찰로 방황해야 한다. 이런 영혼의 괴로움이 자아를 확립시키고 삶을 정화하며 역사를 창조한다.

윤리 감각이나 가치 감각을 일깨워 영혼의 괴로움과 맞서게 하며 자살 직전으로까지 학생을 몰고 가지 않는 교육은 성공적인 교육이 아니라는 말, 그리고 어느 청년이 힐티에게 잠 못 이루는 괴로움을 호소했을 때, 힐티가 "축하하네, 바야흐로 자네가 원숭이에서 사람이 되어 가는구만!"하면서 악수를 청했다는 일화를 우리는 깊이 음미해야 한다.

체벌 찬반론 - 그 논리와 현실

　　교육 개혁 논의 가운데 최근 불거져 나온 것이 경어 쓰기와 체벌 금지의 법제화이다. 지금의 상황을 보면 권장 사항 수준이 아니라 당장 명년(1997)에 해 보고, 그 다음 해(1998)에는 법제화한다고 한다. 정말 놀랍다 못해 기가 차다.

　　먼저 경어 쓰기에 대해 생각해 보자. 우리는 흔히 친한 사이에 반말을 쓰거나 말을 놓는다. 친구 사이가 그렇다. 독일어에서는 아예 반말 '너'(du) 호칭과 경어 '당신'(Sie) 호칭은 동사 변화도 다르다. 만남의 철학자 마틴 부버의 유명한 저서 『나와 너(Ich und Du)』의 주제도 바로 만남을 통해 맺어지는 이 인격적 관계의 특성 분석이 아닌가. 독일(혹은 독일어권 스위스)대학에서 교수, 또는 동료 학생에게 'Du'라고 불렸을 때의 기쁨은 이루 말할 수 없다. 거꾸로 'Du'라고 불러 주지 않으면, 아직 그 관계가 인간적으로 친숙하지 못하다는 것이어서 소외감을 느낀다. 인격을 존중한다는 뜻으로, 인격을 존중

하고 있다는 것을 보여 준다는 뜻으로 경어를 쓰자는 발상이야말로
비인간적이다.

체벌에 대해서도 그렇다. 체벌의 긍정적인 측면은 싹 버리고
부정적인 측면, 역기능만을 부각시켜 전면 금지하고 이를 위반한
교사는 제재를 가한단다. '구더기 무서우니 장 담그지 말라'는 어리
석음이다. 교사가 행하는 체벌에는 사랑의 매도 있고 공포의 매도
있다. 공포의 매의 폐해를 들어 사랑의 매까지 추방하자는 논리는,
'이제 더 이상 사랑의 매를 드는 교사도 없고, 또 그것으로 스승의
사랑을 느껴 일깨움을 받는 학생도 없다. 시대가 그렇고 상황이 그
렇다'하면서 교육의 마당에서 더 이상 인격적 계기의 발동을 기대
하지 말자는, 참으로 절망적인 논리이다.

교육 방법으로 체벌이 용인될 수 있는가, 그것이 과연 효과가
있는가, 있다면 어느 면이고 없다면 어느 면인가, 또 체벌은 가능한
한 피해가야 할 마지막 수단, 즉 필요악인가, 아니면 자연스럽게 수
시로 발동되어야 할 귀한 방법 가운데 하나인가. 이 같은 물음은
인류 역사와 더불어 있어 왔고, 아직도 논의가 계속되고 있는 물음
이다.

크게는 다음 세 입장으로 나뉜다. 첫째는 긍정적인 면을 크게
평가하는 찬성론, 둘째는 부정적인 면을 크게 비판하는 반대론, 셋
째는 부정적인 면을 바로잡으며 긍정적인 면을 살리자는 절충론이
다.

찬성론을 대표하는 플라톤의 논리는 이렇다. 체벌은 능력이 있
는 자를 일깨우기 위해 유효하다. 그래서 똑똑한 아이에게는 필요
하지만 못난 아이에게는 그렇지 않다. 체벌은 또 못된 행동에 대해
책임을 묻기 위해 필요하다. 불의를 행한 자는 마땅히 벌을 받아야
하며, 그래야만 정의가 실현된다. 아이들에게 '벌금'을 내랄 수는 없

지 않은가. 더욱이 체벌은 나쁜 습관이나 행동의 교정, 제지에 필요
하다. 거짓말을 밥먹듯하는 아이들은 말로는 안 된다는 것이다.

반대론의 입장을 대표하는 로마의 위대한 교육 철학자 퀸틸리
아누스의 논리 역시 다음의 셋으로 요약될 수 있다. 첫째는 교육
효과의 체감성이다. 처음에는 어느 정도 알아듣지만 점점 반감, 무
감각을 초래하여 나중에는 그 효과가 없어진다. 둘째, 공포감·불안
감·열등감의 조성이다. 셋째, 특히 주목할 일로, 매의 공포가 타인
에게 미친다는 것이다.

절충론의 입장이라 할 수 있는 영국의 근대 교육 사상가 존 록
의 논리 역시 셋으로 추리면 이렇다. 첫째는, 그 뜻을 새김질할 수
있는 아이들에게 선택적으로 체벌을 가할 것, 둘째는 한편에서는
애무, 한편에서는 채찍, 이렇게 인격에 대한 사랑과 행위에 대한 미
움을 동시에 발동시킬 것, 마지막으로 몇 가지 아주 못된 행위, 예
를 들면 도벽·거짓말·고집불통·인격 모독·반항들에 대해서는 꼭
체벌을 가할 것 등이다.

사랑의 교사 페스탈로치도 체벌 찬성론자였다는 것에 주목할
필요가 있다. 교사는 어버이를 대신하는 직분이기에 사랑의 매를
들 자격이 있고, 또 들어야만 한다! 이 저자도 할아버지에게 종아
리를 여러 번 맞았다. 3대 독자이셨던 할아버지가 역시 독자였던
손자를 때릴 때 얼마나 가슴이 아프셨을까. 그것을 생각하면 지금
도 눈물이 핑 돌고, 할아버지에 대한 그리움이 솟구친다.

체벌을 신체에 가해지는 폭행의 하나로 여기고 불법화하고 있
는 나라도 있고, 그것을 교육의 한 방법으로 합법화하고 있는 나라
가 있는가 하면, 바람직한 방법은 아니지만 그 동기와 상황을 참착
하여 묵인하는 경우도 있다.

우리나라는 묵인의 경우에 가깝고 법원의 여러 판례도 그렇게

나와 있다. 미국은 주에 따라 다르다. 일본은 문제 삼지 않지만 일단 불거지면 교사가 문책당한다. 영국은 최근까지 '체벌부'가 있어 교사가 교장의 사전 승인을 얻어 체벌을 가하고, 체벌 이유와 그 결과를 기록해서 학적부와 더불어 보관했다. 일반적으로 기독교 전통이 강한 나라들이 체벌 수용편에 더 가깝다. '매를 맞지 못하면 사생아'라는 친아버지의 자녀 교육에 대한 사랑과 의무를 강조한 성서 구절(히브리서 12장 5~13절)을 음미해야 한다.

체벌의 방법과 동기, 뒷처리 등을 종합하여 저자는 세 가지 원칙을 이렇게 표명하며, 이것을 결론으로 삼고 싶다.

> ① 합의 원칙: 어떤 행위는 어떻게 벌을 받는가에 대해 사전 동의, 합의할 것
> ② 입회 원칙: 감정에 흘러 예기치 못한 사고가 나지 않도록, 반드시 다른 교사가 협력, 입회할 것
> ③ 통보 원칙: 교장, 교감은 물론이요 학부모에게 그 경위와 결과를 사후에 통보할 것

매는 그 속에 사랑이 실릴 때 아주 효과적인 교육의 수단이 되고 그렇지 않을 경우 역효과만 가져오는 폭행이 된다. 그런데 교육의 대전제는 인격을 일깨워 주는 사랑이 아니었던가. '설교'가 유효할 때가 있고, 따끔한 매 한 대가 더 유효할 때도 있다. 우리 속담에 '팽이는 쳐야 돌아간다'는 것이 있는데, 중국에는 '백언불여일타(百言不如一打: 백마디 말보다 따끔한 매 한 대가 더 좋다)란 격언이 있다. 그런데 이와는 정반대인 백타불여일언(百打不如一言)도 있단다! 논리적으로는 모순이다. 그러나 이것이 실존이다. 이 같은 실존은 법제적 차원의 사항이 절대 아니다.

전인적
가정 교육론

전인교육의 이념과 방법

삶과 교육의 터전, 가정

1. 삶의 원점인 가정

어느 학자가 세계에서 가장 많이 불려지는 노래가 무엇인지 조사했다. 그런데 단연 첫째로 올라오는 것이 가정의 즐거움과 아늑함을 노래한 곡, 보기를 들면 "즐거운 곳에서는 날 오라 하여도 ……"로 시작하는 노래였다. 그 다음이 고향을 그리는 노래, 예를 들면 '켄터키 홈' 등이었다 한다. 이 두 가지 노래는 그 빈도가 너무 높아 다른 노래들, 예를 들면 사랑의 노래, 우정의 노래 따위와는 비교도 안 되었다 한다.

또 하나 놀라운 것은, 이 가정의 노래와 고향의 노래 둘 중에서도 가정의 노래 빈도가 고향의 노래보다 압도적으로 높았다는 것이다. 가정이 삶에서 차지하는 비중, 그리고 그 가정이 안겨 주는 즐거움이 얼마나 귀한 것인가를 단적으로 보여 주는 사실이다.

이 조사는 기독교 문화권인 미국에서 한 것이지만, 회교권인 이란, 불교권인 태국, 유교권인 한국 같은 나라들에서도 아마 거의 비슷한 결과가 나올 것이다. 생각해 보면 우리 어린이들이 가장 많이 부르는 노래는 "아빠하고 나하고 만든 꽃밭에 …… "나 "나의 살던 고향은 꽃피는 산골 …… " 같은 곡일 것이다. 하도 많이 부르는 노래이고, 누구나 어느 때 어느 곳에서든 불러도 좋은 노래들이어서, 술좌석 여흥 시간에 노래를 부르라고 지명 받으면 엉겁결에 이런 노래들로 때우기 일쑤다.

내가 전에 들었던 이야기 하나는 사형수에게 마지막 소원이 무엇이냐 하고 물으면, 마지막 한 잔 술, 마지막으로 한 대 깊이 들이마시는 담배 다음에 꼭 가족들을 한 번만 더 보고 싶다, 그리고 이것은 도저히 불가능한 일이겠지만 고향 집에도 한 번 가보고 싶다 한다는 것이었다. 남편을 잘못 만난 아내에게 마지막으로 사죄하고, 아빠가 곧 돈 많이 벌어 장난감을 잔뜩 사오는 꿈을 꾸며 잠들고 있을 아이의 머리 한 번 더 만져 보고, 땅이 꺼질 듯 넋을 잃고 계실 어머니에게 불효자식 잊어 주십사 하고 빌고 싶다는 것이란다. 이처럼 죽음 앞에서 사람은 본래의 착한 모습으로 돌아가고, 또 그 삶의 원점인 가정으로 돌아가는 것이다.

새가 둥지를 중심으로 살듯 인간은 가정을 중심으로 산다. 그러나 새의 둥지와 인간의 가정은 너무나도 다르다. 새 가운데에는 텃새 아닌 철새도 있어 계절 따라 옮겨 다니며 둥지를 새로 만드는 것도 있지만, 인간은 모두 원래가 '텃 사람'이지 '철 사람'이 아니다. 따라서 둥지에 해당하는 가정도 한 곳에 오래 뿌리를 내리는, 더러는 몇 대, 심지어는 몇 백 년에 걸쳐 뿌리를 내려 온 것이다. 그래서 똑같이 삶의 원점 혹은 거점이라 하지만 이 둘은 그 기능과 비중에서 너무나도 다르다. 그러니까 둥지란 말이 있고 가정이란 말이 따로 생겨나지 않았을까!

가정이란 무엇인가? 법률적으로는 혼인, 입양, 혈연으로 결속된 하나의 집단일 것이고, 사회적으로는 사회를 구성하는 많은 집단 중의 가장 핵심적 소집단일 것이다. 그러나 교육적으로 보면, 그 사랑과 믿음으로 다져진 삶의 마당을 통해서 인격 형성의 터전을 마련하는, 가장 으뜸가는 교육의 마당인 것이다. 보통 교육의 마당을 가정, 학교, 사회로 들면서 이것을 교육의 세 마당이라 하는데, 이 셋 중에서 실은 가정이 가장 귀한 것이다. 훌륭한 인물 뒤에는 반드시 훌륭한 가정, 그 중에서도 훌륭한 어머니가 있었다는 것은 많은 역사적 사례가 웅변하고도 남는다.

이런 뜻에서, 사람은 가정에서 태어나 크고, 어른이 되어서는 다시 새 가정을 이루며 살아간다는 인류학적 '가정'의 정의 이상의 것을 우리 인류는 가정에 담아 왔고 키워 왔다. 그런데 바로 그것이 흔들려 인류의 문화가 흔들리고 삶 자체가 망가져 가고 있다는 우려의 소리가 높다. 이것은 문명 비평가들이 하나같이 하는 말이요, 모든 예언자들이 광야에서 외치는 소리요, 우리 서민들이 피부로 느끼는 사실이다.

어찌 할 것인가? 그것을 다시 찾아 이어 가는 수밖에 없다. 가정이란 어떤 기능을 수행해야 할 문화적 공간인가, 가정이란 무엇을 보여주고 키워 주고 가르쳐야 할 교육적 공간인가, 그리고 그 교육은 어떻게 진행되고 다져지는 방법상의 특질을 갖는 것일까, 끝으로 그 귀한 가정이 이렇게 흔들리는 이유는 무엇인가를 다시 따져 보아야 하겠다.

2. 가정의 네 가지 큰 기능

사회학자들은 교육학자들과 더불어 가정의 기능에 대해 관심이 많다. 그 중의 하나를 쉬운 말로 풀어 소개하면 이렇다.

① 믿음과 사랑으로 다져진 가장 원초적인 집단이다.
② 성적 충동을 사랑으로 순화하고 자녀를 낳아 기른다.
③ 자녀를 돌보고 키운다.
④ 일용할 양식을 생산하고 소비하는 하나의 경제 단위이다.
⑤ 가족 구성원 서로가 사랑으로 서로를 돌보며 즐긴다.
⑥ 신분이나 계층에 알맞은 문화를 계승·보존하고 즐긴다.
⑦ 병들거나 불행하게 되거나 늙어 힘 없는 가족 성원에게 따뜻한 보살핌과 아늑한 삶의 보금자리를 마련한다.

가정의 기능이 어찌 이뿐이겠는가. 관습이나 행동 양식 같은 전통의 계승, 관혼상제 같은 의식의 계승, 그리고 특히 위 모든 기능이 녹아 들어가 있는 종교, 혹은 종교적 의식의 계승들을 드는 사람도 있다. 그런데 내가 읽은 가장 귀한 표현은, "가정은 사랑을 배우는 곳이다"라는 페스탈로치의 말이었다. 그리고 나는 이 말을, 반체제 사상가인 저 영국의 버트런트 러셀의 『교육과 사회 체제』에서도 발견하고 놀랐다. 그의 표현은 이렇다.

가정은 어린이들에게 애정의 경험을 안겨 준다. 그리고 또 이 어린이들이 존중받는 정신적 공동체에 대한 경험까지 안겨 준다.

러셀은, 국교화되어 침략 국가의 첨병 노릇을 해 온 기독교를 비판하며 『나는 왜 기독교인이 아닌가』를 쓴, 그야말로 자기네 기독교 문명의 죄악상을 들추어내기만 한 '삐딱한' 사람이 아니었던가. 더욱이 사악한 자본주의 체제가 가정을 통해 이어진다면서 기독교적 가정관을 비판하고, 심지어는 기독교 스스로가 인류 문화에 기여한 가장 귀한 것으로 흔히 내세우는 '정결한 일부일처제'의 도덕 윤리를 비웃기라도 하듯 '실험 결혼'(결혼 전에 여러 남성, 여러 여성과 사귀고 생활하면서 그 가운데에서 가장 좋았던 사람을 배우자로 고르자는 '우애 결혼' 제안)을 내세운 사람이 아닌가.

　그런데 그도 '사랑'은 가정에서밖에 못 배운다며 가정을 찬양하는, '실험 결혼'이나 '우애결혼' 같은 반기독교적 가정관과는 모순되는 사랑의 찬가를 엉겁결에 뿜어내고 있는 것이다. 이 천재적 예언자 러셀의 말을 빌어 우리는 가정을 이렇게 간단히 정의할 수 있다. "가정은 사랑으로 이어지고 다져진 생활 공동체다." 이렇게 써 놓고 보니 위에서 든 모든 가정의 기능들은 이 공동체의 산물에 지나지 않는 것으로 보인다.

　가정의 기능을 줄이고 줄여서 다듬는다면 무엇이 될까? 출산·경제·안식·교육의 네 기능이다. 사랑하는 두 부부가 자녀를 낳는 곳, 일용할 양식을 온 성원이 협동해서 생산·소비하는 곳, 서로의 만남과 대화를 통해 사랑을 주고받고 아늑하게 쉬면서 삶을 즐기는 곳, 그리고 자녀의 인격 형성의 터전을 마련하고 교육하는 곳이다.

　그런데 이 네 기능은 서로 맞물리는 것임을 잘 인식해야 한다. 예를 들어 보자. 부모가 서로 사랑하고 아기를 낳는 과정 자체가 자녀들에게는 귀한 교육이다. 어머니는 임신 후 먹을 것, 입을 것을 가리고 온갖 고생을 한다. 아버지는 온 정성을 다해서 임신한 아내를 돌보고 아낀다. 하나의 생명이 태어나는 데 얼마나 많은 사랑과 노고가 필요한가. 사실 자녀들에게 해산 과정까지도 보여 주는 것이 좋겠다고 나는 생각한다. 생명의 신비함과 존엄성을 피부로 느끼게 하는 교육에 이보다 더 효과적인 것이 있겠는가. 요새는 병원에서 수술 과정을 텔레비전으로 보여 주고도 있지 않은가.

일용할 양식을 협동해서 생산·소비하는 경제 기능도 마찬가지다. 열심히 일하는 모습과 성원 각자가 맡은 몫을 보여 주는 일 자체가 귀한 교육이다. 휴식·안식 기능 역시 그렇다. 서로 돌보고 서로 사랑하고 서로 의지하는 모습 자체가 교육이다. 오늘날 가정의 이 기능들(출산·경제·안식)이 흔들려 아이들 피부에 와닿지 못하는 것도 교육이 흔들리는 데 원인이 되는 것이다.

3. 가정 교육의 다섯 내용

위에 든 가정의 네 기능 중에서 가장 귀한 것은 무엇일까? 결혼을 안 하고 아이를 낳지 않으면 가정 자체가 존재할 수 없고, 일용할 양식을 같이 생산·소비하지 않으면 굶어 죽어야 할 것이고, 서로의 신뢰와 사랑이 무너지면 삶의 즐거움 자체가 없어질 것이고, 사람으로 일깨워 교육하지 않으면 문명 자체가 증발하고 원시 시대의 동물로 돌아갈 것이다. 마치 집의 네 기둥처럼 어느 하나가 빠져도 가정은 무너지지만, 그 중에서도 가장 귀한 것은 인간을 인간으로 키워 주는 교육이라 하겠다. 위대한 인물 뒤에는 훌륭한 가정이 있었다 하는 것은 곧 훌륭한 가정 교육이 있었다는 말이다.

그러면 가정에서 꼭 가르쳐야 할 것은 무엇인가. 위에서 보아 온 가정의 여러 기능들은 시대와 사회, 그리고 문화의 차이에 따라 그 강약의 도가 많이 달라져 왔다.

안식·휴식 기능을 예로 들어 보자. 옛날에는 가족 성원 사이의 유대가 강하고 또 신문이나 잡지 같은 인쇄 매체도 덜 발달되었을 뿐 아니라 라디오나 텔레비전 같은 대중 매체들도 없었다. 더욱이 대중교통 수단도 거의 없어 나들이도 힘들었다. 그래서 가족 구성원들은 현대에 비해 서로 대화를 나누며 즐길 수 있는 시간이 훨씬 많았고, 또 이 같은 즐거움 말고는 별다른 것이 없었다.

그런데 지금은 어떤가. 우선 인쇄 매체가 쏟아져 나와 가족들은 서로 자기가 좋아하는 잡지만을 골라 읽는다. 밖에서 일에 지쳐 집에 돌아오므로 가족과 대화를 나눈 시간도 마음의 여유도 없다. 더욱이 텔레비전은 가족들끼리 대화할 기회를 박탈하여 자기 방에서 제각각 자기 텔레비전으로 자기가 좋아하는 프로그램을 즐기게 만들었다. 이리하여 가정의 안식·휴식 기능은 대중 오락 매체에 자리를 내 주는 참으로 걱정스러운 지경에 이르렀다.

특히 텔레비전의 해독이 어찌나 큰지 "TV or not TV, that is question"이라는 익살까지 나오게 되었다. 옛날 사춘기 청소년들은 중대한 문제와 씨름하고 고민하면서 셰익스피어가 쓴 「햄릿」의 주인공처럼, "To be or not to be, that is question"이라고 했다. 그러면서 삶과 죽음을 걸고 정신적 갈등, 방황, 침전 등을 거치며 인격적 성장을 해 갔던 것이다. 그런데 현대의 사춘기 청소년들에게는 텔레비전 때문에 이것이 없다. 그래서 텔레비전에 매이느냐 그것에서 놓여나느냐로 사생결단을 해야만 한다는 익살이다.

가정의 여러 기능은 이렇게 흔들리고 있지만, 그 중에서도 교육 기능만은 힘써 다시 계승해야만 하겠다. 교육이 망가지면 인류의 삶 자체가 성립될 수 없고, 가정 교육이 망가지면 인간의 가족 제도 자체가 증발되어 버리기 때문이다. 그러면 가정에서 꼭 가르쳐야 할 것은 무엇인가. 줄이고 줄여서 다음 다섯 가지로 정립할 수 있다.

첫째는 모국어를 배우고 익히는 일이다. 모국어에는 그 겨레의 문화가 담겨 있다. 또 모국어는 그 겨레의 문화 가운데에서도 가장 중요한 것이다. 이 모국어를 생활을 통해서, 사랑의 대화를 통해서 자연스럽게 익히는 곳이 가정이다. 사실 이것이 가능하다. 첫 돌 무렵의 아이는 네 단어의 우리 말, 보통은 "엄마, 아빠, 맘마, 쉬"를 익힌다고 한다. 그런데 두 돌 때에는 18단어, 초등학교 입학 시기가 되는 만 6세 때에는 무려 1,800단어를 익혀 말한다. 더욱이 이 무렵에는 나무랄 데 없는 거의 완벽한 '문법'을 구사해, 우리말로 의사소통이 일상 회화 수준에서는 거의 완벽해진다고 한다. 기초 단어 700개로 '기초 영어'도 가능하다 하니, 이 1,800단어의 어학 능력은 참으로 대견한 것이다. '문법'도 글자를 배우기 전에 이미 생활과 대화로 익힌다니 정말 놀랍다.

둘째는 행동 양식의 틀을 익히는 일이다. "세 살 버릇 여든까지 간다"했다. 가정은 인간이 갖추어야 할 몸가짐의 틀, 곧 그 겨레나 문화권에 내려오는 관습과 습관을 보고 배워 몸에 익히는 곳이다. 인사는 어떻게 하고, 밥상 앞에 앉아서 찬이며 국은 어떻게 먹어야 하는가, 옷을 어떻게 고르고 어떻게 입어야 하는가, 말은 어떻게 하고 어떻게 들어야 하는가, 관혼상제 같은 의식은 어떤 뜻으로 어떻게 진행되는가를 배우고 익혀야만 한다.

셋째는 가치 감각의 계발이다. 가치로운 것에 대한 눈을 뜨게 하는 일이다. 무엇이 옳고 무엇이 그른가, 무엇이 아름답고 무엇이 더러운가, 무엇이 착하고 무엇이 나쁜가 하는 것을, 가족 온 성원의 삶을 보고 느끼면서 그 기본 틀을 갖추어야 한다는 말이다. 근면과 절약이 얼마나 귀한 것인가, 나태와 낭비가 얼마나 잘못된 것인가, 더불어 같이 사는 삶이 얼마나 귀한가, 내 욕심만 따지고 채우는 것이 얼마나 나쁜가를 부모 형제들과의 생활을 통해서 체험하고 인식하고 실천하게 되어야 한다는 말이다.

넷째로 가정은 사랑을 배우는 곳이다. 페스탈로치의 유명한 말이 있다. "사랑은 사랑을 받음으로써만 배울 수 있다." 사랑은 말이나 문자로 배우는 것이 아니고 사랑에 흠뻑 젖는 삶에서 익혀진다는 것이다. 페스탈로치의 유명한 말이 또 하나 있다. "학교에서 선생님에게 도덕 시간에 배운 덕목들, 예를 들면 우정이다 애국이다 하는 말들은 집에 돌아오는 길에 도랑을 넘다 잊어버린다. 그러나 어머니가 구워 주신 빵을 이웃 동무와 나누어 먹으면서 느낀 흐뭇한 그 사랑의 정서는 평생 잊혀지지 않는다"는 것이다. 가정은, 모든 인간이 하늘로부터 받고 태어나는 이 사랑의 싹을 사랑의 생활을 통해 움터 자라게 하는 곳이다.

다섯째로 가정은 종교적 감각을 키워 주는 곳이다. 종교적 감각이란 무엇인가. 우리 인생은 어디에서 왔고, 무엇을 위해 살며, 죽은 다음에는 어떻게 되는 것인가. 이 세 가지 삶의 근본 문제를 통일되게 인식하고 믿는 것이 종교다. 인간이 어디에서 왔는가, 원숭이에서 진화했는가, 아니면 하나님의 천지창조에서 비롯되었는가. 이것은 물론 생물학에서도 다룰 수 있다. 사람은 먹기 위해서 사는가, 아니면 살기 위해서 먹는가. 이것은 소크라테스 명제라 해서 옛날부터 윤리학이나 철학에서 많이 다루어 왔다. 인간이 죽으면 한 줌 흙으로 돌아가고 마는 것인가, 아니면 그 썩은 육체에서 영혼이 해방되어 그것이 독수리처럼 날개치며 하늘로 돌아갈 것인가. 이것은 특히 좁은 의미의 종교가 옛날부터 거의 독점해서 다루어 온 물음이다.

그러나 우리가 가정에서 꼭 익혀야 할 종교적 감각이라고 일컫는 것은, 이 세 가지 삶의 근본 물음을 하나의 큰 물음으로, 다시 말해 하나하나 따로 떨어진 물음이 아닌 하나의 가장 큰 물음으로 다지는 '삶의 방향 설정', 영어 표현으로 말하자면 '삶의 오리엔테이션'(life orientation)이다. 루소의 유명한 말이 있다. "어린이는 젖을 통해 어머니의 사랑뿐 아니라 종교까지 빨아들인다."

가정에서 꼭 배워야 할 이 다섯 가지는 참으로 귀한 것들이다. 그래서 우리는, 가정은 삶의 거점이며 가정 교육은 인격 형성의 틀을 다지는 것이라 하는 것이다.

가정 교육 방법

1. 교육 방법의 성격

진담인지 농담인지 아니면 빈정거림인지, 좌우간 그 말의 진의가 무엇인지 잘 모를 말, 그러면서도 폐부를 찌르는 익살, 아니 풍자가 그 속에 담겨진 말이 있다. 예를 들면 이렇다. "자네는 직업이 교사이니까 자식들도 훌륭하게 잘 가르쳤겠지?"

이런 말을 들으면 우리 같이 직업이 훈장인 사람들은 놀라기도 하고 부끄럽기도 할 것이다. 왜 그럴까? 이 말 속에는 분명히 가시가 들어 있기 때문이다. 마음의 여유를 가지고 분석해 보면 이 말에는 적어도 다음 세 가지 뜻이 담겨 있다.

첫째는, 집에서도 훈장 직업에 충실하여 아이들을 잘 가르치고 있을 것이라는 단정이다. 그러나 이것은 큰 오해다. 가정 교육은 지식이나 기술로 하는 것이 아니고 사랑으로 하는 것이기 때문이다.

그래서 좀 익살을 떨자면, 사범대학 교육학과 전공 과목으로 '교육 방법'을 전문으로 가르치는 교수보다도 노점에서 호떡을 파는 아주 머니가 자기 아이들을 더 잘 가르칠 수도 있는 것이다. 여러 말 필요없이, 떡장수였던 한석봉의 어머니를 떠올리면 된다.

둘째는, 가장 효과적이고 가장 과학적인, 그리고 가장 '교육적' 인 방법이 딱 하나 있을 것이고, 그래서 그것을 가정 교육에 십분 활용하고 있을 것이라는 단정이다. 그러나 이것도 큰 오해다. 누구에게나 어느 경우에나 딱 맞는 그런 '교육 방법'은 결코 존재하지 않는다. 사실 『교육학 용어 대사전』도 '교육 방법' 항에서 너절한 말 다음에 이렇게 고백하고 있다.

> ······ 교육 방법은 다양하고 다채롭게 연구 개발되고 있으나 아직 하나의 학문적인 체계는 수립되어 있지 않으며, 인간의 신체적·정신적인 구조가 복잡한 만큼이나 교육 방법도 일정한 개념으로 규정지을 수 없다. 왜냐하면 공장에서 물품을 생산하거나 농장에서 농산물을 재배하듯 일정하고 기계적인 방법은 있을 수 없기 때문이다.

뚜렷한 예를 한 가지 들면 체벌이 그것이다. 체벌에 효과가 있는가 없는가, 이것은 교육의 역사와 더불어 논의되고 아직도 결론에 이르지 못한, 그러므로 올바른 결론이 존재할 수 없는 물음이다. '사랑의 매'도 중요하고 '눈물의 동정'이나 '타이름'도 중요하다. 이 가운데 어느 것이 옳은가? 정말 바보 같은 물음이다. 이 가운데에서 어느 것이 더 효과적인가? 이것 역시 참으로 어리석은 물음이다.

셋째는, 아이들은 마음대로 주물러 일정한 틀에 맞추어 찍어 낼 수 있는 주물 같은 재료라는 단정이다. 주물처럼 찍어 만들 수 있고, 나팔꽃처럼 물을 잘 주어 길러 낼 수 있고, 강아지처럼 매와 먹이로 잘 다스려 길들일 수 있는 기술이 교육이고, 어린이는 그 교육으로 마음대로 다져지는, 좀 어려운 말을 쓰면 '교육의 객체'로 보는 논리다. 그러나 이것 역시 큰 오해다. 교육에서는 교사도 주체요 학생도 주체다. 젖을 빠는 아이와 젖꼭지를 물리는 어머니의 모습을 그려 보자. 누가 주체고 누가 객체인가. 둘 다 주체 아닌가. 물리지 않으면 빨 수 없고, 빨지 않으면 젖이 나오지 않는다!

두 주체의 협동과 상호 작용으로 비로소 교육이 이루어진다. 그래서 소크라테스는 교육을 '산파술'에 비유했고, 동양에서는 '줄탁동시지'(啐啄同時之)라 비유했다. 임신부와 산파가 힘을 모아 아이를 낳는 공동 작업이 산파술이다. 암탉은 약 20일 동안 알을 품는다. 품은 지 18일쯤 되면 알 속의 새끼가 거의 커서 이제 밖에 나가야 하겠다고 그 연한 부리로 안에서 껍질을 쪼며 신호를 보낸다. 그러면 밖에서는 암탉이 그것을 바로 알아채 껍질을 살살 쫀다. 안에서 밖에서 이렇게 서로 3일 동안이나 쫀다. 이렇게 동시에 하는 공동 작업이 '줄탁'이다. 이런 비유들처럼 교육은 교사 혼자서 하는 것이 절대 아니다.

나이가 들수록 흉허물 없이 사귈 수 있는 동창생, 그 가운데에서도 철없던 시절의 중·고등학교 동창생들이 자꾸 좋아진다. 그 친구들이 내 직업이 교사라고 불쑥 던지는 말에 당황하고 더러는 서글퍼 하는 까닭은 지금까지 말한 이런 데 있는 것이다. 정말이지 교육에는 왕도가 없다.

2. 가정 교육의 방법

앞에서 소개한 『교육학 용어 대사전』의 고백처럼 교육 방법에는 공장에서 물품을 생산하거나 농장에서 농산물을 재배하듯 일정하고 기계적인 것이 있을 수 없다. 그렇다면 가정 교육의 방법 또한 일정하고 기계적인 것이 있을 수 없다. 우리는 앞에서 이미 그것을 세 가지 근거에서 분석·확인했다.

그러면 가정 교육은 어떻게 할 것인가. 속수무책이라며 포기할 것인가. 결코 아니다. 일정하고 기계적인 방법이 없다는 것은 방법의 원리 또는 개개의 상황에 적용되어 효과를 본 경험적 원리가 없다는 말이 아니다. 과학적 방법 어쩌구를 떠나서 체험적 사실로 누적되어 온 가정 교육 방법의 원리를 든다면 다음 일곱 가지다.

첫째는 생활 교육의 원리다. 이것은 생활의 마당에서 생활을 통해서 생활의 소재로 가르치고 배우는 것을 이름이다. 웃어른에게 인사를 어떻게 하는가는 할아버지에게 인사드리는 아버지 모습을 보고 배운다. 밥을 먹고 나면 이를 닦는다든지, 밖에서 돌아오면 손발을 닦는다든지, 신발은 가지런히 놓는다든지, 이런 생활을 통해서 청결·건강·정돈 같은 귀한 개념들을 익혀 간다. 그리고 어머니, 아버지, 할아버지, 할머니, 형, 아우들과 나누는 대화를 통해 우리말을 익혀 간다.

일찍 일어나 아침밥도 제대로 못 들고 직장에 나가는 아버지의 모습을 보고 가족에 대한 사랑과 이에 보답하는 감사, 그리고 사람 각자가 맡은 귀한 몫인 직업의 개념을 익힌다. 어머니가 골방에서 기도를 드리는 모습에서 어머니가 믿는 하나님을 마음으로 느낀다. 그리고 이런 모든 삶의 과정에서 공동체 개념도 익힌다. 이 생활 교육이야말로 가정 교육이 학교 교육과 결정적으로 다른 면의 하나다.

둘째는 사랑과 믿음 위에 서는 교육이다. 이는 가정 교육이 서로에 대한 사랑과 믿음 위에서만 성립할 수 있다는 것을 말한다. 그리고 어른이 아이의 눈높이로 내려가서 아이의 입장을 이해하고 수용하고 따뜻하게 감싸안는 것을 말한다. 이리하여 어른과 아이가 하나 되어 마음과 마음의 문을 열고 우정을 느끼는 것, 나아가 상대방에게 자기를 맡기고 상대방을 전적으로 믿는 신뢰의 관계로까지 발전하는 것을 말한다.

이 사랑과 신뢰의 원리는 대화의 철학자 마틴 부버가 분석한 대화의 세 차원에 대한 분석으로 그 본질이 더욱 분명하게 밝혀질 것이다. 대화의 첫 단계는 대화 상대방 의견의 객관적인 인식과 이해, 둘째 단계는 자신의 의견과 상대방의 의견의 비교와 통합, 셋째 단계는 상대방에게 구속되는 그 자체를 즐거움으로 느끼는 사랑이다. 이 셋째 단계가 우정의 단계인데, 그 특징은 상대방을 자기보다 더 받드는 데에 있다.

셋째는 심신 양면의 교육이 조화롭게 이루어지는 데 있다. 물론 학교 교육의 이상 역시 지·덕·체가 조화된 '삼육'을 바탕으로 하고 있다지만, 현실은 아무래도 지육에 기울기 마련이다. 그러나 가정에서는 몸과 마음의 교육이 머리의 교육보다 더 중시된다. 그러므로 사람됨의 틀은 가정에서 짜여진다는 말은 결코 지나친 말이 아니다.

이런 뜻에서 탁아소 교육은 절대 가정 교육에 대치될 수 없다는 게 구 소련의 탁아소 교육 실험에서 얻은 귀한 진리라 한다. 전문적인 보모를 배치하고, 시간 맞추어 식사·유희·휴식의 기회를 주었다. 그런데 이 과학적 교육을 받고 있는 아이들이 무식한 농민의 가정 어머니에게서 자란 아이들에 비해 지능·정서·신체 발육 면에서 뒤졌다는 것이다. 더욱 놀라운 것은 탁아소 아이들은 웃을 줄을 몰랐다. 연구에 연구를 거듭한 결과 소련은 탁아소 교육의 한계를 느끼고 아이들을 가정에 돌려보냈다. 아이들은 하루에도 세 번 정도씩 어머니의 따뜻한 가슴에 안겨야 마음이 편해져 먹는 것도 살로 가고, 사람을 보면 좋아서 방실방실 웃게도 된다는 것이었다.

넷째는 개성적인 교육이다. 가정은 각각 그 구성원의 수, 사회적 계층, 경제적 수준, 교양의 수준, 어린이에 대한 태도, 전통적으로 내려오는 가풍, 그리고 생업이나 가업을 달리 한다. 그러기에 같은 나이, 비슷한 소질을 지니고 있는 아이일지라도 이 같은 가정적 배경이 다름에 따라 성격·태도·정서면에서 뚜렷한 차이를 나타낸다. 학교에서는 같은 교과서, 같은 교실, 같은 교사를 통해 같은 교육을 받는다. 그러나 그 학생 하나하나가 가정에서는 다 다른 교육을 받는다. 이래서 학교는 개성을 평준화하는 곳이 되기 쉽지만 가정은 도리어 개성을 부추겨 키워 주는 곳이 된다.

이 같은 개성 계발 교육에 크게 영향을 미치는 것이 가풍이다. 이런 귀한 이야기가 하나 있다. 지금부터 몇 십 년 전의 일, 박사라면 굉장히 귀하던 해방 직후의 일이다. 그런데 국사학자 이병도 교수 집안에는 박사가 일곱 명이나 있었다. 아드님들은 물론이요 며느님까지 박사였다. 그래서 신문 기자가 "무슨 특별한 교육 방법이 있습니까?"하고 물었다. 그랬더니 이 노교수는 웃으며 대답했다. "특별한 방법이라니오. 나는 아무것도 가르치지 않았어요. 다만 신문 한 장이라도 방바닥에 떨어지지 않게 했어요. 글자와 책이 소중하기 때문이었지요. 아마 그것이 좋았나 봅니다."

다섯째는 엄부자모(嚴父慈母)의 원리다. 아버지는 엄하고 어머니

는 자애로워서, 아버지는 사리를 냉혹하게 따져 밝히고 어머니는
그저 따뜻하게 감싸 주어야 한다는 뜻이다. 정의를 다스리며 대표
하는 아버지의 엄한 모습, 아이의 입장에서 이해해 주려는 어머니
의 사랑, 이 서로 모순되는 두 속성, 곧 부성과 모성이 서로 보완하
며 동시에 작용해야만 한다. 그래서 이것을 부성모성 상보의 교육
원리라고도 일컫는다.

이렇게 엄한 사랑과 따뜻한 사랑이 잘 조화될 때 이상적인 가
정 교육이 이루어진다. 그래서 결손 가정의 자녀들을 교육하는 데
에는 어려움이 많다. 또 아버지나 어머니가 서로의 몫을 나하지 못
할 때도 문제다. 엄하기만 한 부모 밑에서 자라난 아이는 강하기는
하지만 부러지기 쉬운 강철 같은 아이가 되기 쉽고, 반대로 따뜻하
기만 한 부모 밑에서 자라면 유연성은 있지만 힘이 없는 아이가 되
기 쉽다 한다.

여섯째는 효과가 늦게 나타난다는 뜻의 지효성 원리다. 눈에
띄지 않더라도 고이고이 간직되었다가 언젠가는 크게 꼭 나타날 것
이니 낙심 말고 계속 타이르라는 말이다. 그러나 일단 나타나기 시
작하면 그것은 평생 지속된다. 그래서 우리는 "세 살 버릇 여든까
지 간다"하지 않는가. 학교 교육의 방법은 의도적, 계획적, 조직적
인데 비해 가정 교육의 그것은 생활의 마당에서 '교사 자격증'이 없
는 어버이에 의해 이루어지기 때문에 산발적, 즉흥적, 체험적이다.
그러나 그 효과는 영구적임을 우리는 깊이 인식해야 한다.

나는 할아버지 밑에서 장기를 배웠다. 비록 면포장기 수준의
것이었지만 장기를 대하는 기본적인 자세, 예를 들면 버릴 때는 아
낌없이 버린다든가, 절대 물려서는 안 된다든가, 포를 잘 써야 한다
든가, 처음의 몇 수로 승부가 난다든가 하는 것을 체험으로 익혔다.
그래서 그 후 면포보다 수준이 높은 면상, 양귀마, 양귀상까지도 어

려움 없이 두게 되었다. 요새는 기회도 없지만 그 전에는 내 장기 수준이 보통은 넘는다고 칭찬을 들은 적이 여러 번 있었다. 그런데 내 바둑 솜씨는 엉망이다. 배운 지 20여 년이 되었지만 지금도 5급 정도를 못 넘는다. 할아버지에게 어려서 배워 몸으로 익혀지지 않았기 때문이다.

이른바 '감'이나 감각으로 하는 작업들, 예를 들면 음악이나 그림 같은 미적 감각 영역에 드는 것은 물론이요 윤리 감각, 종교 감각 등의 영역에 드는 것도 그러하리라고 나는 확신하고 있다. 그 단적인 사실을 우리는 역사에서 많이 들 수 있다. 위대한 종교인들의 신앙은 신학교에서가 아니고 가정에서, 특히 어머니에게서 이어받은 것이다. 그래서 루소는 말했다. "젖먹이는 어머니 젖에서 자양뿐 아니라 사랑과 종교까지 빨아들인다." 참으로 천재가 직관으로 꿰뚫은 명언이다.

일곱째는 전인 교육의 원리다. 가정이 전인 교육의 마당이라 할 때 다음 세 가지 뜻이 담겨 있다. 먼저 가정은 우리 삶에 필요한 거의 모든 것을 간직하고 있는 곳이기 때문에, 어린이는 그 가정에서 삶에 필요한 거의 모든 것에 대한 것을 원리적으로, 체험적으로 익힌다는 뜻이다. 거실 장식으로 미적 감각을, 부엌살림으로 경제의 개념을, 제사 차례를 통해서는 종교적 정서를, 이렇게 '넓은 교양'을 지니게 된다는 뜻이다. 다음은, 자기가 얼마나 소중한 존재인가를 아침저녁 확인 할 수 있는 곳이라는 뜻이다. 사실 어린이들에게 가족들은 얼마나 신경을 많이 쓰고 있는가. 가정에서는 모든 어린이가 예쁘고 영리하고 착하고, 정말 금덩어리같이 귀한 존재가 아닌가. 가정을 빼고 어디에서 사람이 이렇게 대접을 받을 수 있는가. 그리고 한 가지 더, 가정에서는 "사람 되라" 한다. 태권도 잘하라, 무용 잘하라, 영어 잘하라 하지 않고 우선 "아, 착하다" 하면서 사람 되라 한다. 이렇게 가정은 넓은 교양, 자아 의식, 인격적 감각을 익혀 전인의 틀을 짜는 곳이다.

그런데 우리 현실은 어떠한가. 눈만 마주치면 "공부 하라"해서 부모들 눈 마주치기가 겁난다 하지 않는가!

3. 어린이 존중

가정이 얼마나 귀한 것인가, 가정에서 가르쳐야 할 것들은 무엇인가, 가정에서는 어떻게 가르쳐져야 하는가를 우리는 지금까지 여러 각도에서 보아 왔다. 모두 우리가 받들고 실천해야 할 귀한 것들이다. 그러나 이 모든 말과 원리를 한 마디로 줄인다면 '어린이 존중'이 될 것이다. 폐일언하고, 어린이가 왜 존중되어야 하는가를 아름답게 읊은 레바논의 시인 지브란(Kahlil Gibran, 1883~1931)의 「예언자」(강은교 옮김, 문예출판사, 1985) 가운데 한 장을 같이 음미하는 것으로 이 글을 맺자.

〈아이들에 대하여〉

그러자 아기를 품에 안고 있던 한 여인이 말했다. 저희에게 '아이들'에 대하여 말씀해 주소서.
그는 말했다.

그대들의 아이라고 해서 그대들의 아이는 아닌 것.
아이들이란 스스로 갈망하는 '삶'의 딸이며 아들인 것.
그대들을 거쳐 왔을 뿐 그대들에게서 온 것은 아니다.
그러므로 비록 지금 그대들과 함께 있을지라도 아이들이란 그대들의 소유는 아닌 것을.

그대들은 아이들에게 사랑을 줄 순 있으나 그대들의 생각까지 줄 순 없다.
왜? 아이들은 아이들의 생각을 가졌으므로.
그대들은 아이들에게 육신의 집을 줄 수 있으나 영혼의 집마저 줄 순 없다.
왜? 아이들의 영혼은 내일의 집에 살고 있으므로. 그대들은 결코 찾아갈
수 없는, 꿈 속에서도 가 볼 수 없는 내일의 집에.
그대들 아이들과 같이 되려 애쓰되 아이들을 그대들과 같이 만들려 애쓰
진 말라.
왜? 삶이란 결코 되돌아가진 않으며, 어제에 머물지도 않는 것이므로.
그대들은 활, 그대들의 아이들은 마치 살아 있는 화살처럼 그대들로부터
앞으로 쏘아져 나아간다.
그리하여 사수이신 신은 무한의 길 위에 한 표적을 겨누고
그 분의 온 힘으로 그대들을 구부리는 것이다.
'그 분'의 화살이 보다 빨리, 보다 멀리 날아가도록.
그대들 사수이신 신의 손길로 구부러짐을 기뻐하라.
왜? '그 분'은 날아가는 화살을 사랑하시는 만큼,
또한 흔들리지 않는 활도 사랑하시므로.

가정 교육의 과제

1. 삶의 틀이 다져지는 가정

　가정을 학교, 사회와 더불어 교육의 세 마당의 하나로 귀하게 여기고, 가정 교육을 학교 교육과 사회 교육에 견주어 그 고유한 의의와 몫을 찾아 평가하는 일은 현대 교육의 가장 긴요한 과제 가운데 하나라 할 것이다.

　그러면 가정 교육의 가장 귀한 몫은 무엇일까? 크게 말해서, 학교 교육이 문자를 통해서 인류의 문화를 조직적으로 계승·발전시키는 일이요, 사회 교육이 주로 성인, 특히 직장인을 대상으로 삶의 현장이 요구하는 새로운 정보나 생산 기술을 익히게 도와주는 일이라면, 가정 교육은 가정이라는 하나의 혈연 공동체 안에서 어린이의 '삶의 틀'을 다져 주는 일이다.

　문화의 조직적인 계승·발전, 새 정보와 기술에의 접근, 그리고 삶의 틀 형성, 이 셋은 우리 삶에 모두 귀하다. 그래도 가장 중요한 것을 들라 하면 저자는 삶의 틀 형성을 들고 싶다. 왜냐하면, 삶의 틀이 바르게 짜여져 있지 않거나 망가져 버리면 문화의 조직적 계승·발전이나 새 정보·기술에 대한 슬기로운 접근은 불가능할 것이기 때문이다. 새의 경우를 비유로 들자. 새끼를 키울 둥지 자체가 없어지거나 망가지면 새끼는 어디에서 먹이를 얻어먹고 나는 법을 배울 것인가. 그리고 어디에서 어미의 체온을 느낄 것인가.

가정이 망가져 인류가 망가져 가고 있다는 우려의 소리가 높아진지 이미 오래다. 교육적으로는 소가족제보다 대가족제가 더 바람직한데, 이 대가족제가 무너져 소가족 제도로 바뀐 지는 이미 오래다. 이 소가족 제도도, 부부만의 세대나 부부와 미혼 자녀의 2세대로 구성된 핵가족 같은 여러 형태로 점점 무너져 가고 있다. 독신자 가구, 노인 부부만의 가구, 결혼은 하고도 직장 문제 따위로 떨어져 사는 비동거 가구, 그런가 하면 잦은 이혼으로 나타난 편부모 가정, 자녀를 가진 이혼자들끼리 재결합한 재결합 가정, 더욱이 혼인을 하지 않고 사는 동거 가정들이 급속하게 늘고 있다. 그리하여 인류 최후의 가족 형태라고 여겨 온 이 핵가족마저 위협받고 있는 것이다.

그 원인은 어디에 있는가. 앞서의 논의로 돌아가 가정의 4대 기능, 즉 출산 기능, 경제 기능, 휴식(안식) 기능, 교육 기능을 다시 생각해 보자. 우리는 이제 적자를 많이 출산하여 가계를 계승하고 가세를 일으켜 가문을 빛내자는 생각을 하지 않게 되었다. 또 우리 가정은 이미 일용할 양식을 온 성원이 협동해서 생산·소비하는 경제 기능을 상실했다. 그리고 사랑의 대화로 삶을 즐기며 아늑한 휴식을 얻는 안식 기능도 희미해졌다. 더욱이 인격 형성의 터전을 마련하는 교육 기능마저 사라져 가고 있다.

이렇게 가정의 본질적인 기능들이 시들어 가고 있으니 그것을 담아낼 가정이 온전할 수가 없고, 또 거꾸로 가정이 흔들리니 그 속의 이런 기능들이 제 몫을 하지 못하게 된다. 이렇게 원인은 결과를, 그 결과는 다시 새로운 원인을, 서로 상승 작용을 일으켜 인류의 앞날에 어두운 그림자를 드리우고 있다.

2. 가정 교육의 문제점 분석

자녀의 교육에 부정적 영향을 미치는 현대 가정의 양상을 크게 나누어서 살펴보면 다음과 같다.

첫째는 대가족제에서 소가족제로의 변모 과정에서 야기되는 현상들이다. 흔히 사람들은 이런 잘못된 생각을 가지고 있다. '생활 수준이나 교육 수준이 높은 가정은 그 구성원의 수가 많을수록 자녀에게 좋은 영향을 줄 수 있는 사람이 많기에 교육에 유리할 것이고, 반대로 생활 수준이나 교육 수준이 낮은 가정은 그 구성원의 수가 많으면 자녀에게 나쁜 영향을 줄 수 있는 사람이 많은 탓에 교육에 불리할 것이다.' 그러나 이것은 너무나도 잘못된 짐작이다.

가난한 가정일수록 자녀에 대한 기대와 꿈, 그리고 사랑이 커서 그것이 그 경제적·교육적 역경을 이기고도 남는 것이다. 천진난만한 어린이 앞에서는 모든 사람이 원래의 좋고 아름다운 모습만을 보여 주기 때문에 대가족제가 소가족제보다 자녀 교육에 훨씬 좋다. 이것이 진리인 것이다. 저자는 몇 년 전에 어느 신문 기사를 읽고 눈물을 흘린 적이 있다. 대강 내용을 적자면 이러하다.

> …… 직업이 '전문적인 도적'인 사람이 있었다. 그는 매월 봉급
> 날짜 25일에는 어김없이 월급 봉투를 아내에게 건네주며, 그 자
> 리에서 자녀에게 용돈도 떼어 주었다. 꼭 자녀들을 입회시켰고,
> 아내는 감사하다며 무릎 꿇고 인사했다. …… 월급 봉투는 가짜로
> 만든 것이고, 아내 역시 다 알면서 연극을 했다. 자녀들에게 '아
> 름다운 모습'을 보여 주기 위함이었다. 무려 15년이나 그랬단다.
> 그러다가 꼬리가 잡혔다. 이 가짜 월급 봉투를 보고 형사도 눈물
> 을 흘렸다. 자녀를 위한 그 정성에 감동했기 때문이다. ……

둘째는 전통적 가정관의 흔들림이다. 우리는 전체주의 체제의
국가 사회주의적인 가정관, 기독교의 부부 중심적 가정관, 불교의
'출가적' 가정관, 그리고 유교에서의 혈연 중심의 가부장적 가정관
의 특질을 분석·비교할 필요가 있다. 이 모든 가정관에 다 그 나름
의 장점도 있고 단점도 있다. 이 가정관들은 나름대로 그 문화의
소산이요 또 그 역사를 통해 고이 키워 간직해 온 것이다.

그런데 각각의 가정관은 전통적으로 기대하는 인간상, 부모상,
자녀상, 부부상, 부녀상들을 달리 한다. 기독교와 유교에서의 부녀
상에서 보기를 들어 보자. 기독교에서는 여성의 3K를 든다. 여성은
부엌(Küche), 아이들(Kinder), 교회(Kirche) 중심으로 살아야 한단다. 그
런데 유교에서는 여유사덕(女有四德)이라 하여 부인이 갖추어야 할
품성을 착한 마음씨(婦德), 고운 말씨(婦言), 얌전한 솜씨(婦功), 깨끗한
맵시(婦容)를 든다. 이렇게 기대하는 여성상이 다르다.

또 가족 간의 관계에서 보자. 유교에서는 피로 이어지는 부자
관계를 하늘이 맺어 준 '천륜'이라 하여, 결혼으로 맺어지는 부부
관계 '인륜'보다 더 짙게 보는데, 기독교에서는 이와는 정반대로, 서
로 좋아서 선택한 부부 관계인 '인격적 관계'를 피로 이어지는 부자

관계인 '자연 관계'보다 더 짙게 본다.

우리 문제는 어디에 있는가. 전통적으로 내려온 동양의 유교적 가정관은 무너진 지 오래이고 서양의 기독교적 가정관은 아직 정착되지 않았다는 데에 있다. 그러면 기독교적 가정관이 시일은 걸리지만 이 땅에 정착할 것인가? 아니다. 한글이 우리 모국어이고 영어는 외국어이듯, 김치는 우리 입에 맞는 음식이고 버터는 그들 입에 맞는 음식이듯, 우리 가정관은 그들의 가정관과는 다른 것이다. 그래서 우리 전통적 가정관이 새로운 우리 문화와 삶에 맞게 새롭게 다듬어져야 할 터인데, 그것이 희미하다. 새로운 가정관의 비정립, 이것이 큰 문제다.

셋째는 가정의 여러 기능의 쇠퇴 현상이다. 가정에서 어린이는 참으로 많은 것을 배운다. 가정의 4대 기능만 갖고 생각해도 이렇다.

우선 출산 기능에서다. 옛날에는 출산을 거의 집에서 했다. 임신은 무엇이며, 그 기간 중에 어머니는 얼마나 힘들어 하고, 그러면서도 태어날 아이에 대해 얼마나 많은 꿈을 꾸는가. 또 아버지는 그 어머니를 얼마나 따뜻하게 보살펴 주는가. 해산이 임박하면 온 집안 분위기가 달라진다. 드디어 어머니의 진통이 시작되고 그러다가 새 생명의 울음소리가 들린다. 동생이 태어났단다. …… 한 사람의 생명이 이렇게 어렵게 태어나고, 그 과정은 이렇게 신비하다. 어린이는 이것을 피부로 느낀다.

생명의 존엄성, 이것을 실감시키려면 어머니의 해산 과정을 보여주어야 한다는 말도 있다. 그런데 요새 어린이들은 어떤가. 그나마 생명의 신비를 생각해 볼 수 있는 텔레비전 프로그램들, 이를테면 '신비의 세계-동물 이야기' 같은 것은 재미없다고 안 보고 그 시간에 우주 전쟁 만화를 보고 있다.

같이 일하며 일용할 양식을 공동으로 생산·소비하는 경제 기능에서도 그렇다. 어른들이 고생하면서 일하는 모습을 볼 수 없고, 그래서 노동의 생산물에 대해 고마움을 모르며, 노동의 귀함 자체도 모르게 되어 버렸다. 할아버지는 논에서, 할머니는 안방에서, 어머니는 부엌에서, 아버지는 회사에서, 그리고 소년은 소를 몰고 나가 풀을 뜯기는 논두렁에서 …… 이렇게 일을 해야만 했다. 그것이 참교육이었다. 그런데 이런 모습을 요새 어린이는 거의 못 보게 된 것이다.

안식 기능에서도 그렇다. 식구들끼리 모여 앉아 담소를 즐기는 기회 자체가 거의 없어졌다. 아버지는 거실에서 프로 야구를, 어머니는 안방에서 드라마를, 그리고 아이는 자기 방에서 만화 영화 비디오를, …… 이렇게 각자 자기 방에서 바보상자라는 텔레비전을 안고 낄낄거리고 있으니 될 말인가.

교육 기능은 더욱 엉망이다. 태권도다 무용이다 그림이다 피아노다 심지어는 웅변이다 영어 회화다, 이렇게 과외하느라고 아이들은 집에 붙어 있을 시간이 없을뿐더러 몸과 마음이 다 지쳐 있다. 그래서 아이들 '신경 건드리지 않으려고' 어버이들은 아이들에게 할 말을 못 하고 진짜 가정에서 가르쳐야 할 것을 못 가르친다. 이래서 어린이는 가정에서 왕이 되고 폭군이 된다. 중국은 경제 문제로 산아 제한을 해서 한 가구 한 아이가 보편화 되어 있다. 그랬더니 그 아이들이 다 왕이 되어 가정 교육이 엉망이 되었다. 이것이 경제 문제보다 더 심각한 문제라는 말이 돌고 있다.

가정의 기능을 옛날처럼 그대로 살리는 방법은 이 산업 사회에서는 없다. 그러나 그 '원리'들은 애써 보여 주어야 할 것이다.

넷째는 가족 구성원 사이의 통제·영향력의 감퇴 현상이다. 앞세대는 조상으로 물려받은 좋은 문화나 행동 양식을 뒷 세대에게

의도적으로 물려주어야 하는데 그것을 못 하고 있고, 뒷 세대 역시 그것에 저항감을 갖고 있다. 윗사람들이 얼마나 고생하며 자기들을 키우고 있는지를 피부로 느끼지 못하기에 아이들은 웃어른들에 대한 고마움을 모른다. 그러니 할아버지가 무서운 줄을, 아버지가 고마운 줄을, 어머니가 따뜻한 줄을, 형이 미더운 줄을 모른다. 그뿐 아니라 가족 구성원 상호 간의 위계 서열이나 질서가 무너져 버렸다.

다섯째는 어린이와 가족 사이의 괴리 현상, 다른 말로 틈새 벌어짐 현상이다. 아이와 대하는 시간이 줄어들고, 아이가 정말 원하는 것을 해 주지 못하고, 심지어 먹을 것도 제대로 따뜻하게 해 먹여 주지 못하면서 과외다 무어다 하여 가정 밖으로 아이들을 내몰고 있다. 그래서 "선생님, 집에 다녀오겠습니다" 한다는 익살까지 나온 게 아닌가.

'교육'을 위해 이렇게 시간과 정력과 돈을 바치는데 그 결과는 무엇인가. 가정 교육의 말살이며, 연하게 싹터 오르는 인간성의 시듦이다. '교육' 한답시고 다 '전문가'라는 '교육 기술자'에게 맡겨 어버이들이 해야 할 그 귀한 '가정 교육'을 버리고 있다. 그래서 두 세대 사이에 틈이 이렇게 크게 벌어진 것이다.

여섯째는 가족 성원끼리의 인격적 결합의 불안정성이다. 가족 구성원은 서로가 상대방을 인간적으로 사랑하고 존중하는 인격적인 관계라야 하는데 그것이 희미해졌다는 말이다. 특히 부부관계에서 그것이 심해졌다. 이혼율이 계속 높아져만 가고 있는 사실이 단적으로 이것을 말한다.

우리 할아버지나 할머니 세대만 해도 선도 안 보고 부모님 말씀에 순종해서 결혼했다 한다. 그래서 그 관계는 운명적이다. 피할 수도 바꿀 수도 없는 것으로 수용하고, 그래서 슬픈 일일랑 체념으로 이기고 기쁜 일일랑 하늘의 뜻으로 여기고 감사하며 살았다. 이혼 따위는 상상도 못 했다. 또 우리 세대만 해도 결혼은 서로 첫눈으로 좋아서 맺어진 것이고 그러기에 하늘의 섭리로 돌리며 감사하는 인격적인 것이었다.

그런데 요즘 세대는 꽤나 다르다. 마치 그리스의 선박왕 오나시스와 케네디 대통령의 미망인 재클린의 결합처럼 공리성이 앞선다. 상대방을 인격으로 대하기보다는, 자기를 위해 수단으로 존재하는 물건으로 보기가 쉽다는 말이다. 원리적으로는 '정략 결혼'적인 것을 그 속에서 느낄 수 있다. 키다, 학벌이다, 직장이다, 가정이다 …… 이렇게 상대방이 지닌 것들을 한참 물어 본 후에 비로소 '사람됨'이 도마에 오른다!

여러 가지 인간 관계가 있다. 운명성(숙명성), 섭리성, 공리성, 자연성, 정치성, 인격성들을 특징으로 지니는 여러 유형의 인간 관계가 있는 것이다. 그러나 가족 구성원 사이에서는 운명성, 섭리성, 인격성만은, 그 중에서도 인격성만은 살아 숨 쉬어야 하지 않을까? 한참 전의 영화지만 '러브 스토리'가 그렇게 우리에게 감동을 준 것도 뒤집어 생각하면 그러한 부부 관계가 우리 주변에서 거의 볼 수 없기 때문이 아니었을까? 여기에서는 부부 관계만을 보기로 들었지만, 부자 관계, 형제 관계 등에서도 마찬가지다.

일곱째는 종교 감각의 감퇴다. 삶은 어디에서 왔고, 참 삶은 무엇이며, 삶은 죽음을 넘어 어떻게 되는 것인가. 이 세 가지 삶의 근본 문제를 하나의 큰 문제로 통합하여 물으면서 삶의 오리엔테이션을 하는 것이 진정한 종교다. 이러한 종교는 갖가지 의식 형태로 가정 안에 살아 있다. 그 대표적인 것을 우리는 관혼상제 의식에서 볼 수 있다. 그 의식들은 모두 우리를 숙연하게 해 주며 삶을 되돌아보게 한다. 가정이 지니는 문화적 기능의 하나로 이 종교를 드는 이유도 여기에 있다.

전통적인 가정에서는 이 같은 의식을 정성들여 집행했으며, 이를 통해 가족의 온 성원이 새삼 하나됨을 다짐했다. 그런데 오늘날은 어떠한가. 목욕재계하고 차례를 지내기는 고사하고 아예 차례 자체를 생략하는 사람들이 많단다. 추석에 조상 성묘는 안 하고 유원지 콘도에 앉아 20만 원짜리 차례상을 주문하여 그것으로 성묘 차례를 대신한단다. 이러니 어린이들이 가정에서 어떻게 삶의 오리엔테이션에 접할 것인가.

종교가 삶에 얼마나 귀한 것인가. 그 단적인 사실을 하나 소개하련다. 미국에서는 보통 4분의 1이 이혼한다. 그런데 일주일에 한 번씩 교회에 같이 나가는 부부의 이혼율은 약 40분의 1이다. 더욱 놀라운 것은, 부부가 이마를 맞대고 집에서 『성경』을 읽는 부부의 경우에는 약 400분의 1로 이혼율이 줄어든다. 종교에 접한다는 것도 귀하지만 이렇게 종교를 가정에서 생활화하는 것은 더욱 귀하다. 그런데 오늘날 우리는 이렇게 귀한 종교적 감각을 가정에서 키워 주지 못하고 있다. 안타까운 일이다. 그 원인도 여러 가지로 분석될 수 있겠지만, 저자는 그 가운데 큰 것을 종교의 기업화, 제도화, 사교화로 본다.

3. 천성적 교사 어머니

가정 교육은 온 성원의 협동 작업으로 이루어진다. 그러나 그 중에서도 핵심적 몫을 하는 사람은 어머니다. 그래서 옛날부터 위대한 인물 뒤에는 위대한 어머니가 있었다. 우리는 그러한 어머니들 가운데 대표적인 사람으로 동양에서는 맹자의 어머니, 서양에서는 아우구스티누스의 어머니 모니카, 우리나라에서는 이순신의 어머니, 그리고 일본에서는 도오고오의 어머니를 든다.

맹모삼천지교에 대해서는 다시 말할 필요가 없으리라.

모니카는 '눈물의 어머니'로 칭송을 받는다. 아우구스티누스는 젊은 날 이방의 나라들을 떠돌며 공부하다 이교에 빠졌다. 그의 어머니 모니카는 아들이 기독교로 돌아오게 해 달라고 날마다 눈물을 흘리며 기도했다. 그 눈물의 효능인가. 아우구스티누스는 어느 날 홀연히 회개하고 기독교의 품에 돌아왔다. 그리하여 중세 천 년의 기독교의 교리를 짜낸 위대한 교부가 된다. 이리하여 "눈물의 아이는 절대 망하지 않는다"는 유명한 격언이 나왔다. 그의 유명한 자서전 『고백』의 첫 머리를 장식하는 명제, "사람은 하나님을 향하게 창조되었으므로, 하나님의 품에 안기기까지는 절대 마음의 평화가 없다"는 믿음, 이것이 바로 어머니 모니카의 것이었다.

나라에 대한 지극한 충성, 고매하고 성실한 인격, 군인으로서의 탁월한 전략과 통솔 능력, 문무를 겸비한 인간으로서의 매력 등으로 길이 칭송받는 명장 이순신의 어머니 초계 변씨(草溪 卞氏) 부인에 대한 이야기는 더욱 감동적이다. 이순신이 한때 모략을 받아 대역 죄인으로 옥에 갇히고 드디어는 사형 선고까지 받은 일이 있었다. 이때 어머니는 임금님을 뵙고 하소연하러 뱃길과 도보로 서울을 향했다. 그러다가 여독으로 도중에 쓰러져 죽었다. "나는 순신이에게 충하라 가르쳤지 역적되라 가르치지 않았다. 나보다 순신이를 더 잘 아는 사람은 이 세상에는 아무도 없다. 순신이는 절대 역적이 아니다." 이것이 그녀가 임금님에게 전해 드리고 싶었던 마지막 말이라고 전해진다.

대마도 해협에서 그 기습 전법으로 러시아의 해군을 전멸시키고 러일 전쟁을 승리로 이끄는 계기를 마련한 일본의 함대 사령관

도오고오(東鄕八平郎)의 어머니 마스코(益子)의 이야기도 감동적이다. 러일 전쟁 승리를 축하하는 연회가 어전에서 열렸다. 기라성 같은 제독들 가운데 한 사람이 일어서더니 도오고오를 찬양하며 이렇게 말했다. "도오고오 장군님, 당신은 넬슨 같은 명장입니다."

그러자 도오고오는 일어서서 대답했다. "나는 지략의 명장 넬슨보다 지덕을 겸비한 이순신 장군을 더 존경한다. 나는 이순신 같은 덕장이 되기를 이상으로 하고 살아왔다. 그런데 나를 이렇게 키워 준 분은 바로 우리 어머니이시다. 어머니는 나를 어려서부터 어찌나 귀하게 키우셨는지 한 번도 반말을 쓰시지 않았고, 심지어 기저귀를 차고 누워 있을 때에도 한 번도 내 머리맡을 넘어가지 않으셨다. ……" 이 말을 듣고 모두들 놀랐다 한다. 이 도오고오는 병서로 이순신 저작도 많이 읽었다 한다. 대마도 해협에서의 가습 전법도 바로 이 이순신에게서 배운 것이라는 말이 있다.

천성적 교사로서의 어머니에 대해 이보다 더 무슨 말을 하리오. 셰익스피어의 유명한 이 말로 끝맺는다.

"요람을 움직이는 사람은 세계를 움직인다."

페스탈로치의 가정 교육론

1. 가정과 인생

가정은 부모, 부부, 자녀 등 근친을 중심으로 동거하며, 경제적으로 협력하고, 자녀를 출산·육성하는 곳으로, 인생에 있어 가장 중요하고 또 국가·사회의 핵심이 되는 소집단이라고 정의할 수 있다. 가정이 갖는 문화·사회적인 기능을 미시적으로 분석하여 보면, 애정 기능, 경제 기능, 교육 기능, 보호 기능, 출산 기능, 안식 기능, 종교 기능 등 일곱 가지인데, 이것들을 다시 크게 나누어 출산, 경제, 휴식, 교육의 넷으로 묶을 수 있다. 우리는 이 넷을 가정의 4대 기능이라 일컫는다.

출산 기능은 합법적 혼인에 의해 적자를 낳는 일, 경제 기능은 '일용할 양식'을 가족 온 성원이 공동으로 생산하는 일, 휴식(안식 혹은 오락) 기능은 온 성원이 사랑의 대화를 통해서 삶의 즐거움을 누

리며 정신과 육체를 편히 쉬게 하는 일, 그리고 교육 기능은 온 성
원이 깊은 애정과 신뢰와 관심으로 자라나는 어린이에게 인격 형성
의 터전을 마련하는 일이다.

그러나 가정이 갖는 이와 같은 본질적인 기능마저 문화·사회
적인 변화에 따라 최근 크게 흔들리게 되어, 이것이 인간 교육에
매우 부정적으로 나타나고 있다는 우려의 소리가 높다.

2. 네 가지 가정관

인간 교육의 관점에서 가정관을 몇 가지로 나누어 보면, 국가
사회주의적·전체주의적 가정관, 유교적·친족 중심적 가정관, 기독
교적·부부 중심적 가정관, 그리고 불교적·'출가'적 가정관을 들 수
있다. 이 네 가지 가정관은 그 기대하는 인간상을 달리하고 있기
때문에 자녀들에 대한 교육 이념면에서도 각각 다르게 나타난다.

국가사회주의적인 가정관은 플라톤의 『공화국』에 그 이론적 모
델이 있으며, 한때 나찌 히틀러에 의해 '생명의 샘'(Lebensborn: 출정
전의 우수한 게르만족 친위대 장교들과 우수한 게르만족 처녀들을 몇 달 집단 숙소에
동거시켜, 우수하고 혈통이 순수한 게르만 엘리트를 얻어 내자는 우생학적 정책)으
로 시도되었고, 현재에는 공산권의 '탁아소' 교육에 그 이념이 부분
적으로 계승되고 있다.

플라톤은 기울어져 가는 조국 아테네를 부흥시킬 길은 국가만
을 바라보고 뛰는 국민을 육성하는 길밖에 없다고 여겼다. 그래서
우생학적 견지에서 결혼을 국책적으로 통제·관리하고, 태교를 중
시하며, 마을 장로의 판정에 따라 심신이 모두 건강하게 태어난 아
이만을 길러야 한다고 생각했다. 일찍부터 탁아소에 아이들을 집단

적으로 수용하여 공동으로 관리하며, 부모와 자녀 사이에 인간적·자연적·세속적 애정이 싹트는 것을 막기 위해 누가 아버지고 어머니인지 모르게 하고, 그래서 여러 명의 아버지, 어머니를 갖게 된 아이들에게 전문적 보모와 교사를 일찍부터 배치해서 국가사회주의적, 전체주의적 사고 방식과 생활 태도를 몸에 익히게 해야 한다고 주장했다.

플라톤은 가정의 기능 중 특히 교육적 기능을 국가가 빼앗아 독점적으로 관장해야 한다고 생각했다. 플라톤은 어린이의 '본적'은 가정이 아니라 국가라고 한 것이다.

유교의 가정관은 혈연으로 이어지는 인간 관계를 '천륜'으로 여기고, 국가와 시민과의 관계보다 이것을 존중하며, 이 같은 혈연을 기반으로 하는 가족 집단의 존립 의의를 국가의 그것에 버금가게 정립한다. 그래서 인생에 있어서의 가정 및 가정 교육의 의의를 국가 및 국민 교육 못지않게 중시했다. 유교가 '가족주의적 종교'라고 불리 우는 이유도 여기에 있다.

그 가정 교육 이념은 수신제가 연후에 치국평천하라든가, 효는 백행지 본이라든가, 효제가 사람의 본성인 인이라든가 하는 표현으로 잘 나타나 있다. 충이라는 사회적·국가적인 덕목이 크게 등장한 것은 유교에 있어서는 훨씬 후세의 일이다. 소위 '충효일치'라는 표어는 충을 효보다 높은 자리에 놓고자 한 것으로 국가 권력이 체제 유지를 위해 유교를 국교화한 시대에 나타난 것으로, 이것은 유교의 본질적인 가족 윤리와 어긋나는 것이다. 그 전형적인 예를 천황제 아래의 일본 군국주의 교육 이념에서 볼 수 있다. 원래 유교에 있어서 가정은 국가보다 위에 놓이는 것이다. 그런데 유교가 정치적 체제 수호 윤리로 변질되면서 가정은 국가와 동격으로 심지어는 국가의 하위에 까지 놓이게 된 것이다.

기독교의 가정관은 부부의 인격적 결합을 바탕으로 하는 데에 그 핵심이 있다. 플라톤이 국가에 대한 국민의 시민적 자질로 충을, 유교가 혈연적 관계로 효를 중시한데 비해, 기독교는 남과 남이라는 부부가 서로 좋아서 맺은 계약적 관계, 사랑을 중시한다. 여기에서는 신앙이라는 신과 인간과의 계약적 관계가 부부 관계의 모델이 된다.

인간이 신을 섬기듯 아내는 남편을 섬기며, 신이 인간을 사랑하듯 남편은 아내를 사랑하라는 계약적 윤리, 즉 서로 마음에 들어 맺은 선택적 관계라는 인격적 관계가 기독교적 가정 윤리의 핵심이 되고 있다. 부부의 관계는 신과 인간과의 관계로 비유되듯 모든 관계에 앞서 으뜸이 된다. 때문에 기독교적 가정관에 있어서는 이 관계를 바탕으로 하는 사랑이 가장 귀한 덕목으로 여겨지며, 가정은 천국의 모형이 되어 국가나 사회보다 그 존재 의의가 더 존중되어야 할 자기 목적적 존재가 된다.

그러므로 기독교에 있어서는 사회와 국가는 신앙적 가정을 돕는 수단적 기구에 지나지 않게 되고, 어린이의 '본적'은 국가에 있지 않고 가정에 있으며, 가정 교육이 학교 교육이나 사회 교육보다 더 중요한 것이 된다.

기독교의 가정관과 가정 교육관을 잘 볼 수 있는 곳은 '골로새인들에게 보낸 편지'(제3장 18~21절), '에베소인들에게 보낸 편지'(제5장 21절~제6장 4절)인데, 여기에서는 뒤의 것을 택해 읽어 보기로 한다.

여러분은 그리스도를 공경하는 정신으로 서로 복종하십시오.
아내된 사람들은 주님께 순종하듯 자기 남편에서 순종하십시오.
그리스도께서 당신의 몸인 교회의 구원자로서 그 교회의 머리가
되시는 것처럼 남편은 아내의 주인이 됩니다. 교회가 그리스도께

순종하는 것처럼 아내도 모든 일에 자기 남편에게 순종해야 합니다.

남편된 사람들은 그리스도께서 교회를 사랑하셔서 당신의 몸을 바치신 것처럼 자기 아내를 사랑하십시오. ······

우리는 그리스도의 몸의 지체들입니다. 성서에 "그러므로 사람이 부모를 떠나 자기 아내와 결합하여 둘이 한 몸을 이룬다"라는 말씀이 있습니다. ······

자녀된 사람들은 부모에 순종하십시오. 이것이 주님을 믿는 사람으로서 마땅히 해야 할 일입니다. "네 부모를 공경하라"하신 계명은 약속이 붙어 있는 첫째 계명입니다. ······

어버이들은 자녀의 마음에 상처를 입히지 말고 주님의 정신으로 교육하고 훈계하여 잘 기르십시오.

기독교의 가정 윤리는 아내의 남편에 대한 순종, 남편의 아내에 대한 사랑, 자녀의 어버이에 대한 공경, 신앙 중심의 가정생활, 그리고 자녀에 대한 사랑의 교육이라 하겠다.

불교의 가정관은 위의 세 가정관에 견주어 그 특징이 선명하게 드러나지 않고 있다. 다만 『육방예경』(六方禮經), 『옥야여경』(玉耶女經), 『유마경』(維摩經)에서 단편적으로 엿볼 수 있는 정도이다.

『육방예경』에서는 섬겨야 할 육방, 즉 동남서북하상이 각각 부모, 스승, 아내, 친족, 종, 사문을 가리킨다. 그러므로 가족 윤리가 이 중에서 크게 부각되지 않고 있다. 『옥야여경』에는 일곱 종류의 아내, 즉 어머니, 누이, 친구, 며느리, 종, 원수, 도둑 같은 아내들 중에서 처음에서부터 다섯 번째까지 종류의 아내가 되라는 부녀훈이 담겨져 있다. 『유마경』에는 출가의 공덕에 대한 설법을 듣고자 하는 라훌라에게 부처님은, 출가는 물론 좋지만 형식적인 겉치레의 출가보다는 겉으로는 집에 있으면서도 정신적으로는 출가자처럼 사는 '재가적 출가', 즉 '나'에 집착하지 않으며, 인연의 영향을 받지 않는 참다운 출가를 권장하고 있다.

불교는 이렇게 가정 안에서의 인간적 애정 관계도 번뇌의 원인 중의 하나로, 즉 해탈과 깨달음을 방해하는 요인의 하나로 보고 있다. 가정의 존재 이유에 대한 적극적이고 긍정적인 진술이 불경에는 별로 크게, 조직적으로 보이지 않는 이유가 여기에 있다고 보여진다.

3. 페스탈로치의 가정 교육론

위에 든 네 가지 가정관 중에서 가정의 고유한 존재 이유를 존중하고 이에 비롯해서 가정 교육의 독자적인 의미를 적극적으로 인정하고 있는 것은 유교의 가정관과 기독교의 가정관이다. 이 두 가정관은 인격 형성이 이루어지는 교육의 마당으로 가정을 아주 높이 평가한다. 교육이 이루어지는 교육의 세 마당, 즉 가정, 학교, 사회 중에서도 가정을 가장 크게 본다는 말이다. 유교에서는 '수신제가'가 '치국평천하'에 앞서야 한다고 말하는데, 기독교 역시 그렇다. 사실 페스탈로치는 그의 대표적 수상집 「숨은이의 저녁 노을」(1780)에서 이렇게 말하고 있다.

> 인류의 가정적 환경은 으뜸가는 그리고 가장 슬기로운 자연적 환경이다. 인간은 그의 가정적 행복이 안겨 주는 순수한 행복을 누리기 위하여 자기 직업에 힘쓰고 시민 제도의 무거운 짐을 감당하고 있다. 따라서 특정 직업에 알맞은 교육이나 특정 계층에 알맞은 교육도 이 가정적 행복을 누려야 한다는 궁극적 목적에

따라야만 한다.

그러므로 어버이의 가정이여! 그대는 인류의 모든 순수한 자연적 교육의 터전이다. 그대만이 도덕과 국가의 학교다. 인간이여, 그대는 먼저 한 어버이의 자녀가 되며, 그 다음에 그대의 직업 준비를 위한 도제가 되는 것이다. 어린 시절의 덕성은 도제 시대의 행복이 되며, 뒷날의 행복을 가져오는 여러 자질을 교육하는 첫 터전이다.

이 같은 자연의 질서에서 일탈하여, 계층·직업·지배·예속 등에 관한 교육을 부자연하게 추진하는 자여, 그대는 인류를 그 가장 자연스러운 행복의 즐거움에서 꾀어 내여, 암초 많은 바다에 던져버리는 자다.

이같이 기독교의 가정관에 입각하여 페스탈로치는 가정 교육의 주요 내용으로 다음 셋을 들고 있다.

첫째는 질서 감각의 도야다. 가정에는 질서가 있어야 한다. 위 아래 성원 사이의 도덕적 질서는 물론이요, 일상생활 자체에도 질서가 서야 한다. 도덕적 질서는 생활의 질서를 낳게 하고, 거꾸로 생활의 질서는 도덕적 질서를 낳는다. 그리고 이 두 질서가 합해서 정신적 질서를 낳는다.

기독교에서는 가정을 하늘나라의 축소된 모형으로 여기며, 부모를 이 세상에서 하나님을 대신하는 대권자로 본다. 이 작은 하늘나라를 감당하지 못하는 사람이 어찌 큰 하늘나라를 감당하리요, 눈에 보이는 부모와 형제를 사랑하지 못 하는 사람이 어찌 눈에 안 보이는 하나님을 사랑할 수 있으리오.

주부된 사람이 어찌 책을 읽어서 나쁘리요. 그러나 가정을 질서 있게 꾸려 나가는 일, 그것이 성경 읽기보다 더 귀하다. 성경은 나들이 옷이라면 가계부는 일 옷이다. 역설 같은 표현이지만, 주부에게는 가정이 그 삶의 거의 전부요, 따라서 주부는 먼저 묵묵히 일하며 가정의 질서를 세워야 한단다.

이처럼 아늑하고 슬기로운 가정에서 아이들은 인생에서 가장 귀한 질서 감각을 생활에서 익혀 가는 것이다.

둘째는 순수한 심정을 길러 주는 도덕 교육이다. 페스탈로치가 들고 있는 순수한 심정이란 사랑, 믿음, 순종, 감사의 마음이다. 이것을 4대 덕목이라고도 할 수 있으리라. 이러한 순수한 심정은 우선 부모와 자녀 사이에 싹트고 익혀져 하나님과 인간 사이로도 커져 가고, 다시 하나님과 인간 사이의 이런 삼정이 넘쳐흘러 이웃, 사회, 국가 등으로 확산되어 간다.

아이들은 어머니의 사랑으로 하나님의 사랑을 알고, 어머니에 대한 감사의 마음으로 하나님에 대한 감사를 예비하며, 어머니가 믿는 그 하나님을 자기도 하나님으로 믿으며 어머니에게 순종하듯 하나님에게 순종하게 되는 것이다.

셋째는 앞으로의 삶에 필요한 가장 기초적인 교육의 터전을 닦는 일이다. 기초 교육이라 하면 종래에는 세 가지 R, 즉 읽기, 쓰기, 셈하기(3R'S: reading, writing, arithmetic). 한자 표현으로는 독서산(讀書算)을 가리켰다. 그러나 페스탈로치는 여기에다 도덕 교육과 실제 교육을 덧붙이고 있다. 도덕 교육은 위에 든 네 가지 순수한 심정의 도야를 말하며, 실제 교육은 생활의 경제면, 노동면, 사회면 등에 관한 관심을 기르는 일이다.

방직을 가업으로 하는 경우를 보기로 들며 페스탈로치는 이렇게 말한다. …… 아이는 부모의 곁에서 실을 짜낸다. 아이가 짜낸 실의 상품 가치는 미미하지만, 이런 놀이와 작업, 즉 노작을 통해서 아이에게 경제, 노동, 사회에 대한 눈이 열리게 되고 나아가서 직업에 대한 신성한 인식이 익혀지며, 자기 집안에 내려오는 가업이나 가풍에 대한 긍정적인 인식이 싹트며, 드디어는 직업이란 오로지 돈을 벌기 위해서가 아니고 그것으로 하나님이 주신 자신의 개성을 실현하고 사회에 이바지하며 하나님에 대한 의무를 수행하는 수단이기도 하다는 직업성소관을 지니게 되는 것이다.

우리는 페스탈로치의 가정 교육 체계를 '전인적 인간 발달 조성'의 체계로 특징지우며 이렇게 정의하고 평가해야만 한다.

> 가정 교육은 가정과 생활권을 중심으로 한 조기 교육으로서, 어린이에게 깃든 여러 소질과 능력을 조기에 발견하고, 이것을 조화적으로 모두 계발·발전시켜, 이로써 전인적 인간 교육의 기초를 다지는 교육의 이념, 내용, 방법, 체제를 포괄하는 일련의 교육 체계다.

전인적 교사론

■■■
전
인
교
육
의

이
념
과

방
법
■■■

교사의 주요 업무

1. 삶에 큰 영향을 미치는 스승들

우리 인생에 영향을 미치는 요인은 이루 헤아릴 수 없이 많다. 먼저 자연적 요인이다. 산과 바다, 논과 밭, 눈과 바람, 추위와 더위 등이다. 망망대해 같은 만경평야에서 자라나는 호남의 아이들과 높은 산 깊은 계곡 사이에서 자라나는 강원도 정선의 아이들은 자세나 기질이 꽤나 다를 것이 분명하다. 그래서 풍수지리설도 나왔으리라. 죽은 사람에게 좋다 하니 산 사람, 더욱이 어린 새싹 같은 아이들에게는 얼마나 큰 영향을 주겠는가.

다음은 문화적 요인이다. 빈과 부, 불교와 기독교, 유식한 부모와 무식한 부모, 매스미디어 춤추는 대도시나 새나 구름을 벗 삼는 섬마을, 세칭 일류로 꼽히는 학교와 모두들 가기를 싫어하는 세칭 삼류학교 …… 등이다.

또 하나는 선천적 요인이다. 가지고 태어나는 것이다. 남성과 여성, 백인과 흑인, 지능과 체격(외모 포함), …… 등이다. 한 마디로 한평생 그 굴레에서 벗어날 수 없는 숙명적·운명적 요인이다. 그래서 옛날부터 씩씩하고 착한 흑인 남성과 아름답고 귀한 백인 여성과의 "운명적"인 사랑은 영화의 단골 메뉴다.

이 세 종류의 요인을 비교하여 보면, 첫째의 자연적 요인은 그 귀한 것은 살리고 바람직하지 못한 것은 피해갈 수 있다. 동물은 이 자연적 환경에 적응하거나 그것이 어려우면 철새들처럼 골라 나설 수 있다. 그러나 인간은 떠나기보다는 앉은 그 자리에서 환경을 인간에 맞게 개조해서 산다. 사실 인간의 문화란 자연을 인간에 맞게 바꾼 것이다.

문화적 요인은 사회 경제적 요인으로서 그 자체가 꾸준히 변화하고 그래서 더욱 인간의 노력으로 얼마든지 바꿀 수 있는 것이다. 얼마든지란 이 표현에 오해가 있을 수도 있다. 그래서 한 예를 들면, 한 사회의 체제는 공산주의 체제로 바뀌기도 하고, 또 그것이 무너지기도 하는데, 그 원동력은 결국 인간의 의지라는 뜻이다. 한때 맑스주의가 성할 때에는 "존재가 의식을 결정한다"는 그의 명제를 절대적인 진리로 여겼고, 이것으로 많은 우를 범했으나 프랑크푸르트학파가 등장하면서 '의식의 상대적 자율성'을 내세우며 인간의 위대성과 양심의 존엄성을 다시 찾아 오늘에 이르고 있다. 그래서 이 문화적 요인은 결국 인간 노력의 총체인 교육을 통해서 극복할 수 있다는 확신을 우리 모두가 갖게 되었다. '인격 혁명', '교육 혁명'이란 말이 결코 허황한 말이 아니다.

생래적 요인은 유전적 요인이기에 교육을 통해 극복할 수 없는 것이다. 여성의 권리를 남성의 그것과 동등하게 보장할 수는 있다. 그것은 문화적(교육적) 작용이기 때문이다. 그러나 여성을 남성으로 바꿀 수는 없다. 그것은 유전적·선천적·생래적 작용이기 때문이다. 이 선천적 요인까지도 사회 체제의 소산으로 여기고 따라서 이것도 체제 개혁을 통해서 바꿀 수 있다고 여기는 사람들도 있다. 이들은 그래서 예를 들면 남성적인 특질과 대비되는 여성적인 특질을 인정하려 들지 않았다. 심지어 본능까지도 몇 대에 걸친 후천적 교육의 결과가 특정 방향으로 고정된, 실은 '본능화'된 것에 불과하다고 애써 고집하였다. 그러나 이제는 이런 논리는 시들해졌다. 도리어 유전적으로 이질적인 것이 고루 꽃피워 서로 조화되게 돕는 일이 교육의 큰 몫으로 인식되기에 이르렀다.

루소와 더불어 저자는 하나님이 정해 주신 '남성적인 것'과 '여성적인 것'이 엄연히 존재하고, 그것은 서로 조화 보완되어 비로소 인간이 된다고 믿어 의심하지 않는다. 그래서 남성과 여성에 각각 알맞은 교육이 따로 마련되어야 한다고 굳게 믿고 있다. 단 유전 공학으로 이 유전 인자를 바꾸어 남성도 아니고 여성도 아닌 것으로 만든다면 이야기는 다르다. 그것은 교육적(문화적) 작용인 것 같지만, 교육의 첫째 조건인 윤리성에 어긋나기 때문에 절대 교육이 아니다!

우리 삶에 영향을 주는 요인들은 이렇게 많다. 그러나 이 중에서 결정적인 것은 무엇일까? 첫째의 자연적 요인은 물론 아니다. 피할 수도 누그러뜨릴 수도 있고, 그 정도가 문화적 요인에 견주어 깊지 않기 때문이다. 셋째의 선천적 요인은 어떤가. 피할 수도, 누그러뜨릴 수도 없어 결정적인 것 같으나 실은 인간적인 삶에 결정적인 것이 아니기 때문이다. 저자는 위에서 유전적 요인으로 남성과 여성, 백인과 흑인, 지능과 체격(외모 포함) …… 등을 들었다. 키 크고 잘생기고 머리 좋은 백인 남성도 못된 사람일 수 있다. 반면에 키 작고 못생기고 둔한 흑인 여성이 좋은 사람일 수 있다. 이런 선천적 요인 등은 참인간됨하고는 관계가 없는 것이다. 그래서 남는 것은 단 하나, 문화적 요인이다.

그런데 여기에서 하나 더 따질 일이 있다. 이 문화적 요인들 중에 우리 인간적 삶에 가장 결정적인 영향을 주는 것은 무엇일까? 소유냐, 권력이냐, 교양이냐, 매스컴이냐, 주거냐, …… 이렇게 놓고 곰곰이 따져 보면 이 모두가 아니다. 그러면 무엇인가. 교육이다. 가정 교육이요, 학교 교육이요, 사회 교육이다. 더 구체적이고 엄밀하게 이야기하면 그 속에서의 인격적 만남에 의한 인간 교육이라 하겠다.

우리는 가정에서 부모님에게, 학교에서 여러 교사들에게, 그리고 사회에서는 교회의 목사, TV의 뉴스 앵커, 예언자적 지사, 정의 사회를 실현하고자 하는 국민 운동가, 자원 봉사자, 심지어는 버스 기사나 구두 수선공에게서까지 많은 것을 배운다. 그 중에는 삶에 깊숙하게 다가와, 더러는 그 방향을 새롭게 다지게 하는 만남에까지 이른 것도 있다. 여기에서는 그 중에서도 교사와 제자 사이의 만남으로 이를 국한해서 보기로 한다.

2. 교사상

대학을 졸업할 때까지 우리는 교사를 몇 분이나 모시는가. 어림잡아 유치원에서 약 5명, 초등학교에서 약 10명, 중학교에서 약 20명, 고등학교에서 약 30명, 그리고 대학에서 약 40명, 이렇게 모두해서 약 105명이다. 대학의 40명은 이렇다. 약 140학점 졸업에 과목당 3학점, 그러면 약 47과목이다. 더러는 한 교수에게 두 과목을 배우고, 더러는 2학점 한 과목(대개는 실기 과목)을 여러 교수에게 배운다. 그래서 약 40명 정도가 되지 않을까.

대충 105명의 교사를 거쳐야만 대학을 졸업한다니! 나도 자신이 산출해 낸 이 수치를 보고 놀랐다. 거의 얼굴이 떠오르지 않는다. 그러나 40명 정도는 어렴풋하게, 그리고 10여 명은 정말 어버이처럼 또렷하게 떠오른다. 이 모든 분들에게 우리는 알게 모르게 영향을 받았고, 더욱이 그 중 몇 분에게서는 그야말로 삶의 방향 수정을 당할 정도로 결정적인 영향을 받았을 것이다. 이렇게 받은 영향의 정도, 배운 내용은 다를지라도 이들 교사들에게 우리가 느낀 인상은 거의 비슷할 것이다. 그것이 이른바 교사상이다.

저자가 지니고 있는 교사상은 서당 훈장상에게서 비롯한다. 우리 나이 또래 세대에는 농촌에 유치원이 없어, 대개 초등학교 입학 전에 2년 정도 서당에 다녔다. 나도 서당에 2년 다녔는데 그때 세 분의 훈장을 모셨다. 그런데 이 세 분의 인상이 너무나도 대조적이었다. 한 분은 글자와 글씨만을 가르치셨다. 칭찬도 벌도 없었다. 그저 사무적이었다. 한 분은 꾸지람과 잔소리가 심했고, 벌도 많았다. 매 맞은 기억, 벌청소 기억, 벌공부 기억밖에 안 난다.

그런데 또 한 분은 너무나도 달랐다. 지리산에서 내려오신 도사 같다고나 할까, 의젓하고 온화하고 당시로는 상상조차 할 수 없을 만큼 너그러우셨다. 지금 생각하면 천도교인이었을는지도 모른다. 더운 음식은 일체 피하고 생쌀을 맨입으로 씹으셨다. 또 동학 농민군의 후예가 아니었을까 생각도 된다. 늘 명상하고 늘 미소를 머금고 계셨다. 그런데 이 분은 당시 서당에서는 가르치지 않는 산수도, 그리고 역사나 지리, 생물 같은 내용도 문답식으로 가르치셨다. 그래서 우리의 자랑은 대단했다. 그런데 어느 날 온다 간다 말한 마디 없이 홀연히 떠나셨다. 그 이름 석 자도 남기지 않으시고! 아마 쫓기는 신세였는지도 모른다. 우리 개구쟁이들도 이 훈장에게서만은 무엇인가 말 못할 귀한 것을 배우고 있다고 느꼈다. 지금 생각해도 그 분이야말로 훌륭한 훈장이었다. 비록 나이 어린 제자지만 우리들을 인격으로 대했고, 인격 교육을 하신 것이다. 그 후 수많은 교사를 대했지만 이 훈장님이야말로 인격적 교사라고 떠올리곤 했다.

어떤 교사가 진정한 인간 교사인가. 이렇게 유치원 혹은 서당 단계에서도 진정한 교사와 사이비 교사의 구별은 선명하다. 그리고 비록 나이는 어리지만 배울 것은 분명하게 배우고 볼 것은 분명하게 본다. 논리적은 아니지만 직관적으로 인식하고 배우는 것이다. 유치원, 서당 단계라 해서 '인간 교육'이 이르다는 말은 절대 해서는 안 되는 것이다. 명저『교육의 과정』으로 교육 현대화의 이론적 기수가 된 부르너의 표현으로는, 어린이들도 사물의 본질을 성인과 똑같이 인식할 수 있다. 단 성인은 논리적·분석적으로 인식하는 데 비해, 어린이는 직관적·정서적으로 인식한다. 그래서 어린이도 어떤 교사가 진짜 교사인가를 아는 것이다. 애들이라고 우습게 대하면 큰일나며 큰 코 다친다. 사자가 쥐 한 마리 잡는 데에도 혼신의 힘을 쏟듯이 해야 한다.

3. 교직의 다섯 가지 큰 문제

인간 교사로서의 교사상, 즉 바람직한 인간 교사상을 다지는 데에 우리가 꼭 다져야 할 문제를 교직의 역사에서 크게 제기된 문제의 순서대로 정리하면 다음 다섯 가지이다.

첫째는 교직관의 문제다. 교직은 일차적으로는 유용한 지식을 전수하는 기술적 직업인가, 아니면 바람직한 삶의 자세를 보여 주고 다져주는 인격 도야적 직업인가. 아직도 그 비중에 대한 논란이 많다. 이 문제는 일찍이 그리스 시대에 프로타고라스와 소크라테스의 쟁점이 되어 오늘에 이르고 있다. 기술 전수적 교직관과 인격 도야적 교직관과의 대립이다.

둘째는 교사의 권익 문제다. 교사의 권익을 높이기 위해 국가는 어떤 정책을 펴야 할 것인가. 나라마다 다소 사정은 다르더라도 최저한의 어떤 기준은 있어야 할 것 아닌가. 이 문제는 이미 로마 시대에 제기되었다. 그 교권 옹호책은 다섯 사항이었다. 첫째는 교사 후보생에게 높은 학력을 요구하고 그것을 사회적으로 공인하는 일, 둘째, 교사가 좋은 시설과 환경에 근무할 수 있도록 교육 환경을 정비하고 재정이 약한 지방에는 정부가 보조금을 지급하는 일, 셋째, 교사가 부업을 갖지 않고도 생활할 수 있도록 봉급 제도를 표준화하는 일, 넷째, 자격증 없이는 교직에 임할 수 없게 전문화된 교사 자격증 제도를 펴는 일, 다섯 째, 교육의 질과 교사의 품위를 유지할 수 있도록 학교 설립을 공공적으로 규제하는 일이었다.

셋째는 교직 단체의 문제다. 교직 단체는 어떤 성격을 지녀야 할 것인가. 일반 근로자의 권익 단체처럼 '노동조합'적 성격도 띠어야 하고, 그래서 단체 결성권은 물론이요 단체 교섭권, 그리고 파업이나 태업도 행사할 수 있는 단체 행동권, 이렇게 노동 3권을 다 지녀야 한다는 입장이 있다. 그런가 하면, ① 교육활동은 미숙자를 대상으로 하는 계속적 활동, 더욱 공공적 성격을 띠는 활동이므로 단체 결성권은 물론이요 단체 교섭권이나 단체 활동권은 절대 주어서는 안 된다는 입장, ② 그리고 노동 3권 중 단체 결성권과 단체 교섭권(노동 2권!)만으로 제한해야 한다는 절충적 입장, ③ 또 일반 근로자와 똑같이 노동 3권을 다 주자는 입장도 있다. 사랑의 교사 정도로 알려진 페스탈로치가 교육의 역사상 최초로 '스위스 교육 협회'라는 교직 단체를 창설한 것은 너무나도 상징적이다. 알을 품은 암탉은 사납다. 알을 지키기 위함이다. 어린이를 지키기 위해 교사도 사나워져야 한다. 개개의 교사는 이 일을 감당 못하므로 단체를 결성하여 이를 해내야 한다.

넷째는 교원 양성 제도 일원화의 문제다. 초등학교 교원은 교육대학에서, 중등학교 교원은 사범대학이나 종합대학에서 양성하는 이 교원 양성 제도 이원화 방식은 과연 옳은 것인가. 더욱이 유치원 교사는 초급대학에서도 양성하기도 한다. 그래서 교원 양성 제도 3원화. 학교급 별로 양성 제도를 달리하는 이 차별화는 철폐되어야 한다. 소아과 의사도 6년제 의과대학에서 양성한다. 어린이 대상의 치료라 해서 '초급' 의과대학이나 '소아과 의과대학'에서 양성하지는 않는다. 모든 학교 단계의 교사가 다 사범대학이나 종합대학에서 양성되어야 한다. 모든 학교 단계의 교사는 다 인간 교사로서 깊은 교양, 높은 기술, 넓은 학문적 배경을 지녀야 하고 또 경제적·사회적으로 동등한 대접을 받아야 하기 때문이다. 이 문제는 20세기에 들어와서 세계적으로 불거져, 일원화 방향으로 가닥이 잡힌 것이기도 하다.

교육대학이 2년제로 있을 때, 나는 한국교육학회 연차대회에서 이 문제를 제기했다. "자갈에다 시멘트를 비벼 다리를 놓는 법을 가르치는 공과대학도 4년제요, 밭에 씨를 뿌리고 거름을 주어 호박을 만드는 기술을 배우는 농대도 4년제인데, 인간을 키워 인격을 도야한다는 대학은 왜 2년제입니까?" 이랬더니 폭소가 터지고, 모두 동의를 표했다. 이 자갈대학, 호박대학, 인간대학 익살로 나는 교육대학 4년제 승격에 크게 한 몫 했다. 그런데 그 뒤 나를 독설가로 오해하는 사람도 있어 유감이다.

다섯째는 교원의 지위 적정선의 문제다. 교직은 그 전문성이 예를 들면 변호사, 목사, 의사 등 다른 전문직에 비해 절대 뒤져서는 안 된다. 그래서 그 지위도 이들과 버금가야 한다는 이상적인 입장도 있고, 현실적으로는 그 전문성이 다른 전문직에 비해 뒤지기 때문에 그 지위도 이들에 비해 좀 뒤져 마땅하나, 중산층을 대표하는 수준은 꼭 유지해야 한다는 절충론도 있다. 이 문제는 1950년대부터 UNESCO와 ILO(국제노동기구)가 공동으로 교원의 지위 향상책을 강구하며 불거져 나왔다.

교직은 위의 다섯 문제말고도 정치 참여, 복지·후생, 경영 참여, 사회봉사 같은 많은 문제를 안고 있다. 그리고 이린 문제는 그 해법이 사람에 따라, 교육관에 따라 상황에 따라 달라질 수 있기에 더욱 어렵다 할 것이다. 어떻든 교직은 이런 문제를 안으면서 전진하고 있다.

미국의 탁월한 교육철학자 부르바커(J.S. Brubacher)는 그의 명저 『교육 문제사』에서 교직의 역사를 다음 다섯 문제로 보아야 한다 했는데, 참으로 참신한 분석이다.

① 가르칠 내용에 대한 교사의 이론적 배경의 수련도는 어느 정도라야 하는가(content he is going to teach)
② 가르치는 기술을 익히기 위해 어떤 연구를 해야 하는가 (technique of teaching)
③ 교사의 지위는 어느 정도가 적정선인가(social status)
④ 교사 자격증의 수준은 어느 정도라야 하는가(certification)
⑤ 교원의 단체활동의 종류와 그 활동 수준은 어느 정도라야 하는가(professional organization)

4. 교사의 주요 업무

"훈장 X은 개도 안 먹는다"는 말이 있다. 우리처럼 직업이 훈장인 사람에게는 정말 듣기 역겨운 말이지만, 말은 되니 어찌하리! 이런 말에는 대개 일면의 진리도 있기 때문이다. 교사가 해야 할 일이 얼마나 많고 고되고 또 얼마나 못 먹었으면 개도 외면하는 것일까? 그런데 교직을 속편한 직종으로 보는 사람도 많다. 봉급 제때에 나오지, 일은 편하지, 경쟁은 없지, 65세 정년 때까지 신분이 보장되지, 순진한 아이들과 아름답고 귀한 얘기만 나눌 수 있지, 귀한 일만 하신다며 모두에게 존경과 부러움을 받지, 더욱 1년에 만 2개월이나 되는 휴가가 있지, …… 세상에 이런 직업이 어디에 또 있나! 하늘이 준 천직이라 하지 않았던가. 그래서 "거지와 훈장은 사흘하면 못 놓는다"는 말까지 생긴 것이다.

그런데 현실은 어떠한가? 속 편한 직업이 아니고 속 썩는 직업이 되어 가고 있다. 해야 할 일이 너무 많다. 신분이 꼭 보장되는 것도 아니다. 사회적·경제적 지위가 낮아 존경받지 못한다. 휴가라고 있지만, 연수다 무엇이다 동원되어 제대로 즐기지 못한다. 교사들끼리 어떻게 경쟁을 많이 시키는지 동료 의식 같은 것이 사라져 직장 분위기가 살벌하다. 경력이 쌓일수록 나이가 들수록 눈치가 보인다. 그래서 하늘이 준 천직은 고사하고 미천한 직종이라는 '천직'(賤職), 그래서 다른 직업으로 바꿔 버릴까 하는 충동을 느껴 실제로 바꾸는 '천직'(遷職)이 되기도 한다.

여교사의 경우는 더욱 심하다. 공부를 안 한다, 생활 지도 능력이 모자라다, 임시방편 직업이나 부업 정도로 자기 직업을 하찮게 본다, 학생을 잘 다스리지 못한다, 결단성이 모자라 중요한 일을 맡길 수 없다, 그리고 여교사 당사자로는 제일 참을 수 없는 말 "너무 늘었다" 등 참으로 남교사보다 몇 배나 더 어려움과 서글픔을 느끼리라!

　자, 이제 이런 이야기는 그만 접고, 교사가 왜 이렇게 고달픈가 하는 보기의 하나로 그 지나치게 많은 업무를 살펴보기로 하자. 정말 해야 할 일도 많고 학생도 많다! 교사들이 쓴 단편 소설집 『닫힌 교문을 열며』(사계절, 1990)에서 이원구님은 잡무를 이렇게 적시하였다.

> 자율 학습, 폐품 수집, 적금 독려, 청소 감독, 용돈 기입장 쓰기 지도, 홍보 지침 시달, 나의 발전 기록부 정리 지도, 반공표어 포스터 글짓기 제출, 전교사 반공 독서하기, 강당 유료 영화 관람 독려, 우유 급식 다수 참여 지도, 태극기 그리기 숙제 검사, 윤번제 훈화, 새마을 청소, 자연 보호 지도, 불우 이웃 돕기 성금, 사랑의 쌀 내기, 크리스마스 씰 판매, 위문 편지 도서 내기, 직원 조회 사항 학급 일지 기록 훈련 …… 동창회비 독촉, 보충 수업비 납부, ……

　여기에 열거된 것만도 23가지다. 이 밖에도 많다. 공문서 처리, 학부모와의 대화·상담, 학교 밖 시국 강연이나 연수 참여, 수학 여행 지도, 특활 지도, 각종 교내외 회의 참여, 그리고 교사가 해야 할 가장 중요한 업무, 즉 주 업무인 교과 지도와 생활 지도다. 이 교과 지도는 성적 평가까지도 포함한다. 이렇게 열거해 놓고 다시 읽어 보니 정말 머리가 핑 돌 지경이다. 어떻게 그것을 다 감당하나! 그러니 마음 약한 교사는 대강대강 하는 체할 수밖에 없다. 고지식한 교사는 늦게까지 남아 그 일 다 하다가 코피도 흘리고 쓰러진다. 똑똑한 교사는 이런 일이 무슨 소용이 있나, 나는 못 하겠다면서 으름장도 놓는다.

여담이지만, 대학에서 30여 년 일한 우리도 우리가 해야 했던 일을 다 열거하면 위에 든 초·중등학교 교사들의 그것에 버금갈 수 있을 것이다. 교수들에게는 이 밖에도 또 있다. 세 가지만 들어 본다. 감옥에 갇혀 있는 제자 면담·지도, 병영 입소 훈련 수행, 결혼 주례다. 덕택으로 나는 난생 처음으로, 지금은 없어졌지만, 서대문 형무소에도 들어가 보았고, 최전방 철책길도 걸어 보았고, 호화찬란한 호텔의 예식장 구경도 했다.

이 주례에 대해서는 한 마디 꼭 해야 하겠다. 국회의원이나 직장의 전무, 상무님들 제발 좀 정신 차려 달라는 것이다. 그 전에는 주례라면 H다 D다 하는 직장의 전무님, 상무님이 단골로 했다. 우리 이름없는 교수들에게는 차례도 안 왔다. 그런데 요새는 우리에게 몰린다. 국회의원이나 상무님들의 인상이 요새 젊은이들에게는 좋지 않게 보이기 때문일 것이다.

그래서 우리 교수들이 이렇게 수난을 당한다. 주례 한 번 서는데 얼마나 신경이 쓰이고 힘이 드는가. 교수로서 제자의 특청을 거절할 수도 없고, 하자니 힘이 너무 들고, 정말 괴롭다. 그러니 국회의원들, 상무님들이여 제발 좀 스타일 구기지 말아 주소서.

교사의 주요 업무 이야기는 너무 중요한 사항이어서 기분도 풀 겸, 쉬운 예를 든다는 것이 이렇게 길게 빗나갔다. 독자의 양해를 빈다.

교사가 수행해야 할 가장 본질적인 업무는 무엇과 무엇인가. 10여가지짜리, 7가지짜리, 5가지짜리, 이렇게 이론도 많다. 이 중 나의 생각은 5가지짜리인 페스탈로치의 것과 거의 같다. 우선 페스탈로치의 것을 소개하면 ① 교과 지도 ② 생활 지도 ③ 계속 연구 ④ 학원 관리 ⑤ 교육 상담·홍보다. 이 중에서 한두 마디 부연할

것이 있다면, 학원 관리는 학원 경영에의 적극적 참여, 교육 상담·
홍보는 대사회적인 활동, 즉 학부모, 지역 사회, 국가와의 협동, 그
리고 교직 단체를 통한 교사의 권익 보장과 교육 홍보를 이름이다.

5. 기를 살려 주는 평가라야

지면 관계로 나의 생각은 이 페스탈로치의 것으로 대신하고,
이 교직의 주 업무와 관련해서 세 가지 소신만 첨부하면서 이 글을
맺기로 한다.

첫째는 전인 교육 방식에 대해서다. 전인 교육은 특정 교사나
특정 교과나 특정 시간이나 특정 활동이나 특정 덕목을 통해서 할
것이 아니고, 온 교사, 온 교과, 온 시간, 온 활동, 온 생활을 통해
서 해야만 한다는 것이다. 위에 열거된 교사의 그 하고 많은 업무
가운데 '인격 교육'이나 '전인 교육'이란 표현이 없는 것도, 실은 이
것이 모든 교육활동의 목적이자 전제이기 때문이라고 이해되어야
하겠다.

둘째는 상대 평가의 한계성에 대한 인식이다. 가르친 내용의
이해도에 대해 평가해 보는 것은 꼭 필요하나, 그것은 어디까지나
학생 개개인을 부추겨 발전시키기 위함이지 남과 비교해서 서열을
매기기 위함이 주여서는 안 된다. 이런 뜻에서 상대 평가 방식을
비꼰, 다음과 같은 익살을 귀담아 들어야 한다.

20여 년 전에 어느 대학 신문의 단상(斷想)에서 읽은 것인데, 묘
하게 뇌리 속에 깊이 박혀, 사범대 학생들을 대상으로 하는 교육학
개론 강의에 이렇게 살을 붙여 소개하면 웃음과 박수를 받곤 했다.

여러분! 상대 평가는 절대 평가와는 달리 남의 것과 비교해서, 그것도 비율에 맞게 매기는 평가 방식입니다. 보통 ABCDEF의 여섯 단계로 나눕니다. A는 위에서 5%, B는 얼마······ 이렇게 말입니다. 그래서 이 방식에는 불합리하고 비교육적인 점도 많습니다. 원래 내 점수(절대점수)가 아니라는 것, 남과 꼭 경쟁시킨다는 것······ 등이지요. 그래서 다음과 같이 익살을 떤 사람이 있었습니다.

A는 Abnormal이랍니다. 100명 중에 다섯 속에 드니 좌우간 보통은 아닙니다. 그런데 문제는 이 더운 여름에 친구하고 시원한 맥주 한 잔 마시지 않고 교과서만 달달 외워 한 자도 빼먹지 않고 그대로 옮겨 놓는 기술도 있다니, 정말 '비정상'임에는 틀림없습니다.

B는 Bad랍니다. 글쎄 친구에게 노트도 안 빌려준다지 않습니까. 시험에 관한 정보를 자기는 잘 엿들으면서 친구에게는 모르는 체한다 하지 않습니까? 그러니 "나쁜 아이"이지요.

C는 Common이랍니다. 적당히 공부하고 적당히 놀고 적당히 읽을 줄도 알고, 그리고 적당히 잊어버릴 줄도 아니, 이야말로 "보통" 친구 아닙니까?

D는 Developmental이랍니다. 뭐? 교과서가 제일인가, 자기 생각이 제일이지! 그래서 자기 생각과, 교과서에는 없는 '학설'을 자랑삼아 늘어놓으니, 앞으로 크게 될 '발전 가능성'이 있는 친구지요.

E는 Excellence랍니다. 강의일랑 시시해서 못 듣겠다, 교과서 따위는 하숙방에서도 다 읽고 이해할 수 있다. 정치는 이 모양이고 상황은 이렇게 급박한데, 시시하고 구름 잡는 소리만 하니, 아이구 못 참겠다, 이래서 답안지에 엉뚱한 말이나 써 놓는다니, 그야말로 군계일학, 정말 빼어나고 '탁월'하다 할 수도 있지요.

F는 Fair랍니다. 아예 학교 같은 것, 교과서 같은 것, 성적 같은 것은 초월해서 홀로 노닐었으니 교수님도 그 낭만은 이해하고 그렇게 놓아두시는 것이 '공정'하지 않겠습니까?

셋째는 공부 못하는 아이에 대한 이해와 배려다. 고등학교 60명 한 반 아이 중에 자기가 원하는 대학에 들어가는 아이들, 즉 보통 공부 잘하는 아이들은 20명 정도밖에 안 된다. 4년제 대학에 들어가 공부해서 전문직을 가질 수 있는 아이들의 IQ는 약 120 이상이라 한다. 물론 IQ 수치를 내가 믿는 것은 아니지만 하나의 이야기 거리나 기준으로는 들 수 있지 않을까? 그런데 문제는, 이 20명을 대상으로만 수업이 진행되고 나머지 40명은 버려지고 있다는 것이다. 이 아이들은 3년 동안이나 잘하는 애들의 석차를 매겨 주기 위해 들러리 서 주고 있다 할까. 졸며, 하품하며, 매 맞으며, 모욕당하며 ……, 도시락을 두 개씩이나 싸 가지고 와서 '희생적 봉사'를 하고 있다. 이런 상황을 나는 강의에서 이렇게 비유하고 사대생들을 웃기기도 한다.

여러분 보시다시피 나는 못난 것은 고사하고 키도 163cm밖에 안 됩니다. 농구 선수 허재는 잘 생겼고 키도 190cm입니다. 그런데 이 나하고 허재하고 농구 코트에서 시합을 하고 있다 상상하십시오! 정말 웃기겠지요. 그런데 실은 이 일은 우스운 일이 아니고 '잔인한 일'입니다. 우리는 바로 교실에서 매일 이 같은 '잔인한 놀이'를 하고 있는 것입니다.

강의실 분위기는 갑자기 바뀐다. 침묵이 흐른다. 무엇인가 다른 말, 대안을 기대함이 역력하다. 이때 단골로 하는 말이 생각난다.

"그런데 나도 허재보다 잘하는 것이 있어요. 장기입니다!"

모든 아이들이 다 무엇인가 남보다 잘할 수 있는 일, 아니면,

적어도 남에게 뒤지지 않게 할 수 있는 일이나 개성들이 있다. 그
것을 찾아 살려 키워 주고 그것으로 기를 살려 주는 일이 진짜 전
인 교육이다! 나는 이름없는 들꽃들의 이름을 외는 것이 취미다.
정말이지, 모든 들꽃들이 제마다 다 개성과 미를 지니고 있다. 이것
이 없는 들꽃은 하나도 없다. 그것이 다 그 이름에, 그리고 몇 개씩
이나 되는 그 별명에 담겨있는 것이다. 그런데 우리는 장미꽃만 아
름답다 하고, 장미꽃 하나로 꽃의 세계를 싹쓸이하고 있으니, 정말
바보짓도 상 바보짓이다.

교사의 주요 권리

1. 흐리기만 한 교권의 개념

　'교권'이란 무엇인가. 교사가 누려야 할 권리인가, 교육이 누려야 할 권리인가. 요 10여 년 전부터 듣기 시작한 말인데 그것이 무엇인지 분명하지가 않다. 일반인들은 아마 대개 이렇게 느낄 것이다. 어찌 일반인뿐이리요. 교육 현장에 종사하는 사람들까지도 열이면 열, 이에 대해 서로 다른 개념을 지니고 있을 것이다. 그 이유는 무엇인가. 그 동안 '교육'이 제자리를 찾고 제 밥을 찾아 먹지 못했기 때문이다. 이것은 다른 종류의 권리와 견주어 보면 더욱 분명해진다.

　인권, 이것은 분명하게 떠오른다. 사람이 그 존엄성을 지키기 위해 지녀야 할 권리로, 프랑스 혁명 때부터 크게 제창되었다. 요새도 인권이란 말이 빠지면 쿠데타도 안 된다! 민권은 국민이, 왕권은 왕이 누릴 권리요, 국권은 자주 국가의 그것으로 분명하다. 그런데 좀 이해하기 쉽지 않은 것도 있다. 판권, 종권 따위다. 판권은 출판사의 권리일텐데 과연 누구의 권리인가. 출판사인가, 저작자인가, 아니면 계약에 의해 왔다 갔다 하는 것일까? 이것은 나도 잘 모르겠다. 그러나 노동3권에 대해서만은 나도 잘 알고 있다. 단체 결성권, 단체 교섭권, 단체 행동권의 세 권리를 묶어서 하는 말이다.

　'교권'이란 무엇인가. 사람에 따라, 입장에 따라 다를 수 있겠지만 나는 다음과 같은 입장을 취하면서 그 권리의 옹호, 즉 '교권 옹호'의 글이라면 자청해서라도 써 온 터이다. 신문 잡지에 잡문을 쓰는 것을 삼가 왔지만 이 논제에 대해서만은 앞장서 왔다. 그래서 교직 단체로는 대한교육연합회밖에 없었고, 교육 월간지라면 그 기관지 『새교육』 정도밖에 없었던 시대였던 터라, 여기에 쓴 글도 나의 전공인 페스탈로치의 교육 사상 소개와 이 교권 옹호의 글뿐이다. 신문사 등에서 스승의 날이라며 청탁해 오면 사양 않고 썼던 것도 이 논제였다.

　그런데 지금은 사정이 달라졌다. 참교육 이념 공방과 전교조 등장으로 나는 참교육과 전교조 입장을 옹호했고, 그래서 대한교육연합회의 후신인 교육단체총연합회, 약칭해서 교총이나 『새교육』과 결별하고 전교조 회원 교수요, 해직 교사들이 시작한 『우리 교육』의 편집 자문 교수가 되었다. 그러자 나의 이 분명한 입장이 껄끄러운지 요새는 일반 잡지사나 신문사에서 글을 청탁해 오지 않아 세상 편하게 되었다. 용케도 냄새 잘 맡고 피해 가는구나 하고 나는 회심의 미소를 짓고 있는 터이다.

　"매스컴을 피해서 살라." 이렇게 나는 학문을 하는 제자들에게 충고해 왔고, 나 자신 그것을 몸소 보여 왔다. 또 하나 있다. "정치하지 말라"는 것이다. '정치' 작용이란 원래 상반되는 이익을 조정

(흥정!)하는 과정이기에, 자기 생각을 관철하기 어렵고 스타일 구기기가 일쑤이기 때문이다. 스타일 구기지 않으면 정치가 안 된다. 그래서 학자는 이것도 멀리해야 한다. 선친의 유언 가운데 하나도 "애들에게 정치시키지 말라"였다. 나는 정말 감사하게 받아들이고 애들에게 몇 번이나 이야기했다.

'교권'이란 무엇인가. 좁은 의미로는 교사의 권리, 넓은 의미로는 교육의 권리를 지칭한다. 이렇게 말하면, 교사의 권리는 대충 떠오르는데 교육의 권리는 통 떠오르지 않는다는 사람이 많을 것이다. 무리가 아니다. 그 동안 우리가 이 문제를 너무 소홀히 해 왔기 때문이다.

2. 교육의 네 주체의 권리

그럼, 교육의 권리란 무엇인가. 교육의 네 주체의 권리다. 즉 학생, 학부모, 교사 그리고 교육 당국의 권리다. 학부모도 분명 교육의 주체의 하나다. 이는 어버이가 자녀에 대한 교육의 권리를 누려야 함을 이름이다. 어린이의 본적이 국가인가, 가정인가. 이 물음은 참으로 중대한 물음이다. 전체주의 국가에서는 국가로, 자유주의 국가에서는 가정으로 돌린다. 그래서 어버이들이 뜻과 힘을 모아 세우는 사립학교는 자유주의 진영에만 있고 전체주의 국가에는 없다! 부모의 이 권리는 하늘이 준 권리이자 자연이 준 권리로서 저자의 입장에서는 특히, 신성불가침의 권리다. 우리나라 민법에도 친권을 행사하는 자는 자녀의 감독 및 교육을 행할 의무와 권리를 지닌다고 규정하고 있다.

교육 당국이 왜 교육의 네 주체 중의 하나인가. 헌법의 교육 조

항에도 명기되어 있듯 교육의 자율성, 정치적 중립성, 교직의 전문
성 보장을 위해서다. 그래서 일반 행정 당국의 횡포로부터 교육 당
국을 지켜 주기 위해 교육세가 따로 있고, 교육청도 따로 있고, 일
반 공무원보다 조금은 좋은 대우를 하자는 교원 봉급 체계가 따로
있고, 또 교육대학과 사범대학을 일반대학과 달리 법으로 보호·육
성·감독하고 있는 것이다.

　학생이 교육의 주체이요, 교사가 교육의 주체임은 다시 말할
필요가 없으리라. 그런데 이 두 주체의 비중을 놓고 교육의 주체는
교사가 아니고 학생이라든가, 반대로 교육의 주체는 학생이 아니고
교사라든가 하는 생각이 한때 있었다. 그리고 전자는 보수적 교육
관, 후자는 진보적 교육관 논리라고도 했는데, 이 같은 양자택일적
논리는 큰 잘못이다. 학생과 교사가 서로 만나야 교육이 되기 때문
이다. 남과 여가 만나야 사람이 되는 이치와 같다. 전류의 플러스와
마이너스 양극이 만나야만 힘이 나오는 이치를 생각해 보시라.

　그런데 마지막으로 가장 귀한 논리를 하나 더 따져야 하겠다.
교육의 이 네 주체가 서로 자기를 주장하고 불꽃을 튀길 때 진정한
교육이 이루어진다는 논리다. 교학상장(敎學相長)이라 했다. 학생과
교사는 배우고 가르치며 서로 성장한다. 또 어버이도 크게 한 몫해
야 한다. 학교 다르고 가정 다르면 교육이 망가진다. 그러나 이 모
든 교육은 진공 속에서 이루어질 수는 없다. 그래서 그 교육의 장
을 마련하고 지켜 주는 것이 교육 당국인 것이다. 이 넷이 서로 힘
을 같이해서 떠받들며 교육의 전당을 지켜야 한다. 그 중의 어느
하나라도 흔들리면 전체가 동시에 흔들린다. 건물을 떠받고 있는
네 기둥을 생각해 보자. 한 기둥이 무너지면 건물의 한 모퉁이 4분
의 1만 무너지는가. 아니다! 건물 전체가 동시에 무너진다. 여자가
무너지면 인류의 반만 무너지는가. 아니다. 인류 전체가 동시에 무

너진다!

자, 이제 결론을 내리자. "참교육은 학생, 교사, 학부모, 교육 당국이라는 교육의 네 주체가 변증법적으로 작용·통일될 때 비로소 충실하게 이루어진다"고.

3. 교사의 3대 권리

좁은 의미의 교권, 즉 교사의 권리를 가장 체계적으로 분석·권고한 문헌은 유네스코와 ILO(국제노동기구)가 1966년 10월 5일 파리에서 공동 개최한 '교원의 지위에 관한 정부 간의 특별 회의'에서 채택된 권고문이다.

전 8장 146조로 짜여진 이 권고문의 기본적 입장은 교사의 권리 보장이 교사의 지위를 향상시켜 교육의 발전을 가져온다는 것이었다. 가장 주목되는 조항은 '교원의 지위' 결정 요인을 분석한 제1조 제2항이다.

> 교원의 지위(status)라는 말은 교원의 직무의 중요성 및 그 수행 능력에 대한 인식의 정도에 따라 그들에게 주어지는 사회적 대우 또는 존경과 다른 직업 집단과 비교하여 본 교원의 근무 조건, 보수 및 그 밖의 물질적 급부 등 두 가지를 다 의미한다.

교원의 지위 결정 요인은 크게 두 가지인데, 하나는 사회적 대우나 존경도 등 정신적 예우, 또 하나는 근무 조건, 봉급, 복지 제도 등을 총칭하는 경제적 대우라는 것이다.

교권에 특히 관심이 많았던 저자는 이 권고문을 여러 번 정독·

분석하여, 교사의 권리는 ① 교육 자유권, ② 생활 보장권, ③ 신분 보장권의 세 가지 기본권으로 다져지는 것이라는 확신을 갖게 되었다. 이 세 기본권의 기준을 이 권고문의 조항에서 뽑아 보면서, 더욱 구체적으로 다짐하여 보기로 하자.

(1) 교육 자유권

교직은 전문직으로서의 임무를 수행하는 데 학문의 자유를 누려야 하며(61조), 교과 과정 작성 과정에 참여하고(62조), 장학관의 압력을 배제하고(67조), 비공개리에 자신을 보호할 기회를 갖고(68조), 교내에 발생한 도난·재해·상해 사건의 변상을 면제받아야 한다(69조). 이 가운데에서 기본 원칙을 밝힌 제61조를 그대로 옮겨 본다.

> 교직은 전문직으로서의 임무를 수행하는 데 학문적 자유를 누려야 한다. 교원은 학생에게 가장 적합한 학습지와 보조 자료와 방법을 판단하는 데 특별한 자격을 가지고 있으므로, 소정의 교육 과정 테두리 안에서 당국의 원조를 받아 교재의 선정과 개선, 교과서의 선택, 교육 방법의 적용 등에 중요한 역할을 담당해야 한다.

(2) 생활 보장권

교원의 봉급은 문화생활·문화활동·계속 연구에 족한 액수이어야 하며(115조), 봉급표는 교직 단체와 협의해서 작성하고(116조), 최고봉에 달하는 근속 기간은 길어도 15년에서 20년이어야 하며(12조 2항), 근무 평가에 의한 봉급 조정은 사전에 교직 단체와의 협의 및 승인을 거쳐야 한다. 이 중에서 원칙을 밝힌 제115조를 옮겨 음미해 보자.

교원의 봉급은, (가) 교원들이 교직에 들어설 때부터 그들에게 부과되는 모든 종류의 책임을 반영하는 것은 물론, 사회에 대한 교육 기능의 중요성과 이에 따른 교원의 중요성을 반영하여야 하며, (나) 유사 또는 동등한 수준의 자격을 요구하는 타 직업 종사자의 봉급에 비해 손색이 없어야 하며, (다) 교원의 전문적 자격을 향상하기 위한 계속 교육이나, 문화활동에 쓸 수 있음은 물론, 교원 자신과 그 가족의 상당한 생활 수준을 확보할 수 있는 수단이 되어야 하며, (라) 어떤 지위는 더욱 높은 자격과 경험을 필요로 하고, 더 큰 책임을 수반한다는 사실을 고려해야 한다.

(3) 신분 보장권

고용 기관과 고용 조건에 관해서 발생하는 분쟁의 해결을 위해 교직단체활동의 자유가 보장되어야 하며(84조), 기구 개편으로부터 오는 불이익 사태에서 보호되어야 하며(45조), 교육행정가의 기초 자격은 교사이어야 하며(43조), 징계 사항·절차는 교직 단체와 협의·자문되어야 하고(49조), 특히 여교사의 권리가 보장되어야 한다(54~58조). 이 중에서 기본 원칙을 밝히는 제84조를 음미하여 보자.

고용 기관과 고용 조건에 관하여 교원과 고용자 간에 발생하는 분쟁의 해결을 다룰 수 있도록 적절한 협동 기구가 설치되어야 한다. 만일, 이러한 목적을 위하여 마련된 수단과 결과가 미흡하거나 쌍방 간의 교섭이 교착되었을 경우, 교원 단체는 다른 단체가 그 정당한 이익을 보호하기 위하여 보통 가지고 있는 것과 같은 다른 방안을 강구할 권리를 가져야 한다.

교사가 마땅히, 그리고 꼭 누려야 할 이 세 기본권, 즉 교육 자유권, 생활 보장권, 신분 보장권을 저자는 교사의 3대 권리라고 말해 왔다. 교직이 중요하기에, 또 그것을 잘 수행하기 위해 교사는 교권 의식에 눈떠야 한다. 전문직으로서의 교직 수행을 위해, 전문직으로서의 품위와 명예를 지키기 위해, 그리고 특히 소신을 갖고 의젓하게 '전인 교육'을 하기 위해 교사는 이 교권의 확보에 힘써야 한다.

위에 든 모든 조항 하나하나를 다시 이 자리에서 부연할 필요는 없으리라. 다만, 우리 한국 교사들이 아직은 올바르게 인식을 못하고 있고, 이에 따라 교육의 다른 세 주체, 즉 학생, 학부모, 교육 행정 당국과 이 문제로 적절한 이해와 대화의 창구를 갖지 못하고 있는 교직단체의 역할에 대해서만은 이 자리에서 다시 한 번 분명하게 인식을 다져야 하겠다.

위의 세 기본권의 보장·행사를 위해서는 꼭 교직 단체의 참여·협동이 필요하다는 인식, 이것은 위의 제62조, 제124조, 제84조를 통해 우리 교사가 앞으로 더욱 다져야 하겠다. 그런데 이에 대한 깊은 거부감이 사회 일각에, 그리고 일부 교사에게까지 있으니 참으로 답답하고 한심스럽기까지 하다. 어용 단체라는 지탄을 받아 온 대한교육연합회의 후신인 교총, 그리고 '용공·좌익 단체'라는 억울한 누명으로 아직도 합법화되지 못하고 있는 전교조, 이 두 교직 단체를 놓고 여론이 둘로 갈라져 있으니 참으로 불행한 일이다.

한편은 "교사가 무슨 노동자냐"하면서 애써 전교조의 불법성을 부각시키고, 또 한편은 "참교육을 실현하기 위해서는 교사들에게 힘을 실어 주는 새 교직 단체가 꼭 필요하다"면서 어용적 교총과 결별하자 한다. 더욱 한쪽에서는 교직의 전문성을 내세우며 다른 한 쪽은 교직의 노동성을 부각시킨다.

우리는 이 같은 불행한 현실을 어떻게 타개해야 할 것인가. 교직 단체의 복수화밖에 없다. 전교조를 합법화하자는 것이다. 이 길이 또한 국제적 권고 기준에도 맞는다. 선진국 특히 OECD 가맹국 중에서 한국과 같은 불법적 교직 단체를 거느리고 있는 나라는 없다. 교직의 전문성도 중요하지만 이에 못지않게 교직의 노동성도 존중해야 한다는 입장 정리를 마친 지 이미 오래이기 때문이다.

저자는 여기에 이 문제에 대한 국제적 동향을 하나 소개하고 이것으로 이 문제에 대한 우리 문제의 해법을 찾는 실마리로 삼고자 한다.

교직의 전문성을 강조한 교직 단체의 국제적 기구는 세계교직단체총연합(WCOTP, 가맹국 124개국, 회원 단체 194개, 회원 1,300만 명)이었다. 교직의 노동성을 강조한 교직 단체의 국제적 기구는 국제자유교원조합연맹(IFFTU, 가입국 72개국, 회원 단체 101개, 회원 700만 명)이었다. 이 두 단체는 현재의 우리나라에서처럼 그 뿌리와 이념을 달리해 왔다. 그런데 이 두 단체가 통합세계교원단체(Education International, 약칭 EI)로 통합되어 그 역사적인 창립총회를 1993년 1월 26일 스웨덴의 스톡홀름에서 가졌다. 교직의 전문성과 노동성은 분리될 수 없는 하나이고, 더욱 두 교직 단체의 대립은 교육에 부정적으로 작용한다는 인식의 공유에서다! 참으로 극적이고 역사적인 대결단이었다. 그런데 우리나라는 아직도 분단과 흡수 통일의 논리가 판치고 있다. 민족의 비극을 교직 단체에서도 그대로 보는 느낌이다!

'전인 교육'을 하려는 교사는 더욱 어려움이 많다. 그래서 특히 교권 의식에 눈떠 교직 단체와 협동해야 하고, 또 그 보호를 잘 받아야만 한다는 게 저자의 소신이다.

4. 여교사의 권리

교직은 특히 여성에게 맞는, 그리고 성차별이 덜한 직종으로 인식되고 있다. 그런데 현실은 이 같은 인식과는 아직도 거리가 있다. 그 현실을 어찌 하나하나 열거할 수 있으리오.

더욱 교직의 여성화 현상으로 여교사의 권리 문제는 비단 여교사의 문제가 아니라 남교사의 문제, 전체 교사의 문제, 그리고 교육의 문제로도 이어진다. 위 권고문에서 여교사의 권리 조항을 우선 옮겨 놓고 음미해 보자.

제54조 결혼이 여교원의 임명이나 계속적인 고용에 지장을 주는 것으로 생각해서는 안 되며, 또한 보수나 그 밖의 근무 조건에 영향을 미쳐서도 안 된다.

제55조 임신과 출산 휴가를 이유로, 고용자가 고용 계약을 종결시키는 일은 금지되어야 한다.

제56조 가정의 책임을 가진 교원의 자녀를 돌보아 주기 위하여, 바람직하다고 생각될 경우에는, 탁아소나 보육소 같은 특별한 설비가 고려되어야 한다.

제57조 가정을 지닌 여교사에게는 연고지에서 근무할 수 있도록 하고, 또 부부 교사의 경우에는 인접 지역의 학교 또는 동일 학교에서 근무할 수 있도록 하는 조치가 강구되어야 한다.

제58조 가정의 책임을 가지고 있는 여교원으로서, 정년 전에 퇴직한 자의 복직은 사정이 허락하는 한 장려되어야 한다.

이 다섯 조항은 여교사의 결혼, 임신, 자녀 양육, 가정 주부, 그리고 정년 전 퇴직이라는 어려움에 대한 배려다. 이 기준에 비추어 우리 현실은 아직 멀다. 더욱 한심스러운 것은 우리 인식이 이 기준과는 정반대로 어긋나는 것도 있다는 사실이다. 저자는 사범대 학생들을 대상으로 하는 교사론 강의에서 그것을 발견하고 놀란 일이 한두 번이 아니었다. 한 예를 들어 본다. 부부 교사의 단일 학교 근무 권장 조항에서였다. 이 조항 이야기만 하면 학생들은 낄낄거린다. 어색하지 않겠느냐는 것이다. 이럴 때 나는 강수를 둔다.

> 여러분! 부부 교사가 얼마나 좋습니까? 같은 시간에 출근하고 같은 시간에 퇴근하고 같은 시간에 쇼핑할 수 있는 유일한 직종 아닐까요? 또 있습니다. 생활 안정입니다. 맞벌이 부부로서 교직보다 더 좋은 게 없어요. 남편의 1마력으로는 좀 모자라는 부분을 아내의 또 하나의 1마력을 보태어 2마력으로 달리니 얼마나 수월합니까. 같은 직종이다 보니 서로 잘 이해하고, 어쩌다 늦게 퇴근해도 강짜 안 놓지요. 부부가 사이좋게 손잡고 교문을 나서는 선생님 부부의 다정하고 성실하고 인간적인 모습이야말로 학생들에게 피부로 느끼게 하는 전인 교육의 하나가 아닐까요! 그런데 우리나라에는 고약한 관행이 하나 있어요. '연좌제'이지요. 법률로는 없어졌는데 관행으로는 엄히 지켜지고 있어요. 부자가, 형제가, 부부가, 한 직장, 한 학교에 근무 못 한다는 거죠. 이게 연좌제가 아니고 무엇입니까. 그런데 외국에서는 오히려 우리와는 정반대로 동일 직장 근무가 권장되지요. 부부교사의 동일교 근무는 정말 제일 바람직한 것으로 도리어 권장되지요. 이 제57조에 그것이 역력하지요. 그러니 여러분! 사대생 속에서 짝을 찾으세요.

여기에 이르러 학생들은 동의를 표하며 이를 드러내 놓고 웃는다. 최근 이산 가족이 되어 있는 부부 교사들을 동일 지역에 근무시키려는 노력이 서울특별시교육청을 중심으로 전개되기 시작하여 교직 사회에 큰 보람을 안겨 주고 있다. 교직 사회의 이 작은 '이산 가족 재결합'이 민족 공동체의 큰 이산 가족 재결합으로도 이어지기 바라는 마음 간절하다.

5. 교권 침해 유형

교사가 자기 소신에 의해 성실하게 업무를 수행했는데 그 방법과 과정에 다소 상식, 관행 혹은 실정법에 어긋나 문책이나 처벌, 넓은 의미로 불이익을 당하는 경우가 많다. 이런 것을 교사의 권리 침해, 즉 교권 침해라 한다. 우리나라의 경우가 이렇다.

그러나 외국의 경우는 교육의 주체를 학생, 교사, 학부모 그리고 교육행정 당국의 넷으로 보기 때문에 교권 침해는 '교육의 침해'로 넓게 해석하여, 우리나라에서처럼 교사의 권리 침해에 한정하지 않고 다른 세 주체, 즉 학부모, 학생, 교육 당국의 권리 침해까지 포함한다. 최근 우리나라에서도 학생의 권리로서 '자유 학습권', 학부모의 권리로서 학부모의 학교 경영 참여권이 논의되기 시작했고, 더러는 그 이념이 부분적으로 반영되고 있기도 하다. 그러나 교육행정 당국의 국가, 지방 자치 단체를 대상으로 하는 교육 고유권한 분쟁 혹은 소송 사례는 별로 눈에 띄지 않는 것이 안타깝다. 교육당국이 아직도 정치의 지배 아래에 있기 때문이다. 헌법에 명기된 교육의 자주성과 전문성, 정치적 중립성은 이상을 가리키는 방향, 기준이지 현실로 정착되지 못하고 있다. 그러나 그 방향과 기준 지시만도 어디인가!

교사의 권리 침해 사례는 TV 뉴스나 일간지 기사를 장식하는 단골 메뉴 중의 하나다. 교통 사고 기사처럼 또 그것이냐 하고 식상함을 느끼게까지 한다. 그러나 일방적으로 이렇게 상업 언론이 조장하는 여론의 지탄을 받아서는 절대 안 되는, 정말 억울한 교권 침해 사례도 있다. 문제아를 타이르다가 따귀 한 번 때린 것이 폭력적 체벌이라며 지탄받고, 한자를 배우면 크게 도움이 된다면서 방과 후에 제자들에게 몇 자씩 가르친 초등학교 교사가 한글 전용이라는 당시로는 국책을 어겼다고 경고처분 당했고, 누구나 다 아는, 신문에서까지 대서특필된 재단 비리를 학생들 앞에서 한 마디 했대서 감봉처분 당했고, 참교육 교사다, 전교조 교사다 하여 해임시키는가 하면, 용공적 불법 단체의 수괴라하여 감옥에까지 보냈다.

교직은 성직이요, 천직이라면서 나무 위로 올려놓고 이렇게 흔들어 떨어뜨려 놓았다. 개개의 교사는 참으로 약하다. 바둑을 두다가 나는 나의 맞수가 "자네 바둑은 호박에다 침 놓기다"라고 해서 매우 약이 오른 적이 있는데, 정말이지 교직 사회야말로 이렇게 "호박에다 침놓기"로 당하고만 있지 않았던가.

자, 이제 이런 푸념일랑 그만 거두고, 더러는 소송으로까지 치달아 법원이 옳고 그름을 판가름해 준 교권 침해 사례를 들어 보자. 저자는 『교권 침해 판례집』(대한교육연합회, 1980)에 수록된 많은 사례들을 전형적인 다음 13개 유형으로 나누어 분석·소개한 적이 있다. 저자의 『전인교육론』(세영사, 1982)의 제13장 '교육과 교권'에서다. 그 13개 유형은 이렇다.

① 아동 간의 자연 사고에 대한 교사의 피해
② 기구 개편에 의한 면직
③ 봉급의 일부 미수령
④ 연금 불입금 중 법인 부담금의 교사 부담

⑤ 체벌에 앙심을 품은 학부모의 폭행
⑥ 근무 조건 개선을 요구한 교사의 직위 해제
⑦ 사학 교원의 부당한 퇴직금 책정
⑧ 설립자인 이사장이 교장실에서 교장을 구타한 사건
⑨ 결혼한 여교사에 대한 사표 종용
⑩ 임기 조항 소급 적용에 의한 교장 해임
⑪ 사무직원에 의한 교수 구타
⑫ 긴급 조치 관련 교원의 미복직
⑬ 매스컴에 의한 교직 우롱

당시의 대한교련 교권과에는 1년에 5백 건이 넘는 교권 침해 사례가 보고되고 대한교련이 이를 행정적 혹은 법률적으로 조언·지도·구원하였다. 이름없는 교사들이 당하는 그 하고 많은 억울한 사연들을 어찌 다 자세히 소개할 수 있으리오. 위에 든 13가지 유형의 사례 중 맨 끝의 매스컴에 의한 교직 우롱건만 하나 그 경위를 요약·소개한다.

1980년 7월 22일, 모 TV국에서 낙도 교사 수기를 내용으로 방영한 특집극 '떠도는 섬'의 내용 중, 가사를 바꾼 동시를 어린이에게 부르게 하여 교사의 위신을 크게 떨어뜨렸다. 그 동시의 내용은 이렇다.

"학교 종이 돈 돈 돈, 어서 모이자, 선생님이 손 벌려 봉투 달랜다"

대한교육연합회는 서울특별시교육위원회와 공동으로 제휴하여 이에 항의했고, 드디어 TV 자막에 공개 사과문을 내 보내는 형식의 사과를 받았고(동년 7월 25일과 27일자로 두 번), 일간지에도 공개 사과문을 받는 데 성공하였다(동년 7월 31일자 일간스포츠지).

어찌 이 같은 교사 개개인이 당하는 사연뿐이리요. 참교육의 기치 아래 민족·민주·인간화 교육을 외치며 결성된 전교조(1989년 5월 2일 결성)가 당한 수난은 이루 말할 수 없었다. 예의 실정법 논리로 불법화하는 데 그치지 않고 용공 세력으로 몰고도 성이 차지 않아, 어용 교수와 어용 언론을 총동원하여 "국민 정서에 안 맞는 비윤리적 교사들"이라며 이들을 매도했고, 드디어 1,500명이나 되는 회원 교사를 전원 파면하는 폭거를 자행했다. 세계의 교육사에도 유래가 없는 참으로 전대미문의 사건이었다. 그런데, 약한 초·중등 교사만 파면시켰지, 조금은 나은 회원 교수들은 손을 대지 않았다. 500명이나 되는, 말 많은 교수들은 상대하기가 무서웠던 것일까? 사범대 제자 교사들과 같이 해직될 각오도 되어 있었는데, 아무 문책도 받지 않고 살아남아, 같은 전교조 회원으로서 당시 꽤 멋쩍었고, 지금도 그 원죄 때문인지 이런 푸념을 자꾸 하게 된다.

6. 바람직한 교사상

교사의 주요 권리라는 논제로 우리가 지금까지 논의하고 분석한 사항과 내용을 요약하면 이렇게 될 것이다.

교권이란 넓은 의미로는 교육의 권리요, 좁은 의미로는 교사의 권리라는 것, 교육의 권리는 교육의 자주성, 전문성 그리고 정치적 중립성을 보장 받으려는 교육의 네 주체, 즉 학생, 교사, 학부모 그리고 교육행정 당국의 권리라는 것, 이 교육의 네 주체가 마치 교실의 네 기둥처럼 서로 힘을 떠받고 서로 힘을 실어 줄 때 비로소 참교육이 이루어진다는 것, 교사의 권리는 교육 자유권, 생활 보장권, 신분 보장권의 셋으로 크게 나눌 수 있다는 것, 교직 사회에서 여교사는 특히 배려를 받아 마땅하다는 것, 그리고 교사들은 마땅히 누려야 할 권리를 너무나도 많이 그리고 혹독하게 침해당하고 있다는 것이다.

우리의 대전제는 이러했다. 교육을 소신에 따라 올바르게 수행하기 위해서는 개개의 교사로는 감당하기 어려운 것들을 해결하는 데 힘을 실어 주는 교직 단체의 도움이 필요하고, 또 교직 단체는 교직의 전문성과 노동성을 공히 살리면서 교육의 이상을 노래하며 국가와 민족의 밝은 앞날을 설계해야 한다는 것이다. 자, 이제 글을 맺으면서 몇 마디 다시 다져야 할 차례다.

첫째는 교직 단체 참여다. 사랑의 교사로만 알려진 페스탈로치가 실은 체벌 찬성론자요, 더욱 고아의 아버지로만 알려진 그가 교육 사상 최초로 교직 단체를 창설하여 교권 옹호와 교육 홍보에 나섰다는 사실에 주목하자. 교직은 전인적 작업이기에 사랑의 매도 들어야만 하며, 교직은 또 백년지대계이기에 인류와 겨레의 앞날에 대한 밝은 설계도를 마련하고, 그 교육을 지키고 다지기 위해, 개개의 교사의 작은 힘을 모아 큰 힘으로 묶어내는 교직 단체를 결성하고 이에 참여할 수밖에 없다. 그러나 교직 단체는 노동조합과는 근본적으로 다르다. 그 직무가 공공적이요 전문적이요 윤리적이다. 따라서 노동 3권 중 단체 행동권, 즉 파업이나 태업을 해서는 안 된다는 것이다. 이 같은 극단적 실력 행사는 그 수준의 인식에 이르지 못한 학생, 학부모, 그리고 국민들의 호응을 받지 못하여 결과적으로는 전략적으로도 도리어 손실이 클 것이다. 단 노동 2권, 즉 단체 결성권과 단체 교섭권만은 확보해야 한다는 것이 저자의 변함없는 신념이다.

둘째는 학교 경영 참여다. 교직은 특히 전문직으로서 60여세 정년퇴직까지 보장된 직종이다. 아마 이런 직종은 교직말고는 별로 없을 것이다. 다른 직종은 대개 계급 정년제에 묶인다. 산업체나 은

행 같은 데서는 40대 중반에서 벌써 상사 눈치보고 물러날 준비를
한다. 교직은 정말 이런 면에서 특권적 직종이다. 더욱이 하는 일이
아름답고 귀하다. 또 있다. 1년에 만 두 달이나 휴가가 있지 않은
가. 이런 교직이기에 선진국일수록 선호도가 높아, 우수한 인재가
교직에 몰린다. 다른 직종에 있다가도 교직으로 다시 돌아오는 교
직 역류 현상, 교직 회귀 현상까지 있다. 그러므로 교사들은 평생
몸담을 교육 현장에 대한 애정과 관심을 가지고 학교 경영에 적극
적으로 참여해야 한다. 모두가 남의 일이 아니고 바로 자기 일이기
때문이다. 우선 고교생의 80%가 별로 효과가 없다고 싫어하는 보충
수업부터 없애는 데 힘을 모아야 할 것이다.

셋째는 사회 참여다. 어린이들에게 인간은 원래 더불어 살아야
만 할 존재임을 가르쳐야 하고, 교사 자신도 더불어 사는 모습을
보여 주기 위해 사회, 정치의 현안에 깊은 관심을 갖고 그 해결 방
안을 찾고 참여해야 한다. 어린이를 저질·폭력 만화로부터, 학교를
비교육적 환경으로부터 보호하기 위해, 그리고 더러는 민주주의를
독재 체제로부터 지켜 내기 위해 정치 참여도 불사해야 한다. 이것
역시 교사들의 신성한 의무 가운데 하나가 아닐까. 교사는 평화, 복
지, 민권, 사회 정의 등의 문제에 참여해야 한다. 일전에 저자는 몸
서리치는 기사를 대했다. 유엔 통계에 의하면, 전 세계 30여개국에
매설된 대인 지뢰는 1억 1천개, 보유하고 있는 것은 2억개, 매달 희
생되는 사람은 2천명, 그런데 그 희생자의 20%가 15살 미만의 어
린이라는 것이었다. 이런 현실을 보고도 평화 문제에 눈감고 있다
면 그것은 교사의 올바른 자세가 아니다.

넷째는 인간적 개성을 보여 주는 수업이다. 어린이들은 열 분
의 교사에게서 열 분 각각이 귀한 인간적 개성을 느끼고 배워야 한
다. 국어 교사는 국어를 가르치는 기술자가 아니고 국어라는 교과

를 통해서 문화와 삶을 가르치는 교사요, 물리 교사는 물리를 가르
치는 기술자가 아니고 물리라는 교과를 통해서 우주와 삶을 가르치
는 교사다. 이런 뜻에서 모든 교사가 그 담당 교과 여하를 막론하
고 삶의 교사요, 인간 교사인 것이다. 저자는 이런 뜻에서 퍽 귀한
교사를 한 분 알고 있다. 고등학교의 물리 교사인데, 뉴톤의 만유
인력의 법칙을 가르치면서 하나님이 인간에게 주신 양심의 법칙,
나아가서 이 우주의 아름다운 운행 뒤에 숨어 있는 하나님의 천지
창조에까지 말을 이어간다는 것이다. 학생들은 처음에는 당황하다
가도 곧 물리가 꼭 물질의 법칙에 관한 지식만이 아니고 삶으로 이
어짐을 알고, 이 교사의 충정에 경의를 표한다는 것이다. 이런 '잡
담'을 곁들이는 것이 수업의 묘이자 진수이다! "진도나 나갑시다"라
고 외치는 아이를 따뜻하게 감싸고 유머로 그 분위기를 바꿀 여유
와 기술도 있어야 한다. 저자는 또 최근 어느 교육 신문(교원공제신보
1997년 8월 6일자)에서 아주 귀한 기사를 접했다. 현재 대구 경화여고
에 재직하고 있는 조종순 교사(45세)는, 수업 시작 전에 꼭 『명심보
감』 한 구절을 강의하고 있으며, 무려 17년 동안 이렇게 계속하고
있다는 것이다. 『명심보감』은 어떤 책인가. 그 첫 구절에 잘 나타나
있다. "착한 일을 한 사람에게는 하늘이 복을 주고, 악한 일을 한
사람에게는 하늘이 재화(災禍)를 준다"는 공자의 말씀이다. 성실한
교사는 이렇게 학생들에게 자기 뱃속을 딱 갈라 자신의 삶을 보여
주는 사람이어야 한다. "석류는 익으면 배를 딱 갈라 보여 주며 웃
는다"는 말이 있다. 교사가 꼭 음미해야 할 말이다.

다섯째는 선비적 교사상의 음미다. 교사상에는 여러 유형이 있
는데, 아침부터 저녁까지 매를 들고 감시하는 교도소의 간수적 교
사상, 상과 벌을 잘 이용하여 길들이는 돌고래쇼의 조련사적 교사
상, 교과서 내용을 쏙쏙 귀에 잘 들어가게 귀신처럼 가르치는 전철

기지의 기술자적 교사상, 아침저녁 물 주고 거름 주고 고여 주고
다듬어 주는 식물원의 정원사적 교사상, 그리고 의젓하고 정의로운
삶의 모습을 보여 주어, 학생들에게 아름다운 삶을 기리게 하는, 우
리 한 민족이 그 역사와 문화를 통해 고이 키워 온 이상적 인간상
인 선비적 교사상이다. 그러면 이 선비상이 지니는 특성은 무엇인
가. 삶을 여유롭게 살며, 아름다움을 즐기는 예술적 기질, 정신적
문화와 글을 소중히 여기는 학문적 기질, 그리고 사회적 정의 실현
을 위해 힘쓰는 지사적 기질, 이 세 기질의 통일이다.

독일의 교권

1. 교권의 개념

최근에 교권에 대한 논의가 부각되기 시작한 것은 퍽 다행한 일이다. 그러나 교권의 개념은 사람에 따라, 또는 강조점에 따라 다르게 나타나고 있다. 가장 넓은 의미로의 교권은 교육에 관련된 여러 교권을 총칭하는 것이고, 가장 좁은 의미로의 교권은 교사의 교리를 의미한다고 보아야 할 것이다.

이 글은 넓은 의미에서의 교권이 유럽에서는 어떻게 보장되어 있는가를 밝혀보려는 데에 있다. 유럽에서도 교권이 잘 보장되어 있는 나라로 알려져 있는 독일은 어떻게 교권이 잘 보장되어 있는가를 이 나라의 헌법에 규정된 교육 조항을 통해 분석 음미하여 보고, 나아가서 이런 조항의 정신은 어떤 교육 철학에 바탕을 둔 것인가를 여러 사항에 걸쳐 구체적으로 논하여 보고자 한다.

먼저 교권이란 무엇인가를 넓은 의미로 살펴보자.

교권은 크게 네 가지 기둥으로 짜여진다. 첫째는 교사의 권리를 뜻한다. 교육의 알파이자 오메가, 즉 교육에서 가장 중요한 것은 교사다. 그러기에 교사는 여러 권리를 지녀야 하는데 그 중에서도 가장 중요한 것은 교육의 내용과 방법을 자유롭게 선택할 수 있는 교육 자유권, 그 품위의 유지와 직무의 중요성에 합당한 사회·경제적 대우의 보장을 뜻하는 문화생활 보장권, 그리고 부당한 인사 조치로부터 보호를 받는 신분 보장권이다. 크게는 이 세 권리가 교사의 권리, 그리고 가장 좁은 의미로의 교권을 뜻한다.

둘째 범주에 드는 교권은 교육의 중요성과 특수성에 합당한 교육행정적 권한을 말한다. 교육은 특정의 종파 세력이나 정치 세력의 영향을 배제하면서 발전을 하여 왔다. 이런 생각은 특히 프랑스 혁명 때부터는 교육의 공공성과 자유성이란 개념으로 존중을 받아 왔다. 그리하여 현대에 와서는 교육행정의 특수성과 독자성을 존중한다는 뜻에서 교육의 자율성이란 개념으로 제도적인 보장을 받기에 이르렀다. 교육 위원회 제도라든가 교육의 지방 분권적 시책이라던가, 교육행정의 일반 행정으로부터의 독립이라든가 하는 정책들은 모두 이 교육의 자율성을 이론적 근거로 한 것이다.

셋째 범주에 드는 교권은 자유 학습권을 말한다. 이는, 어린이, 학생들이 자기가 배우고 싶은 내용과 방법을 선택할 수 있고, 교사의 도움을 받아 자유로운 인격과 개성적 삶을 개척할 수 있는 길을 닦을 수 있어야 한다는 생각을 바탕으로 한다. 어린이와 학생은 아직 미숙하다. 이들에게 어찌 학습 내용 및 학습 방법의 선택권을 부여할 수 있는가 하는 물음도 던져질 것이다. 그러나 교육은 궁극적으로는 어린이나 학생의 바람직한 삶의 조성이 있기에 이들의 의견과 요구가 반영되어야 함은 당연한 논리라 할 것이다.

넷째 범주의 교권은 교육권이다. 이는 어린이를 기를 권리가 국가에 있느냐, 국민에게 있느냐, 부모에게 있느냐의 문제에 관련된 권리다. 현대의 국가들은 교육을 통해서 국가가 원하는 사람을 길러 내려 하고 있다. 이런 입장을 크게 강조하면 국가 교육권 편이 된다. 또 이와는 반대로 어린이와 학생의 교육권이 부모에게 있다는 입장을 강조하면 부모 교육권(친권적 교육권) 편이 된다. 만일 국가가 바람직하지 못한 방향으로 자기 자녀들을 교육시키고 있다고 생각될 때 부모들은 이에 항의도 하고 저항도 할 수 있어야 한다. 그리고 이런 권리는 자연, 또는 하나님이 어버이들에게 주는 자연권적 권한이다. 민법에도 자녀의 교육권은 부모에게 있다고 명시되어 있다. 그런데 현대의 국가들은 이 자연권적 교육권을 너무나도 많이 침해하여 왔고, 드디어는 이 권리를 국가가 독점적으로 관장하는 경우까지 있게 되었다.

한 예를 들어보자. 부모는 기독교를 믿고 있으며, 그 아이도 어려서부터 기독교적 사고 방식과 생활 양식에 익숙해 왔다. 그런데 그 나라는 불교를 국교화한 나라여서 교육 내용이 이를 반영하여 반기독교적인 내용이 많다 하자. 이 아이는 가정생활과 학교생활 사이에서 심각한 인격적 분열 현상을 겪게 된다. 이럴 경우 어떤 조치가 마련되어야 하는가? 종교에 중립적이거나 기독교 계통의 학교를 따로 설립하여 여기에 아이를 보낼 수밖에 없다. 이래서 사립학교들이 탄생되며, 소위 관학과 대비되는 사학의 건학 정신이 존중되는 것이다. 사학은 꼭 이처럼 관학과 적대 관계 또는 경쟁 관계에만 있는 것은 아니지만, 적어도 교육 이념적으로는 관학과 대비되는 건학 정신이 숨 쉬고 있어야 한다.

교권을 이렇게 크게 나누어 볼 때 우리 한국 교육에 문제가 많음을 알 수 있다. 비록 현실적 여건에 많은 제약은 있을지라도 우

리는 어디까지나 교육의 이상에 비추어 현실을 보는 시각만은 견지
해야 할 것이다.

2. 독일 헌법 교육 조항

앞서 말한 교육의 공공성과 자유성의 이념은 프랑스 혁명 이후
유럽의 거의 모든 나라에 전파되어 헌법 또는 교육 관계 법규에 반
영되고 있다. 그러기에 적어도 자유 민주주의를 택하고 있는 나라
들은 거의 비슷한 교육 조항을 지니고 있다. 여기서는 정체로 개방
체제를 택하고 있는 나라의 대표적인 독일의 경우를 보기로 하자.

독일연방공화국, 즉 독일은 11의 자치주(자치 도시 포함)로 구성되
며 교육에 관한 권한은 고등 교육까지 포함해서 주(Land)가 소유하
고 있다. 각 주는 거의 모든 면에 자치적이기에 정부, 의회를 갖고
있으며, 교육에 관한 주요 사항은 각 주의 자율에 맡겨져 있다. 이
러한 전통과 제도를 각 주의 문화적 자율성(die Kulturautonomie der
einzelnen Länder)이라 부른다.

따라서 연방 공화국의 헌법에 해당하는 기본법(Grundgesetz)에
교육을 규정하는 조항은, 좁게 보면 제7조의 다음 6개 항밖에 없다
(서독의 경우 동독과 통일이 되는 그 날까지는 헌법을 갖지 말자는 소망 때문에 헌법
아닌 기본법밖에 없었다).

제7조는 6개 조항이다. 그 내용을 요약하면 다음과 같다.

제1항 모든 학교 제도는 각 주정부의 감독을 받는다.
제2항 교육권자는 아동을 종교 교육에의 참여를 결정할 권리를
　　　지닌다.

> 제3항 종교 교육은 비종파 학교를 제외하고는 공교육 학교에서 정규 교과다. 종교 교육은 주의 감독권에 저촉되지 않는 범위 내에서 각 종교 단체의 교리에 따라서 진행된다. 어느 교사도 본인의 의사에 반하여 종교 교육을 할 의무를 지니지 않는다.
> 제4항 사립학교의 설립권은 보장한다. 공교육을 보충하는 사립학교는 주의 인가를 받아야 한다.
> 제5항 사립학교는 교육행정 당국이 특별히 교육적 이익을 인정하거나, 교육권자의 제의에 의해서 그것이 공동체 학교, 종파 학교, 세계관 학교로 인정되거나 그 지역에 이런 학교가 없을 경우에 한해서 허가된다.
> 제6항 취학 전 교육은 보호를 받아야 한다.

이것은 우리 대한민국 헌법의 교육 조항과 퍽 다름을 우리는 바로 알 수 있다. 즉 모든 주가 연방적 차원으로 지켜야 할 것은 종교 교육의 의무, 사립학교 설치권의 보장, 취학 전 교육의 보호에 그치고 나머지 권한은 다 자치적 주가 소유한다.

제1항은 교육권은 원칙적으로 중앙 정부 아닌 지방 정부가 지니고 있음을 말하며, 제2항은 교과 중에서 가장 중요한 교과인 종교 교육의 이수 여부, 그 내용 선택을 정부와 학부모가 다 같이 지님을 말하며, 제3항은 종교 교육은 국교적 차원에서 통일적·획일적으로 진행시키지 말고 각 종파의 교리를 가르쳐야 하고, 아동이나 학부모의 종교에 따라 다양하게 진행되어야 함을 말한다. 제5항은 사학의 다양한 건학 정신을 존중해야 함을 뜻하는데, 이 가운데 세계관 학교(Weltanschauungsschule)는 종교 교육을 거부하는 세속 학교(무종교 학교)를 뜻한다.

교육이 의무화되어 있는 독일이지만 무종교도 이렇게 한 종교로 인정해 주고 있다. 따라서 아이들은 부모의 서면에 의한 요청에 따라서 공립학교 재학생의 경우 종교 교육을 면제받을 수 있고, 또 의무 교육 단계의 학교 아동일 경우 자기 종파에서 경영하는 사립 학교에 들어갈 수 있다. 한 공립학교 안에서 신교와 구교를 믿는 아이들이 공존할 때 신교 측 학생은 신교로, 구교 측 학생은 구교로 종교 교육을 받으며, 무종교 아동은 아예 면제를 받는다. 기본법에 규정된 이외의 사항은 모든 주의 자율적 결정에 맡겨지고 있다. 그러기에 대학까지 포함해서 모든 학교가 다 주의 감독 아래 있다.

기본법은 위의 제7조 이외에도 넓은 의미로의 교육에 관한 규정을 몇 가지 더 갖고 있는데, 교육과 연구의 자유(제5조), 개인이 인격적으로 자유롭게 성장할 수 있는 자유 학습권(제2조), 그리고 자녀에 대한 교육의 권리를 부모가 갖는다는 부모의 자연법적 교육권(제6조) 등이다.

3. 발전적 교권관

우리는 교권이라면 바로 교사의 권리만을 연상하고, 또 교사의 권리라면 바로 신분 보장권만을 연상한다. 이런 그릇된 인식을 우리는 하루 빨리 불식해야 한다. 교사의 권리만 하여도 전문직으로서의 업무 수행상의 자유 재량권에 속하는 교육 자유권, 그리고 전문직에 합당한 대우의 보장을 말하는 문화 생활권, 그리고 부당한 인사로부터 자신을 보호하는 신분 보장권이 포함된다.

그런데 이 교사의 권리는 실은 넓은 의미로의 교육권의 하나에 불과하다. 교육권은 교사의 권리, 교육의 자율권, 자유 학습권, 그리고 친권적 교육권을 포함하는 것이다. 이 네 개의 권리는 교육이 경제, 산업 등과는 근본적으로 다른 기능이란 인식을 전제로 한 것이다. 독일의 교육학자 나토르프는 국정의 기능을 국방, 산업, 교육으로 크게 삼분하고, 국방과 산업은 수단적인 기능임을 밝히면서 교육의 자율성의 논리를 유도하였다.

교육이 국방이나 산업의 수단이 되어서는 결코 안 된다는 생각은 특히 오늘날 모든 국가가 중앙 집권적인 통치 형태를 택하면서 교육을 관장하여, 교육을 국가 발전, 그것도 경제 발전의 수단으로 여기고 있는 이때에 되풀이 음미되어야 할 귀중한 사고 방식이 될 것이다. 교권을 좁은 의미로 해석하지 말고 넓게 생각하면서 교육이 제자리를 찾게 되기를 바란다.

교직의 특이성과
교사의 대우

교사의 대우 문제는 교직의 특이성을 밝힘으로써 풀 수 있을 것이다. 이 교직의 특이성은 독일의 빼어난 교육학자 슈프랑어가 『삶의 형식』이란 고전적 저작에서 명쾌히 규정한 바 있다.

그에 의하면 인간에는 여섯 가지 기본적 정신활동이 있는데, 이런 활동 중에서 어느 것이 가장 강하게 작용하느냐에 따라서 그 사람의 인간 유형이 된다는 것이다.

그가 들은 여섯 가지 인간 정신활동의 유형은 (1) 자기 실현, 자기 보존을 추구하는 정치적 유형 (2) 실용성, 물질적 효용성을 추구하는 경제적 유형 (3) 환상의 자기 세계, 새로운 미의 형식을 추구하는 심미적 유형 (4) 진리 탐구, 우주의 질서를 추구하는 이론적 유형 (5) 양심에의 순종, 신에의 귀의를 기하는 종교적 유형 (6) 동포에의 봉사, 공동체에의 동경을 삶의 동기로 하는 사회적 유형이다.

그러면 교직자는 이런 유형 중에서 어떤 유형에 속하는 것인가? 물론 교직자는 위에 든 여섯 가지 유형이 갖는 정신 작용을 두루 갖추어야 하지만, 그 중에서도 가장 기대되는 유형은 사회적 유형에 속하는 정신 작용이라는 것이다. 그러나 동포에의 봉사와 공동체에의 동경은 어디에서 비롯하는 것일까? 그것은 종교적 기질, 즉 양심에의 순종성과 신(역사의 완성)에의 귀의성이다. 이런 논리로 슈프랑어는 사회적 유형과 종교적 유형의 복합 유형으로서의 '교직 유형'을 이론적으로 유도하였다.

교직의 특이성은 어디에 있는가? 타의 생명에 대한 긍정적인 관여요, 공동체의 문화에 대한 애착이요, 인류의 역사의 진전에 대한 갈구이다. 이런 특이성은 모두 타인의 인격에의 사랑, 그 인격들이 이룩한 정신 문화적 공동체에 대한 사랑에서 나온다. 슈프랑어가 교사의 특질을 '사랑'과 '귀의'로 규정한 이유가 여기에 있다.

그러기에 교사는 남의 노동을 대신해 주고 품삯을 받는 기능공이 아니요, 또 남의 사업의 뒤치다꺼리를 해주고 대가를 받는 청부업자도 아니요, 실로 남의 생명의 계발에 자기가 좋아서 관여함으로써 공동체의 발전을 기하는, 그러기에 물질적 대가를 일차적으로는 기하지 않는 명예직이요 봉사직이다.

소크라테스가 보수를 받기 위해 남을 가르친 프로타고라스를 인간 교사가 아니라고 공박했고, 아리스토텔레스가 보수 때문에 일하는 사람을 노예적이라고 규정한 이유가 여기에 있다. 교직자는 기능공적 노동자가 아니기에 임금 인상을 위한 파업이 제한되어 있고, 또 파업 그 자체가 학생이나 사회인에 설득력과 호소력을 갖지 못한다는 논리가 여기에서 나온 것이다.

그렇다면 파업이나 단체 교섭을 못하는 약한, 그러나 그 존재 의의로 보아 귀중한 일을 수행하고 있는 교사들에 대하여 사회는 어떤 대우를 해 주어야 할 것인가? 교직의 품위를 손상시키지 않고 일에 전념할 수 있는 최저한의 문화생활을 보장해 주는 것이 될 것이다.

교사에게 보장해야 할 최저한의 문화생활의 기준은, 부업을 하지 않고도 족한 생활급, 시간적 여유를 갖고 계속 연구를 할 수 있는 적정 업무량, 가르치는 내용과 방법을 일정한 테두리 안에서는 소신대로 택할 수 있는 교육 자유권일 것이다.

근자의 우리나라의 교직에 관련된 문제들, 예를 들면 과외 교사의 문제, 현저히 많아진 이직률, 사기의 저하 등은 다 이런 사회적 대우의 미흡에 유래한 것이다.

저자로서 이런 문제를 해결하는 데 도움이 될 한 가지 구체적 방안을 들라면 교직자 자녀의 정원 외의 무상 진학의 보상이다. 이런 관점에서 우리는 서울대학교 교수협의회에서 진정한 직계 자녀의 정원 외 입학안을 교직자들에 대한 사회적 예우의 한 이정표로 예의 주목해야 한다. 구약 성경의 '신명기'에 이미 타작 마당의 소에는 재갈을 물리지 말며, 맨 꼭대기에 달린 감은 새가 따 먹게 따지 말라고 나와 있다. 2천 5백년 전의 인류의 지혜다!

교직의 여성화에
긍정적으로 대처하자

    생명을 사랑으로 돌보고 키워 주는 일이 교육이라 한다면 교육은 '여성적'인 성격을 가지는 일이다. 그러기에 과거의 교육 실천가들은 거의 이런 '여성적' 인물들이었다. 페스탈로치가 그러했고, 니일이 그러했고, 도산 안창호가 그러했다.

    사실, 사랑으로 남의 생명을 돌보는 일처럼 고귀한 일이 어디 있을까? 파우스트를 그 광란과 회의와 방황의 거친 들에서 구한 것도 바로 이 사랑이었다. 『파우스트』 제2부의 결론에 나오는 유명한 말, "영원한 여성, 그대가 우리를 하늘에 이끄노니 …… "도 바로 이를 말한다.

    인류를 구원하는 것은 정치다, 경제다, 산업이다 하는 '남성적'인 것이 아니고 예술, 종교, 교육 등의 '여성적'인 것이다.

    교직이 여성적인 직업이라 할 때에 세 가지 뜻이 있다. 하나는 그 직종이 위에서 본 바와 같이 인류에게 꿈과 사랑을 키워 주는 일이라는 뜻이요, 둘째는 그러기에 여성이 성격적으로 가장 적합하다, 즉 남성에 뒤지지 않게 일해 나갈 수 있는 일이라는 뜻이요, 셋째는 전문 직업 중 교직에 여성이 가장 많이 진출하고 있다는 뜻이다. 교육의 여성성, 여성의 교직적 적합성, 그리고 교직의 여성화, 우리는 이것을 잘 음미하고 올바르게 인식해야 한다.

그런데 현실은 어떠한가? 일선 중·고등학교 교감, 교장 선생님들에게 물어 보면 하나같이 부정적이다. 심지어 교직의 여성화 현상을 바람직하지 못한 현상이라고 개탄하기까지 한다. 일선 교장, 교감들이 여교사를 기피하는 이유는 많지만 크게 다음 셋으로 요약된다.

첫째는, 계속 연구의 소홀이다. 결혼하기까지의 임시적 직업 정도로 알고 통 공부를 안 한다는 것이다.

둘째는, 학생 지도면에서의 흠이다. 성격이 우유부단하여 과단성 있게 일을 처리 못하고 학생들의 성격을 중성화시킨다는 것이다.

셋째는, 그 생리적 특성 때문에 남교사에게 과중한 부담(숙직, 야외 지도, 대리 수업 등)을 안겨 준다는 것이다.

교육 실습생 지도 관계로 어느 공립 중학교에 갔더니 나이 많은 교감이 교무실을 쭉 보면서 이렇게 말했다.

"이것 보세요. 70%가 여교사입니다. 남교사는 귀합니다. 이래가지고서야 어디 되겠습니까? 부디 교수님 대학의 우수한 남학생이 교직에 많이 진출하도록 권장하여 주세요."

저자는 이 말이 퍽 당혹스러웠다. 우리 사범대학 재학생의 과반수가 여학생이고, 과에 따라서는 85%가 여학생이다. 사대생 여성화, 이것 또한 피할 수 없는 현실이다. 남성을 교직으로 유인할 방도가 없을까? 사회적·경제적 대우를 잘해주고 업무량을 줄여 주고,

교권을 보장해 주면 된다. 그러나 여기에는 한국적 현실이라는 한계가 있다. 그러니 남성이 기피하는 교직을 우수한 여성들이 지켜 갈 수밖에 없고, 사실 이것은 "교육의 여성성"에 비추어 바람직한 일이라는 것이 저자의 소신이다.

우수한 여성을 교직에 유인하는 방안은 무엇일까? 우선 이 문제에 대한 UNESCO/ILO의 '교원의 지위에 관한 권고문'(1966)에서 보자(54~58조). 여기에는 가정을 가진 여교원의 권리 및 복지의 증진이라는 표제 밑에 다음 5개 사항이 권장되어 있다.

① 결혼이 여교원의 임명이나 계속적인 고용에 지장을 주는 것으로 생각되어서는 안 되며, 또한 보수나 그 밖의 근무 조건에 영향을 미쳐서도 안 된다.
② 임산과 출산 휴가를 앞두고 고용자가 고용 계약을 종결시키는 일은 금지되어야 한다.
③ 가정을 가진 교원의 자녀를 돌보아 주기 위하여 바람직하다고 생각될 경우에는, 탁아소나 보육소 같은 특별한 설비가 고려되어야 한다.
④ 가정을 가진 여교원에게는 연고지에서 근무할 수 있도록 하고, 또 부부 교사의 경우에는 인접 지역의 학교 또는 동일 학교에서 근무할 수 있도록 하는 조치가 강구되어야 한다.
⑤ 가정의 책임을 가지고 있는 여교원으로서 정년 전에 퇴직한 자의 복직은 사정이 허락하는 한 장려되어야 한다.

이 다섯 가지 시책이 과연 우리나라의 교원 임용 정책에, 교원 복지 정책에 잘 반영되고 있는지는 극히 의심스럽다. 예를 들면, 결혼하면 사표 내겠다는 각서 때문에 해마다 말썽이 나고 있으니 말이다. 법적으로는 이런 각서는 사회 통념에 위배되니 무효라고 판정은 받았지만 아직 현실은 이런 인식에 도달하지 못하고 있다. 하물며 부부 교사 동일교 근무제 등은 우리 현실로는 요원하게만 보인다. 교직의 여성화에 대한 긍정적 인식을 바탕으로 이제 우리도 교원의 임용 정책에 큰 변화랄지 혁신이 일기를 바란다.

교직의 여성화는 선진국에서는 일반적 추세로 인식되고 있다. 비록 사회 통념은 이에 미치지 못했을지라도 우리 교육행정 당국은 이것을 전진적 자세로 받아들여야 할 것이다. 이것이 사대 교수의 한 사람인 저자의 이해의 작은 소망의 하나다.

스승의 날 소감

스승의 날에 제자들이 꽂아 주는 카네이션을 달고 교실에 들어
선 우리 교사들의 기분은 참으로 착잡했다. 우선 윤석중 작사, 김대
현 작곡의 '스승의 날 노래'가 생각났다.

> 수레의 두 바퀴를 부모로 치면
> 이끌어 주시는 분 우리 선생님
> 그 수고 무엇으로 덜어 드리랴
> 그 은혜 두고 두고 어찌 잊으랴
> 스승의 가르침은 마음의 등대
> 스승의 보살핌은 사랑의 손길

제자들이 우리의 수고를 덜어 준다면서 꽂아 주는 한 송이 카
네이션은 그 무엇으로도 바꿀 수 없는 귀한 것, 그리고 가슴 뿌듯
한 보람을 안겨 주는 것임에는 틀림없다. 그러나 우리 교직의 현주

소를 생각할 때 가슴에 치밀어 오르는 의분을 금할 수가 없었다. "교사들의 권리, 교육의 자유를 이렇게도 짓밟아 놓고 이 사회는 아이들을 시켜 카네이션 하나로 때우고 넘어가려 하느냐"하는 생각 때문이었다.

정말 교직의 현주소는 말이 아니다. 그 단적인 증거를 들어 보자. 교사의 보수는 의사의 보수의 10분의 1도 안 되며, 32개 직종을 놓고 사회적 지위를 물은, 즉 초등학교 교사는 25위, 중학교 교사는 21위였다. 육군 대위가 14위, 경찰의 경위가 16위였고, 심지어 전기공도 교사들보다 앞 순위로 나타났다. 정말 통탄할 노릇이다.

교사의 지위를 이렇게 깎아내려 놓고서도 사회인은 교사에 대해서 갖은 욕설을 퍼붓는다. 작년엔가 있었던 '주교사 사건'을 놓고 매일 떠드는 소리가 한 마디로 오늘날 교사는 다 글러먹었다는 것이었다. 30만 교사 가운데 단 한 사람이 저지른 범죄를 마치 모든 교사가 다 그럴 가능성을 지니고 있는 것인 양 떠들어 댔다. 매스컴들은 그렇게도 쓸 거리가 없었던지 연일 교사의 자세를 헐뜯는 특집 기사로 메웠다. 정말 낯 뜨거워 교실에 들어갈 수 없을 정도였다.

정치, 경제, 국방 등의 하고 많은 문제를 다 제쳐놓고 왜 교사의 문제만은 이렇게 침소봉대하여 들추어내는가? 한 마디로 교사가 제일 약하기 때문이다. 호박에다 침놓기다! 이래서 매스컴은 국민의 욕구 불만을 발산시킬 속죄양으로 교사를 찾는다. 이쯤 되면 보도도 아니요, 공정한 비평도 아니다. 그야말로 우롱이다. 그 단적인 사례를 들어 보자.

1980년 7월 22일, 모 TV국은 낙도 교사 수기를 소개하는 '떠도는 섬'이란 특집극에서 어린이 입을 통해서 "학교종이 돈 돈 돈 어서 모이자. 선생님이 손 벌려 봉투 달랜다!"고 부르게 했다! 교직은 신성하다고 추켜올려 놓고 이렇게 모질게 흔들어 떨어뜨릴 수 있단 말인가. 참으로 교사이기가 억울하다.

교사의 지위는 이렇게 낮고 교사의 인상은 이렇게 나쁘다. 그러나 우리는 꺾이지 않을 것이다. 우리에게는 보람이 있기 때문이다. 사회인이 뭐라고 욕하던, 매스컴이 이렇게 우롱하던 우리에게는 알을 품은 암탉의 보람이 있기에 견디어 낼 수가 있다. 이름없는 '핫바지 교사'들이 우리 문화를 고이도 키워 아이들에게 전하며, 아이들의 가슴에 아름다운 꿈과 소망을 키워 왔고, 앞으로도 또 그렇게 다짐할 것이기 때문이다.

우리 교사들도 스승의 날을 기해서 자세를 새로이 가다음어야 하겠다. 교직의 보람을 새로이 다지는 데 그치지 않고 교사의 권리에 새로이 눈뜨는 날이 되어야 하겠다.

교사의 권리, 즉 교권이란 무엇인가? 크게는 다음 세 가지로 요약된다. 문화 생활권, 신분 보장권, 그리고 교육 자유권이다.

첫째는 중산층 정도의 문화를 누릴 수 있는 보수를 보장받아야 함을 이름이요, 둘째는 부당한 교육 외적 간섭으로부터 교사의 신분을 보호해야 함을 이름이요, 셋째는 전문직으로 누려야 하는 업무 수행상의 자유 재량권을 누릴 수 있어야 함을 말한다.

이 기준을 놓고 볼 때 우리 한국 교사들은 너무나도 억울한 처지에 있다. 사범대학 출신들이 교직을 기피하고 일반 기업체로 대거 빠져나가는 현실을 어떻게 보아야 할 것인가? 혹자는 이를 교직 교육의 잘못인양 말하는데 실은 그렇지 않다. 교직의 현장이 너무 어둡기 때문이다. 그래서 어느 망향의 시, "고향은 멀리서 바라보는 것, 갈 곳은 아니어라. 설사 타향의 거리를 방황할지라도 돌아갈 곳은 아니어라"는 심정으로, 교직을 너무 아름답게 기리기에 그저 멀리서 바라보게만 되는 것이다.

그 심정 모를 바 아니다. 그러나 이래서는 안 된다. 교직의 현장이 어둡기에 들어가 불을 밝힐 보람이 있고, 교사들이 억울하게 당하고 있기에 힘을 모아 싸워 이겨내야 할 의무가 있지 않겠는가. 알을 품는 암탉이 사나운 것은 교사가 지키고 키워야 할 우리 민족의 문화와 인류의 이상이 너무나도 소중하기 때문이다.

끝으로 위정자들에게 한 마디 하고 싶다. 교직을 전문적이라고 아름답게 규정은 해 놓고, 과연 그대들이 교사들을 전문직으로 대접하고 있는가를 반성해 달라는 것이다. 다른 데에는 돈을 물 쓰듯 쓰면서 왜 학급 70명의 과밀 학급을 그대로 놔두며, 교육 내용도 거의 국정 교과서로 묶어 하고 싶은 말 못하게 하고, 어느 때는 상대 평가, 어느 때는 절대 평가다 하면서 성적 평가 하나 자유롭게 못하게 하고, 심지어는 프로축구 개회식에 아이들을 동원시켜 춤추게 하는가? 이래 놓고 과연 그대들은 교직을 기능직 아닌 전문직이라 말할 수 있는가?

스승의 날에 만감이 오갔다. 그러나 우리 현실이야 어떻든 우리 교사들은 우선 고사리 같은 손으로 카네이션을 달아 준 어린이들에게 뜨거운 가슴으로 보답해야 할 것이며, 제자와 스승 사이만이라도 사랑과 신뢰의 관계를 더욱 다져야 할 것이다.

무명의 교사탑 건립을 바라며

공원마다 아기자기한 동상들이 있고 고속도로마다 웅장한 탑들이 있다. 모두 그만한 업적을 남겼기에 세워졌을 것이다. 그러나 이 많은 동상이나 탑 중에 내가 가장 감명을 받은 탑은 무명 용사의 탑이다. 그런데, 무명 용사 못지않게 귀한 일을 하고 간 뭇 '핫바지 교사'들을 추모하는 무명 교사탑은 왜 없는지 모를 일이다.

1. 사후에 존경받은 사람들

교사 중에 상을 타는 사람이 최근 부쩍 늘었다. 교사에게도 상이 돌아오니 고맙다면 고마운 일이다. 그러나 이러한 상을 탄 교사 뒤에는 이름없는 뭇 교사들의 협력과 뒷바라지가 있었음을 우리는 잊어서는 안 된다. 그런데 인간은 어리석어서 상을 탄 교사는 훌륭하고 못 탄 교사는 '핫바지'라고 여기기 쉽다. 나는 이런 꼴들이 역겨워 아예 상 따위는 무시해 버리기로 하고 있다. 내가 꼭 상을 못 타서도 아니고 심술이 궂어서도 아니다.

인물의 평가는 관뚜껑에 못을 박은 다음에 하라는 유명한 말이 있다. 칼라일의 말이다. 살아생전에는 이름을 남겼지만 죽은 다음에 깨끗이 잊혀지는 사람이 있는가 하면, 정반대의 경우도 있다. 우리가 정말 상을 주어야 할 사람들은 바로 이 후자일 것이다.

교사들에게 주어지는 상 중에서 내가 싫어하는 것이 몇 개 있다. 그 중의 하나가 연구 논문에 주어지는 상이다. 교육자의 연구를 낮게 평가해서가 아니다. 이러한 상들이 일부 '연구꾼', 또는 '연구장이'들이 독점해 가기 때문이다. 자기의 학문적 관심사와는 거리가 먼데, 또 교육 현장에서 자기가 절실한 과제로 느끼고 있지도 않은데, 상을 타기 위해서 주제를 골라 보고, 형식적인 논문 편제를 빌어오고, 이해도 못하는 통계 공식에 자료를 두들겨 맞추기도 한다. 이것이 연구 논문 심사에 몇 번 참여해 본 나의 소감이다. 논문이 열매는 없고 껍질만 담고 있는 것이다.

2. 사랑의 향기 없는 논문들

내가 교사들의 글 중에서 가장 감명을 받은 글은 역시 교육 실천, 그것도 논리 아닌 체험을 담은 글들이다. 교육의 깊은 진리를 그 속에서 느끼기 때문이다. 그런데 상을 탈 정도로 '꾼'이 된 교사들의 글에서는 이것을 맛볼 수가 없다. 도리어 돈을 벌기 위해 골동품이 있을 만한 곳을 쑤시고 다니는 '호리꾼'을 대한 듯 불쾌하기까지 하다.

무명 교사를 예찬한다는 것이 유명 교사를 헐뜯는 글이 되어버렸다. 그러나 나로서도 할 말은 있다. 유명 교사 때문에 무명 교사가 치여, 무명 교사의 교육 실천은 빛을 못 보고 사기가 저하되고 있기 때문이다.

우리나라의 교육을 지탱하고 있는 것은 무명 교사들의 무언의 교육 실천이다. 그것을 대할 때 우리는 인적 드문 들에 피어 있는 들국화를 대하듯 숙연해진다. 무명 교사들의 교육 실천의 원동력은 사랑이다. 사실 교성(敎聖) 페스탈로치도 '사랑이 교육의 본질이다. 방법은 이 사랑에서 자연히 나온다'고 말하고 있다. 그런데 페스탈로치가 말하는 사랑은 어떤 종류의 사랑이었던가?

사랑에는 아가페, 에로스, 필리아의 세 종류가 있다. 아무런 조건 없이 인격 그 자체를 측은히 여겨 귀여워하는 내리사랑으로서의, 어버이의 못난 자식에 대한 사랑 등이 아가페다. 그러기에 그것은 절대애, 인격애, 하강애라 불린다. 몸매의 아름다움, 뛰어난 재능, 불타는 정열에 끌리는 이성애 등이 에로스다. 그러기에 그것은 상대애, 가치애, 상승애다. 같은 사투리를 쓰며, 조상의 뼈를 공동 묘지에 같이 묻은 동향인들끼리 느끼는, 자연히 우러나오는, 서로 닮은 것을 같이 즐기는, 예를 들면 향토애 등이 필리아다. 그러기에 그것은 자연애, 동지애, 수평애가 된다.

교육에는 이 세 사랑이 다 필요하다. 학생 하나하나의 인격 그 자체를 사랑하는 아가페, 학생이 지니는 가치로운 가능성을 계발하는 에로스, 그리고 학생과 교사가 한 마음이 되어 이상 사회를 기리는 운명 공동체적 의식의 각성으로서의 필리아, 이 셋이 교육에 불가결의 것이다. 그러나 교향곡에 기본 멜로디가 있듯이, 이 셋 중에 가장 귀한 것은 아가페다.

3. 아가페만이 교육의 기본

이 아가페는 학생이란 인간 그 자체에 대한 조건 없는 사랑이다. 페스탈로치가 말한 사랑도 바로 이 아가페인 것이다. 그러기에 아가페 없이는 교육이 성립될 수 없고, 거꾸로 아가페가 발동되면 누구나 교육에 성공할 수 있다. 학식이 적은 부모가 학식이 많은 부모보다 자녀를 더 잘 키우기도 하는 모습에서, 우리는 이 귀한 교육의 진리를 엿볼 수 있는 것이다.

엊그제 나는 눈시울이 뜨거워지는 아름다운 광경을 보았다. 버스 여차장이 과자 상자 같은 짐을 두 손으로 내내 들고 있다가 다음 정거장에서 내리는, 무거운 가방을 든 초등학교 아이에게 건네주는 것이었다. 내려서 상자를 받아 든 아이는 버스를 몇 번이고 뒤돌아보며 미소짓고 있었다. 얼마나 고맙게 여겼으면, 얼마나 감동했으면 저렇게 여러 번 뒤돌아볼까. 나는 그 아이의 미소 띤 얼굴이 또 아름다워 몇 번이고 보았다.

이 여차장은 무의식적으로 이 아이에게 그 사랑으로 훌륭한 도덕 교육을 한 것이다. 그때 나에게 번뜩 떠오르는 말이, "학교에서 도덕 시간에 배운 덕목의 부스러기는 하교길의 도랑을 넘다 잊어버린다. 그러나 친구와 어머니가 구워주신 빵을 같이 나누어 먹으면서 느낀 사랑 그 자체는 영원히 잊혀지지 않는다"는 페스탈로치의 명언이었다.

우리가 무명 교사들을 기리는 이유도 바로 그들의 아가페적 사랑을 기리기 때문이다. 아가페가 우리를 만들었다. 무명 교사의 덕을 안 본 국가나 국민이 하나라도 있는가? 하고 많은 시인 중에 무명 교사를 예찬하는 시를 써 줄 사람은 없는가? 무명 교사탑을 세

우고 그 속에 무명 교사 예찬시를 새겨 넣자. 그리고 우리 모두가
그 앞에 묵념을 드리자.

전인 교육
평론 · 단상

전 인 교 육 의 이 념 과 방 법

대안 교육의 논리

대안 교육(alternative education)이란 말을 많이 듣게 되었다. 현재 진행되고 있는 교육이 무엇인가 크게 틀어져 있다, 그것과는 다른 교육을 찾아 현장에 도입해서 실험해 보자, 그래서 좋으면 정규 교육 속에 짜 넣자, 교실의 짜임새를 뜯어 고칠 수도 있고, 교과서에 그 내용을 크게 담을 수도 있고, 한 걸음 더 나아가 교실에서 해방되고 교과서에서도 해방되자, 대개 이런 생각이 대안 교육이란 말이 담아내고 있는 인상이다.

엄밀한 학문적인 개념으로서의 '대안 교육'이란 말은 민중 교육론의 제창자 가운데 한 사람인 일리치의 '탈(脫)학교' 논리에서 비롯한다. 로마 교황청의 직업 외교관 후보로 촉망을 받던 그는, 뉴욕 빈민가의 신부 자리를 애써 골라 나섰다. 푸에르토리코에서 이주해 온 가난한 노동자들과 더불어 사는 일이 외교관 일보다 더 귀하게 여겨졌기 때문이다. 일리치는 헌신적으로 자신이 속한 교구 안의 교육에 힘썼다. 그러다가 엄청난 문제에 부딪혔다. 그 교육이 별 의미가 없음을 깨달은 것이었다. 그렇게 열심히 가르쳐 보아도 교과서가, 그것을 열심히 가르치는 학교가, 게다가 교사의 기본적 자세가, …… 한 마디로 교육이 통째로 그 교구 안의 어린이들에게는 맞지 않는 것이었다. 쉽게 말해서 '공교육'은 백인 중산층의 삶과 꿈에 맞추어져 있어 그 교과서, 그 학교, 그 교사는 백인 중산층의 삶과 꿈을 위함이지 흑인이나 가난한 자, 더욱 푸에르토리코 사람들을 위한 것이 아님을 그는 뼈저리게 깨달은 것이다.

그래서 그 교육을 잘 받으면 받을수록 푸에르토리코 사람들은 자신들의 삶과 꿈을 잃게 되는 것으로만 보였다. 자신들의 삶을 억지로 백인 중산층의 삶에 맞추어 평가하니 열등생이 될 수밖에 없고, 자신들의 꿈을 억지로 백인 중산층의 그것에 맞추려 하니 절망밖에 없다. 그래서 노예처럼 일해서 번 아까운 돈을 술과 마약과 도박으로 날리며 그 노예적 현실에서 도피하려 하는 것이었다. 이것이, 적어도 푸에르토리코 사람들에게는, 공교육의 실상이었다. 그래서 그 교육을 잘 받으면 잘 받을수록 백인들에게 길들여지고, 자신들의 꿈과 삶이 옥죄어지고, 노예와 같은 역사의 대물림이 계속된다는 것이다.

우리는 대안 교육의 배경에 깔린 '탈학교' 개념을 이렇게 이해해야만 한다. 이런 논리와 배경에서 최근 우리나라에서 논의되고 있는 몇 가지 대안 교육의 이념을 다듬고 자리매김해 보자.

그 첫째는 평화 교육이다. 원래 이 평화 교육의 이념은 제2차 대전 이후 생긴 유네스코의, 전쟁은 이웃에 대한 미움에서 싹트는 것이므로, 그 전쟁을 없애기 위해서는 이웃에 대한 미움을 낳게 하는 편견을 없애 주는 국제이해교육이 긴요하다는 논리에서 비롯됐다.

그런데 지금은 한 걸음 더 나아가, 그 전쟁을 야기 시키는 체제에 대한 비판이 전면에 서게 되었다. 그리하여 개개인의 마음의 평화를 기렸던 종전의 평화 개념에서 계층 간, 민족 간, 국가 간, 인종 간의 화해, 나아가서 인간과 자연과의 조화적 공존, 드디어는 이 지구와 우주와의 어울림으로까지 넓혀지고 있다. 대안 교육으로서의 평화 교육에서 우리 한국이 특히 힘써 노력해야 할 것은 무엇일까? 계층과 계층 사이의 화해와 공존을 기리는 복지 사회 이념, 그리고 체제를 초월해서 남한과 북한이 접근하는 민족 공동체 이념의 구현이라 하겠다.

둘째는 노작 교육이다. 이것은 원래 페스탈로치의 '일하면서 배우고, 배우면서 일한다'는 교육 원리에서 비롯한 것으로 그의 정신적 제자인 독일의 켈센슈타이너가 다듬어 낸 논리다. 꽃을 가꾸고 밭을 갈고 논에 물을 대고 모를 심고 소를 모는 일 자체가 아주 효과적인 교육이라는 논리다. 이마에 땀을 흘리며 일을 해 봄으로써 아이들은 노동의 어려움, 귀함 그리고 그 노동으로 자신들을 키워 내는 어버이들에 대한 고마움을 안다. 또 이 자연에는 아름다운 질서와 법칙이 있음을, 우리 삶도 그 법칙 안에서만 편안을 누릴 수 있다는 것을 체험으로 배운다. 어찌 그 뿐인가. 모든 꽃이 다 저마다의 개성과 아름다움이 있듯이, 모든 생명들이 다 저마다의 삶의 몫을 갖고 있다는 것을 피부로 느껴, 사람도 각각 다 제 몫이 주어져 있다는, 그 몫의 실현이 바로 자기 삶의 최고의 과제라는 생각에 다다른다.

대안 교육으로서의 노작 교육이 우리에게 지금 요청하고 있는 것은 무엇일까? 노동은 문화의 원동력이요, 개성의 실현 방식이요, 그러므로 고귀한 것이요, 인간 교육의 가장 귀한 방법의 하나라는 인식이 아닐까. 예수는 목공의 아들로 태어나 목공일을 힘써 했다. 『프로테스탄트의 윤리와 자본주의 정신』은 막스 베버의 명저로 꼽히는데, 그 책에서 노동은 하나님이 각자에게 맡긴 몫의 실현 과정이며, 그것으로 개성을 실현하고 이웃에 봉사하고 하나님에게 예배드린다 했다. 그래서 노동은 경제적 개념이라기보다는 '종교적 개념'이라고 그는 선언했던 것이다. 종교 개혁 이후 유럽이 경제적으로 급성장했는데 그 원동력이 실은 이 종교적 노동 개념이었던 것이 이 책의 핵심적인 주제이다.

이에 비추어 한국의 교육 현실을 보면 참으로 답답하고 한심스럽다. 체험이 따르지 않는 읽기·쓰기·셈하기 교육이 주류를 이루고 노동은 천시되고 심지어 교사가 어찌 노동자냐 하는 말로 대안 교육에 힘쓰고 있는 교사들을 매도하기까지 한다.

셋째는 인간화 교육이다. 사람됨을 일깨워 주는 교육을 이름이다. 교육이라 하며 원래 사람을 대상으로 하는 인간 교육인데 새삼스레 인간화라 하니 도대체 그것은 무엇이란 말인가. 이 같은 물음은 멀리 그리스 시대부터 있어 왔다. 사실 이 인간화 교육 이념을 논리적으로 다듬어 최초로 제창한 사람이 바로 소크라테스였다. 그가 대결해야 했던 사람들은 누구였던가. 프로타고라스를 그 대표로 하는 소피스트들이었다. 소피스트들을 보통 '궤변론자들', 즉 말재주로 사람을 이겨먹는 웅변술이나 토막난 지식을 가르치며 그것으로 생계를 유지해 나가는 지식 기술자들이라 한다. 제 재주로 벌어먹고 사는 사람들을 탓할 것은 없지 않은가. 그러나 그들이 내뿜는 사회적·문화적·윤리적 해독은, 인간의 영혼을 보살펴 키워 주는 '인간 교사'로 자임하고 있는 소크라테스에게는 도저히 묵과할 수 없는 것이었다. 그러면 소크라테스가 대결해야만 했던 소피스트들의 생각이란 무엇이었던가. 우선 가치의 상대성이다. 사람에 따라 가치관이 조금씩 다르다는 것이 아니고, 이 세상의 모든 가치는 변하고 상대적이어서, 그 가치를 정하는 평가 기준은 각 개인일 수밖에 없다는 것, 그래서 교육이란 입신출세할 수 있는 실용적 기술 가운데 으뜸가는 웅변술을 배우고 익히는 일이라는 것이었다. 이에 대해 소크라테스의 생각은 어떠했던가. 가치에는 원래 변하는 측면과 변하지 않는 측면이 있는데, 변하지 않는 것이 더욱 본질적인 가치라는 것, 또 올바른 지식은 올바른 삶으로 유도하는 것이기에, 실용적 지식보자 올바른 지식이 중요하다는 것, 그리고 교육의 목적은 입신출세하는 데 있지 않고 자기 영혼을 돌보아 자기를 최선으로 실현하는 데 있다는 것이다. 이렇게 "사람(인간 각자)이 만물의 척도다"라는 표어로 대표되는 소피스트들의 교육관과 "너 자신을 알라"로 대표되는 소크라테스의 교육관은 극과 극으로 서로 어울리지 않는 것이었다. 그러나 대세와 여론은 소피스트 편이었다. 그래서 소크라테스는 독배를 들었다.

대안 교육으로서의 교육의 인간화 이념이 오늘날 특히 한국 교육에 요청하고 있는 것은 무엇일까? 몇 가지 기술이나 능력을 닦아주는 기능 교육보다 삶과 문화와 역사에 대해 아름다움 꿈을 키워주는 문학, 역사, 철학 등을 주축으로 하는 인문 교육(초등 교육 단계에서는 쉽게는 독서 교육), 최고의 가치는 각자의 개성의 실현에 있다는 각자의 정체성과 주체성 확립 교육, 그리고 교사와 학생과의 인간적인 관계의 정립, 즉 인간의 사귐이라 생각된다. 그러나 이 중에서도 가장 중요한 것은 교사의 사람됨일 것이다. 교육의 알파요 오메가도 교사란 말이 바로 이를 이름이다.

대안 교육이 어찌 이뿐이겠는가. 환경 교육, 미래 교육, 인권 교육 등 참으로 많다. 그러나 이 모든 교육의 밑가락은, 우리는 어린이를 믿고 키워 주자, 그들을 통해 좀 더 아름다운 미래를 열자, 그리하여 하늘에는 영광, 땅에는 평화의 아름다운 우주의 질서를 회복하자는 환희의 노랫가락이다.

가장 급한 교육 과제

우리들의 대학 시절은 자연주의, 이상주의, 낭만주의를 다 몸으로 체험하지 않고는 못 배기는 생활로 차 있었다. 다 떨어진 옷, 더러는 일부러 모자나 옷을 찢어 때를 묻힌 그런 꼴로 대포집에 들어가서 갑론을박하고 나서는 떼를 지어 거리를 누비면서 고성방가했다. 이런 때 늘 부르는 노래가 "데칸쇼 데칸쇼로 반 년을 보내고 나머지 반 년은 잠으로 보낸다"였다. '데칸쇼'는 데카르트, 칸트, 쇼펜하우어의 앞 글자를 딴 것이다. 이런 노래보다 더 애교 있었던 것은 법과 대학생들이 즐겨 부르는 다음 노래였다. "육법전서 다 뒤져 보아도 사랑이란 두 글자 없노니 …… " 이런 노래들은 시민들도 다 아는 터라 우리 꼴들을 귀여운 듯이 미소로 대답했지 얼굴을 찌푸리지는 않았다. 정말 낭만이 있던 시기였다. 이러한 정신적 분위기 자체가 교육적이었다. 교사가 애써 가르치려하지 않는 것인데도 학생에게 큰 영향을 끼칠 수 있는 교육 내용, 그것을 미국의 교육학자들은 '잠재적 교육 과정'이라고 하는데, 좋은 의미로는 이것이 넘쳐흐르는 시기였다.

그런데 지금은 어떠한가. 모대학교의 법대에 다니는 학생에게 내 학창 시절에 흔히 들었던 위의 법대생들의 낭만의 노래 이야기를 하면서, 참 너희들은 술 마시면 어떤 노래 부르지 하고 물었더니, 그 대답이 아주 뜻밖이었다. 가사의 정확한 내용은 잘 기억 못하지만 뜻은 대략 이렇다. "육법전서 잡혀 놓고 외상술을 마셔도 법대생은 인기 있다. 출세해서 잘 갚을 테니까……"

우리 시대하고는 어쩌면 그렇게 다를 수가 있을까. 사랑이란 두 글자는 왜 없다더냐며 한탄하던 옛 학생과 출세하면 갚기로 하고 외상술을 마셔 대는 지금 학생과 어쩌면 그리 대조적일까. 좌우간 무엇인가 잘못되어 있다. 또 철학과가 가장 인기 없는 학과의 하나가 되어 있는 오늘날의 대학이 정말 대학이며, 그런 대학에서 과연 인류, 민족, 국가의 이상을 키울 수 있을까.

나는 우리 한국 교육의 가장 시급한 과제를, 아이들의 가슴에 높고 따뜻한 꿈을 키우는 교육, 즉 사람과 사랑을 키워 주는 '교육의 인간화'로 여기고 있다.

흥미와 훈련

"아이들의 흥미에 맞추어 가르치는 것이 바람직스럽고, 아이들에게 흥미 없는 일을 훈련으로 가르치는 것은 바람직스럽지 못하다"

이렇게 생각하는 교육 사상을 우리는 이른바 '새 교육'이라 한다.

과연 그런가? 나는 이 사상에 회의를 품고 있는 사람의 하나다. 흥미는 좋고 훈련은 나쁘다는 양자택일적인 경직된 사고 방식에서 우리가 하루 빨리 풀려나야 한다고 늘 느끼고 있다. 간단한 예를 역사에서 하나 들어 구체적으로 이 문제를 다시 생각해 보는 실마리로 삼아보자.

유클리드가 모든 학문의 기초가 되는 수학 학교를 차렸을 때 처음에는 아이들이 통 모이지 않았다. 무엇하러 그런 어려운 수학을 하지? 수학은 무엇 때문에 배우지? 아이들은 이렇게 생각했다.

이들에게는 수학에 대한 흥미나 학습 동기가 전혀 없었던 것이다. 그러자 유클리드는 꾀를 짜냈다. 아이들을 불러 놓고 "너희들이 내가 가르치는 산수 문제 하나를 풀면 동전 한 닢씩을 상으로 주마" 하면서 꾀었다.

　그랬더니 아이들은 동전 한 닢씩을 받는 재미로 산수를 배우기 시작했다. 그리고 몇 달 지났다. 아이들은 산수에 흥미를 느끼기 시작했다. 이렇게 재미있는 산수를 왜 일찍 배우려 하지 않았지 하면서 아이들 스스로 후회도 했다. 얼마 안 가서 아이들은 교사에게 이제 동전은 필요없다고 사양했다. 재미가 있는데 동전까지 받으면 죄송하다고 말이다. 그러고 다시 몇 달이 지났다. 아이들은 산수에 아주 흥미가 나서 교사에게 이렇게 제안했다. "선생님, 문제를 내주세요. 그 문제를 풀면 이제 우리가 선생님께 동전 한 닢씩을 드리겠습니다."

　이 역사적 일화는 흥미라는 것이 자연 발생적인 것이 아니고 교사의 노력과 기술에 의하여 촉발되는 것, 쉽게 말하면 자아내지고 키워지는 것임을 말한다. 즉 흥미는 훈련으로 키워짐을 말한다.

　다시 처음에 제기한 소위 '새 교육'의 원리로 돌아가자. 이 일화에서 보듯 흥미와 훈련은 무엇이 좋고 무엇이 나쁘다고 양자택일할 성질의 것이 아니다. 이 둘이 실은 다 필요하다. 우리는 교육의 마당에서 OX논리를 추방해야 한다. 모든 발전하는 사물은 그 안에 모순을 안고 있으며, 그 모순의 통일을 통해서 더욱 발전한다. 이런 변증법적(대화적) 논리가 교육의 마당에 뿌리내려 주기를 바란다.

경애하는 재판장님

경애하는 재판장님, 귀하의 건승과 귀원의 발전을 삼가 빕니다.

저는 귀원에서 재판을 받고 항소 중에 있는 신○○(申○○)군의 지도 교수로서, 신군의 지도를 충분히 하지 못한 것에 대해서 책임을 느끼며, 귀원의 여러분에게 죄송한 마음 금할 길이 없습니다.

저는 귀원의 각별한 배려에 의해 지난 12월 30일, 서울 교도소에서 위 신군과 면회할 기회를 가졌습니다. 저희 고려대학교에 입학한 지 11년이 되었으나 졸업은 고사하고 아직도 불기 없는 감방에 갇혀 있는 수척하고 초췌한 신군의 모습을 대했을 때, 형언할수 없는 연민의 정과 아울러, 저 자신이 죄인 중의 죄인이라는 생각이 들었습니다.

비록 30분간의 짧은 면회 시간이었지만, 저는 귀한 소득을 얻었습니다. 그것은 신군이 크게 반성하고 있다는 것, 국가보안법에 저촉되어 있다는 것을 기독교인으로서 명예롭지 못하게 여기고 있다는 것, 그리고 아직도 고려대학교 입학 때 가졌던 교직에의 꿈을 간직하고 있다는 것을 제가 역력히 볼 수 있었으며, 또한 이러한 사실을 신군 자신의 입을 통해서 제가 확인할 수 있었기 때문입니다.

저는 면회 시 신군에게 특히 성경에 나오는 달란트의 비유를 들어 타일렀습니다. "하나님께서는 각자에게 각각 분수에 알맞은 몫을 주셨다. 그러기에 우리는 그 몫만을 성실하게 수행하면 만점이다. 자기 몫 이상의 것을 하려 들면 잘못이다. 왜냐하면, 그것은 남의 몫까지 넘보는 것이 되기 때문이다. 자네는 혹 남의 몫까지 넘보지는 않았는지 반성해야 하지 않을까? 자네는 이 겨레가 안고 있는 고난을 혼자 다 도맡을 생각인가! 이것은 예수님이 그렇게도 싫어하신 교만에 통하지 않을까?"하고 타일렀습니다. "이 겨레가 안고 있는 고난을 혼자 다 도맡을 생각인가"라는 말에 신군도 웃고 저도 따라 웃었습니다. 이 웃음을 통해 신군은 분명 저에게, 남의 몫까지 넘봄으로써 실은 자기 몫도 못한 자기 잘못을 사과한 것입니다.

경애하는 재판장님,

옥중에서도 신군은 저에게 교육학 관계의 서적, 그 중에서도 특히 가난한 민중의 자녀의 교육에 헌신한 교사 페스탈로치의 저작의 차입을 요구해서 저를 감동시켰습니다. 앞으로도 계속 '교육'에의 길을 걷겠노라고 저에게 다짐도 했습니다.

저는 법을 모르며, 교도소 문턱을 50평생 처음으로 넘어보았으며, 신군의 죄목이 무엇인지 구체적으로는 잘 모릅니다. 그러나 그가 국가보안법에 저촉되었으며, 그에 합당한 벌을 받게 되리라는 것은 잘 알고 있습니다. 그러나 저는 교사로서, 더욱 교육학자로서, 신군은 잘못을 뉘우쳤기에 이것을 계기로 인간적으로 더욱 성숙될 것이고, 앞으로 더욱 교육의 길로 매진하여 귀한 열매를 맺게 될 것으로 기대하고 있습니다.

신군은 이미 결혼하여 혜○(4세), 지○(2세)라는 아름다운 이름의 두 딸을 두었습니다. 이 딸들을 데리고 면회에 가는 착한 그의 아내의 모습을 볼 때 눈물을 금할 수 없었습니다. 저는 요사이 늘 신군의 가정에 평화와 웃음이 다시 돌아오기를 기도하고 있습니다. 저는 기도의 효능을 믿습니다. 면회 때 같이 집에 가자고 졸라대는 아이들에게 "아빠는 아직 공부가 덜 끝나 이번에는 못 간다"하면서, 그들 고사리 같은 손을 떼어 놓는 검사님의 가슴인들 얼마나 아프겠습니까! 이 아이들에게 이런 불행을 안겨 준 우리 역사가 야속하기만 하며, 참으로 견디기 어렵습니다.

경애하는 재판장님,

저는 신군의 지도 교수로서 제 몫을 다하지 못하고 제자를 이런 엄동설한에 옥중에 보낸 책임을 깊게 느낍니다. 그러나 귀하께서 신군을 다시 저에게 돌려주신다면, 이번에는 저의 정성을 다해서 그를 훌륭한 교사로 키워 내어, 그가 개인적으로 행복하고 사회적으로 유능한 삶을 개척하도록 할 것임을 이 자리를 빌어 다짐합니다.

귀하의 각별하신 배려 있으시기 삼가 바라오며, 오늘은 우선 이만 줄입니다.

1986년 2월 3일
고려대학교 사범대학 교수
신○○ 지도 교수 김정환 삼가 올림

서울 형사 지방법원장 귀하

정년퇴임을 맞으며

이 자리에 서니 새삼 감회가 새로워집니다.

먼저 이 자리에 있기까지 저를 도와주시고, 부추겨 주신 모든 분들에게 감사드립니다. 이왕에 섰으니, 그냥 고개만 숙이고 물러나는 것도 과공비례라고 예가 아니어서 딱 두 가지만 말씀드리겠습니다.

하나는, 교수라는 가르치는 자리에 있으면서도 실은 배운 것이 더 많았다는 감사의 말씀입니다. 한 치 한 오리의 어김도 없이 일을 처리하시지만 인정도 남다르신, 이제 고인이 되신 김아무개 교수님에게 저는 인간적 성실성을 배웠습니다. 또 평생을 한 주제와 씨름하신, 역시 고인이 되신 이아무개 교수님에게서는 학문적 성실성을 배웠습니다. 그리고 민주화를 위해 애쓰다가 고초를 당한 많은 교수님과 학생들, 더욱 '참교육'을 위해 싸우다가 역설적으로 사랑하는 제자 곁과 교실을 떠난, 아니 쫓겨난 전교조 제자 교사들을 통해 저는 역사 앞에서의 성실성을 배웠습니다.

덕택으로 저는 서대문 형무소 구경도 했습니다. 형무소살이 하러 간 게 아니고 제자 면회하러 간 것입니다. 활짝 웃으며 대하는 제자의 얼굴에서 저는 역사와 미래를 보았습니다. 이러한 교수와 학생을 많이 길러 낸 고려대학교에 봉직했다는 것이 저는 정말 자랑스럽습니다.

또 하나는, 저의 앞으로의 생활 설계에 대해서입니다. 저의 유일한 취미, 일요일에 들로 산으로 홀로 거닐며, 이름없는 들풀들과 노닐면서 하나님을 찬양하며, 여러 식물도감을 보면서 그 이름없는 들풀들의 이름을 외는 일입니다. 덕택으로 저는 갈대와 물대와 억새를 한 눈으로 구별할 줄 압니다. '아, 으악새 슬피우니 가을인가 봐'의 으악새는, 실은 새의 이름이 아니고 바람에 나부끼는 이 억새풀의 이름입니다.

퇴직이라니까 동료 교수이신 김충렬님이 '다략소주'(多略少疇)라는 글귀의 휘호를 주셨습니다. '다략'은 많이 버리고 생략하라, '소주'는 조금만 갈아라는 뜻이랍니다. '소주'의 '주'자는 카테고리라는 범주의 '주'자인데 밭이랑이라는 뜻이랍니다. 정말 제 눈을 번쩍 뜨이게 했습니다. 그래서 그 자리에서 실천했습니다. 연구실 책의 1/3은 가난한 고향 대학에, 1/3은 또 제자들에게 나누어 주고, 나머지 1/3만 가지고, 이제 건강을 위해서도 앞으로 매일 출퇴근하라며 가족들이 신촌에 전세로 마련해 준 8평짜리 원룸 서재로 보름 전에 물러났습니다. 이 서재를 '다락방'이라 부르기로 했습니다. 휘호의 '다략'(많이 버려라)을 연상시키게 했습니다. 평일에는 이 다락방에서 서너이랑만 가꾸면서 인생의 가을과 겨울을 즐기겠습니다. 노욕이라 해서 노인네들이 스타일을 구기는 일이 더러 있는데, 저는 그러지 않겠습니다. 더구나 명예 교수 칭호까지 주신다니, 노년을 아름답게 정말 명예롭게 지키겠습니다.

끝으로 고려대학교의 무궁한 발전을 빌며, 이로써 하직 인사에 대신합니다. 여러분! 정말 감사했습니다.

1995년 2월 28일 경영관 강당에서

이것이 내가 원고를 미리 마련하여 읽어 내려 간 정년 퇴임사였다. 이 날 퇴임을 맞는 분은 나를 포함해서 다섯 명이었다. 나이도 다 같고, 더욱이 양력으로 1929년 9월 1일부터 1930년 2월 28일까지 사이에 생일을 맞는 분들이었다. 다섯 교수 모두의 약력, 즉 생년월일, 학력, 경력 등이 적힌 안내장이 각각 한 장씩, 다해서 다섯 장이 묶여 배포되어 있었기에 서로를 소상하게 알 수 있었다.

나는 안내장의 생년월일을 보고 회심의 미소를 금치 못했다. 나와 비슷한 사람이 둘이나 더 있었기 때문이다. 무슨 이야기인가 하니, 나의 생년월일은 양력으로는 1930년 1월 6일인데, 바로 그날이 음력으로는 1929년에 해당하는 11월 21일이었기에, 음력으로는 뱀띠, 양력으로는 말띠, 이렇게 띠를 두 개나 갖는다. 그래서 무슨 나이가 그러냐고 빈정대는 사람도 많았다. 그런데 이런 분이 여기에 두 분이나 더 있었다니! 2월 27일 생도 있었다. 이 분은 이틀 일찍 나셔서 정년을 6개월 앞당기셨다.

나이가 똑같고 한 학교에 모두 20년에서 30년 같이 있었던 탓에 그야말로 '정년 동기'라는 말이 실감났다. 서로 하얀 머리와 깊이 패인 주름살을 보면서 속으로 웃기도 하고, 한편 잘도 견뎌왔다는 안도의 한숨도 쉬었다. 마라톤의 풀코스를, 등수는 차치하고라도 달려낸 선수의 골인 지점에서의 기분이 이러하리라.

퇴임식순은 총장과 이사장의 치사, 공로 표창, 퇴임자 인사, 그리고 기념품, 선물, 꽃다발 증정으로 이어진다. 이 모든 절차를 한 시간으로 해야 한다. 내가 퇴임사를 짧게 마련한 것도, 또 이것을 4분 정도로 읽어 낸 것도 이 때문이다. 나에게 주어진 국민 훈장은 석류장이었다. 훈장 중에서 제일 높은 것은 무궁화장, 다음이 모란 장, 그 다음이 목련, 동백 하다가 석류가 꼴찌란다. 무궁화는 총장 한 사람, 모란은 정부에 협력 잘해서 감투 많이 쓴 사람에게나 준다 한다. 석류는 못 생겨서 꼴찌일망정 색깔 좋고 향기 짙어 좋다.

퇴임식 자리에서 나의 은사 이아무개 교수님을 멀리서 뵙고 눈물이 핑 돌았다. 이 어른하고는 너무나도 인연이 깊다. 나의 중학교 은사요, 나에게 고려대 교수 자리를 마련하여 주신 분이요, 같은 교육학과 교수로 25년이나 동료 교수로 계셨던 분이요, 더욱 동향이자 중학교도 딱 10년 선배님이시다. 이제 칠순이 훨씬 넘으신 선생님이 일부러 이 자리에 나오신 것이다. 이때 나는 딱 50년 전의 해방의 그 해를 회상했다.

해방의 그해 우리는 중학교 2학년이었다. 당시는 전주북중학교라 불리웠던 이 학교는 도에 하나밖에 없었던, 한국인만 다닌 공립이었다. 한 학년 세 반, 한 반은 50명, 전교생이 약 700명, 약 30명 교사 중 한국인 교사는 딱 3명이었다. 서둘러 일본인 교사들이 철수하자 9월경부터 한국인 교사들이 거의 매일 한두 분씩 나오시는 게 아닌가. 거의 25세 전후이셨다. 전문학교 혹은 대학에서 학병으로 끌려갔다가 풀려나오신, 더러는 감옥에서 갓 나오신 분들이었다. 이 분들은 또 거의 우리 중학교 선배님이시기도 했다. 우리말로 교실에서 배우다니, 정말 꿈만 같았다. 바로 이 교수님도 이때 오신 선생님이셨다. 그때 25세 전후의 신진기예의 중학교 선생님이 바로 그때의 동안의 제자의 정년 퇴임식 자리에 나오신 것이다. 첫 만남에서 꼭 50년이다!

퇴임식은 칵테일 파티로 이어졌다. 대충 지나가는 인사로 때우고 빨리 식장에서 빠져나와야 한다. 우리가 맥주라도 마시면서 노닥거리는 날이면 그 바쁜 하객, 교수들의 발이 묶이기 때문이다. 서로서로 빨리 해방되는 게 제일이다. 우리 고향 속담에도 '손님은 뒤꼭지가 예쁘다'했다. 갈 사람은 뒤꼭지를 보이면서 빨리 나가 주어야 한다.

식장에 온 직계 제자들, 즉 나에게 박사 논문 지도를 받았거나 내 방에 조교로 있다가 나의 도움이나 조언으로 외국에 가서 학위를 취득한 사람들 10여 명과 나의 직계 가족 10명, 이중 손자 둘, 손녀 하나, 이렇게 30명 가까이서 자하문 밖 중국집 하림각에서 저녁 식사를 했다. 하객으로 오셨으니 자식들이 내는 것이 도리라며, 식대는 기필코 자식들이 냈다. 정말 '직계 가족'만 전원 모인 자리가 되었다. 이렇게 흐뭇한 자리는 난생 처음이었다. 나도 한 마디 했다. "여기에는 육신의 자식도 있고 영혼의 자식도 있다. 아리스토텔레스의 말이었던가. 육신의 자식보다 영혼의 자식이 더 귀하다고" 육신의 자식들도 내 말에 그냥 웃고만 있었다.

국민훈장의 부상으로 받은 선물케이스를 열어 보았더니 손목시계였다. 날짜 칸도 요일 칸도 없는 싸구려 시계다. 두 마리 봉황이 무궁화를 안고 있는 문양이 노랗게 들어 있다. 어디서 많이 본 모양인 것 같다 했더니 바로 대통령 의자 뒤의 문양이란다. 대통령 하사품인가, 누군가가 말했다. "이런 문양이 들어있는 물건은 전당포에도 못 잡혀요. 법에 걸려요." 나는 청와대 구경을 한 번도 못한 사람이다. 아마 나 정도의 교수로 청와대 한 번 못 갔다 하면 병신소리를 듣지 않을까. 덕택으로 조용하게 즐겁게 자유롭게 그리고 제자들, 가족들과 많은 시간을 가질 수 있었다. 날짜도 요일도 없는 시계여서 나에게는 더욱 좋았다. 강의를 않으니 요일이 필요 없고 사업을 않으니 날짜도 필요 없다. 이 시계로 요일과 날짜, 시간을 초월해서 자유롭게 살리라.

퇴임 며칠 후에 다시 우리 다섯 교수 모두가 명예 교수로 추대되었다. 이 명예 교수 칭호는 계약 기간이나 정년이 없다. 죽을 때까지 유효하다. 따라서 똑같은 교수 신분증이지만, 직위란에 명예 교수라고 된 이 신분증은 발행자에게 돌려줄 의무가 영원히 없다한다.

> 자유 있을지어다, 현직 교수여!
> 해방 있을지어다, 퇴임 교수여!
> 초월 있을지어다, 명예 교수여!
>
> (1995년 3월)

1995년 4월 1일, 다음 시는 나의 정년퇴임에 즈음하여, 서로 곱게 늙자고 다짐하면서 꼭 읽어 보라고 친구가 선사한, 일본의 어느 정년퇴임 교수(헤르만 호이베르스, 1890~1979, 상지대학에 신부이자 교수로 54년간 근무)의 시를 내가 우리말로 옮겨 본 것이다.

〈으뜸 가는 일〉

이 세상에서 으뜸가는 일은 무엇?
즐거운 마음으로 나이를 먹고,
일하고 싶어도 쉬고,
지껄이고 싶어도 입 다물고
실망스러운 때 소망하고,
순하게, 조용하게 나의 십자가를 지는 일
젊은이가 힘차게 하나님의 길을 달리는 것을 보아도

시샘하지 않고,
남을 위해 일하기보다는
겸허하게 남의 도움을 받고
힘없어, 이제 남의 도움이 별로 안 될지라도
친절하고 부드러움을 간직하는 일.
늙음이란 무거운 짐은 실은 하나님의 선물.
낡은 마음에, 이것으로 마지막 손질을 가하시나니
참 고향에 가기 위해
나를 이 세상에 매어 놓은 사슬을 조금씩 풀어 가는 일은
참으로 위대한 일.
이러다가 아무것도 못하게 되는 날이 오면,
이제 그것을 겸손하게 받아들이는 일이다.
하나님은 이제 마지막으로 제일 좋은 일을 남겨 주신다.
그것은 바로 기도다. 손은 아무것도 못해도 마지막까지 합장은
할 수 있을찌니!
사랑하는 모든 사람 위에 하나님의 은혜를 빌기 위해.
모든 것을 다하면, 임종의 자리에 하나님의 소리를 들을지니,
"오너라 나의 친구여, 나 그대를 버리지 않을지니"라는.

교육 개혁 쟁점에 보인
진보와 보수의 논리

　"교육 개혁: 보수와 진보의 논쟁"이란 이번 국제 학술 심포지엄의 밑을 흐르고 있는 논리를 저는 세 가지로 보았습니다. 첫째는 비교교육학적 논리라 하겠습니다. 네 나라의 참여가 그것이고, 무엇보다도 교육은 역사와 전통, 한 마디로 문화의 산물이라는 것입니다. 둘째는 진보 이론, 더 구체적으로는 비판적 교육학, 아니 더욱 분명히 밝히면, 프랑크푸르트 학파 등의 문명 비판적 주요 분석 개념인 "비판 이론(Kritische Theorie)에 근거한 개혁 교육학의 논리라 하겠습니다. 한국·중국·영국·일본, 이렇게 네 나라로 한정되어 아쉽기는 하지만 이 심포지엄에 거는 우리의 기대, 즉 위에 든 세 논리로, 더욱 나은 문화와 체제와 미래를 기하는 새로운 교육 이론의 탐색과 건설을 다짐하여 온 우리 한국교육연구소의 소망은 컸습니다.

　논평자의 한 사람으로 저는 사누끼 교수의 『금일의 일본 교육 개혁 과제와 개혁을 둘러싼 대한 전망』을, 그 한글 번역본까지 포함해서 세 번씩이나 정독하고 퍽 감명을 받고 또 많이 배운 바 있습니다. 짤막한 논문 속에 어쩌면 그렇게 많은 내용을 다듬어 넣었을까? 어쩌면 그렇게 논리정연하게 짜여져 있을까? 정말 놀랍기만 했습니다.

　논제 제시에 앞서 우선 사누끼 교수님의 논문을 요약하여 봅니다.

　이 논문은 역사적 시점에서 본 일본의 교육 개혁의 위치(서론), 오늘의 교육 개혁을 둘러싼 대항의 구도(본론), 그리고 오늘의 정부 주도 개혁의 성격에 대하여(결론)란 세 부분으로 짜여져 있습니다. 그 내용을 이 논평자가 특히 주목할 사항을 중심으로 요약하면 다음과 같습니다.

　일본의 전후 반세기 교육은 '경쟁'의 교육인데, 이것을 그 양상으로 보아 세 시기로 나누어 각각 억제된 경쟁, 열린 경쟁, 닫힌 경쟁으로 특징 지울 수 있다. 1996년의 오늘은 닫힌 경쟁의 시대 또는 '교육 황폐기'에 속하며, 어린이의 인격을 좀먹는 여러 가지 학교의 병리 현상이 분출하고 있는데, 그 대표적인 것이 약자 학대(이지매), 학교 혐오, 낙오자 누적이다. 그래서 한편에서는 경쟁을 완화시켜야 한다는 입장이 있는가 하면, 또 한편에서는 다른 형태로 한층 경쟁의 자유를 기하자는 입장도 있다. 정부 측에서 주도하고 있는 경쟁의 논리는, 3차 산업에 중점을 둔 다국적 기업으로 일본이 '세계의 선두주자'가 되는 인력 자원 확보를 노리는, 즉 정보화와 국제화로 일본의 자본이 살아남아야 한다는 '개성화'란 명분하의 경쟁의 다양화다. 이 때문에 학교가 '전인 교육'의 논리로 올바르게 전환을 못하고 있다. 정부 주도의 교육 개혁의 관건적 개념은 ① '대국 일본' 의식으로 국민 통

> 합을 기하는 일본＝세계의 선두주자, ② 경쟁의 자유화란 명분하
> 에서 전인 교육보다 기능 교육으로 치닫게 하는 경쟁의 '개성
> 화', ③ 학교와 교육의 여러 공공적 기능을 시장 경제 원리로 상
> 업 자본에 떼어주기(이관), ④ 다국적화한 일본의 우세한 자본으
> 로 아세아 제국의 경제, 나아가서 문화를 지배하려는, 실은 반국
> 제적인 '국제화'이다.

이 논문을 읽고 난 다음 이 논평자가 새삼 느낀 것은 일본과 우리는 비록 역사와 전통과 문화가 다름에도 불구하고 유사한 점이 많다는 것, 특히 정부 주도의 교육 개혁의 모순과 한계, 더러는 비리에 맞서는 논리를 우리들 '비판적 시각'을 지닌 재야 교육학자들이 협동하여 개척해야 하겠다는 것이었습니다.

사누끼 교수님의 논문에서 지면 관계로 충분하게 다루지 못한 문제 세 가지를 논제로 제시코자 합니다.

첫째는 산학 협동 이념의 비교육성에 대해서입니다. 저는 산업과 교육은 별개의 논리로 발전해야 한다고 여기고 있습니다. 그래서 산학 협동은 실은 교육의 산업에의 종속이요, 교육이 인격도야 기능을 저버리고 기능 인력 양성에 치닫는 일이요, 그래서 실은 교육의 산업에의 협동 아닌 종속과 유착이요, 교육의 마당에서의 인류의 영원한 이상인 정의와 평화의 추방이라고 생각합니다. 그런데 정부 주도의 교육 개혁 논리에는 실은 이것이 깔려 있습니다. 사누끼 교수님은 이에 대해 어떻게 생각하시며, 왜 이 논문에서 언급을 안하셨습니까?

둘째는 평화 교육 접근 방식에 대해서입니다. 사누끼 교수님도 본론 제3항 '나누어 살기 존재로서의 개성에 따른 경쟁'의 끝부분에서 환경 문제, 사회적 약자 문제, 전쟁을 유발할 수도 있는 국제 문

제 등을 언급하셨습니다. 저는 이런 문제를 포괄해서 '평화 교육' 문제로 다루자고 해 왔습니다. 전쟁은 편견과 증오심에서 싹트는 것이니 국제 이해 교육으로 그것을 불식시키자는 전통적·보수적 평화 교육 이념에서 벗어나, 전쟁을 유발하는 사회적·문화적 구조나 체제를 비판하고 개혁해 나가자는 '비판적' 평화 교육 방식을 탐구하여 왔습니다. 이제 평화 교육은 전쟁을 없애자는 교육에 그치지 않고 바로 환경·인권·미디어·여성·미래 등의 문제를 인류 공동체적 감각에서 접근하는 '대안 교육'으로서, 전 교과(全敎科) 방식으로 모색되어야 할 것입니다. 일본의 민중교육연구소에서는 이 문제를 어느 정도, 어떻게 접근하고 있습니까?

　셋째는 재일 한국인 자녀 교육에 대해서입니다. 재일 한국인은 사누끼 교수가 언급하신 재일 외국인, 즉 '사회적 약자' 중의 하나입니다. 더욱 일본인들이 부끄럽게 여기는 4대 차별, 즉 부락민 차별, 아이누 차별, 오끼나와 차별, 조선인 차별 중에서도 으뜸가는 것입니다. 이 조선인 자녀의 교육에 대해 일본의 양심을 대표하는 하다따, 오자와, 가지무라 교수님들, 그리고 단체로는 일본우화회(日本友和會, JDR) 등이 귀한 말씀들을 하여 왔고, 또 법률적 차원에서는 지문 강제날인 거부 운동, 사회적으로는 시민권 획득 운동, 그리고 학교 교육 면에서는 써클활동으로서의 민족 교육, 교과서 안에서의 그릇된 조선관과 그 역사 기술 시정, 한국 국적 교사의 공립학교 교사 임용, 그리고 무엇보다 '본명 부르기' 운동 등이 전개되어 오고 있습니다. 그런데 바로 이 학교 교육 면에서의 운동이 가장 뒤지고 있다고 합니다. 음성적·잠복적 차별을 '본명 부르기'로 공개적·현시적 차별로 드러내는 역작용을 가져온다는, 약한 교육 특히 약한 교사의 힘으로는 차별화를 통치·지배 수단으로 이용하고 있는 이 차별 구조는 어찌할 수 없다는 비관론이 우세한 까닭이라고 합니다. 사누끼 교수님의 이에 대한 고견에 접하고 싶습니다.

저는 전공이 교육철학입니다만, 그래서 더욱 교육사회학적 시각에서 쓰신 귀하의 글에 배운 바 많습니다. 감사합니다.

(이 논문은 '학토불이'(學土不二)의 정신으로 자생적 교육 이론의 정립과 교육 현장 개선을 기하는 한국교육연구소 주최 국제 학술 심포지움(1996. 3. 26.)에서 일본의 사누끼 히로시(법정대학 교수)가 발표한 금일의 일본 교육 개혁 과제와 개혁을 둘러싼 전망에 대한 논평이다.)

전인 교사
김교신

전
인
교
육
의

이
념
과

방
법

교육의 기초 - 종교 감각

김교신(金教臣)이라 하면 이름도 모르는 사람이 많다. 사실 한국 교육사 책들 속에 그의 이름이 거의 보이지 않고, 이홍직 편집의 방대한 『국사대사전』에도 없다. 그럼에도 불구하고 최근 그에 대한 연구논문이 일반 대학원이나 교육 대학원의 석사 논문으로 해마다 몇 편씩 나타나기 시작했다. 요 몇 년 사이에 그가, 그의 사상이, 그리고 그의 업적이 본격적으로 발굴되기 시작했음을 말한다.

그에 대한 인식은 이처럼 아직 상식의 수준에도 이르지 못하고 있다. "어디에서 그 이름을 들은 것 같은데, 혹시 종교가가 아니었던가"하는가 하면, 더러는 "아, 저 양정고보 교사로 있으면서 베를린에서 마라톤 우승자인 손기정 선수의 코치로 있었던 사람이 아닌가"한다. 이렇게 아직 장님 코끼리 만지듯 부분적인 인식에 머물러 있다.

그러면 김교신, 그는 과연 어떤 인물이었던가? 한 마디로, 종교

를 교육의 기초로 생각하고, 민족적 기독교를 모색하고, 그런 인식
에서 평생 민족 사학의 평교사로 일관하다 조국 광복을 넉 달 앞두
고 사망한, 빼어난 능력과 사상을 갖춘 교사라 할 것이다. 그래서
최근 그의 저작이 전집 형식으로 완간이 되자 교육 대학원생들이
그의 교육 사상, 교육 방법, 교육 실천의 이모저모를 밝히기 시작했
고, 일반 대학원생들은 그의 종교 사상을, 그의 기독교의 민족 교회
적 성격을 음미·평가하기 시작한 것이다.

김교신이라 하면 종교를 떠나서 생각할 수 없고, 또 교육을 떠
나서 생각할 수 없다. 그의 삶에서 종교와 교육은 하나가 되었다.
그는 "종교는 나의 본업이요, 교육은 나의 부업이다"고도 했다. 그
런데 이 부업에 더 열성적이었다. 그리고 이 부업을 지키다 세상을
떠났다. 본업은 부업 없이는 이루지 못할 것임을 인식했기 때문이
다.

종교란 도대체 무엇이기에 교육의 터전이 되어야 하는가? 삶이
어디에서 왔으며, 어떤 삶이 가치 있는 삶이며, 우리의 삶은 어디로
갈 것인가? 이 세 가지 삶의 근본 문제, 즉 ① 삶의 근본 원인, ②
삶의 이상적 존재상, 그리고 ③ 삶의 방향(죽음과 죽음 후의 세계)의 문
제를 통일적으로 해결하는 것이다.

이렇게 종교를 정의해 놓고 보면 사실 진정한 삶은 종교 없이
는 존재할 수 없음을 알 수 있다.

교육이란 무엇인가? 저자는 이것을 크게 네 가지로 보고 싶다.
① 체제 계승, 즉 조상들이 누렸던 귀한 여러 제도를 다음 세대가
슬기롭게 이어가는 일, ② 인격 도야, 즉 한 사람 한 사람이 조화적
인 인격을 갖추게 돕고 기르는 일, ③ 문화 발전, 즉 인류가 몇 천
년의 역사를 통해서 이룩한 정신 문화를 다음 세대가 이어 받고 이
를 더욱 발전시키는 일, ④ 사회 개혁, 즉 더욱 나은 사회를 건설하

기 위해 그에 필요한 능력과 의식을 갖추어 가는 일이다. 이렇게 교육을 정의해 놓고 보면 진정한 삶은 교육 없이는 존재할 수 없음을 또한 우리는 알 수 있다.

역사적으로 보아도 위대한 인물에 종교인이 많으며, 또 그들은 교육에 하나같이 관심이 많았거나 교육 실천에 몸 바친 사람이 많다. 외국에서는 페스탈로치, 우리나라에서는 이승훈 등이 그 대표적인 예라 할 것이다.

우리는 김교신을 이런 시각에서 연구하고 평가해야 할 것이다. 최근 그에 대한 연구가 부쩍 늘기 시작한 이유는 그가 새롭게 발굴된 데에도 있지만, 종교가 갖는 교육적 의미, 좀 더 구체적인 표현으로는, 넓은 의미로 종교적 감각이나 정서를 도야하여 산업 사회 안에서의 인간 소외 현상의 문제를 해결하는 하나의 실마리를 찾고자 하는, 종교 교육 이념의 재평가에서 나온 것으로 보인다.

그리고 신학적 측면에서는 우리나라의 기독교가 지니고 있는 몇 가지 비리 혹은 취약점, 즉 한국의 기독교가 외국의 종파 교리에 종속되어 토착화가 되어 있지 않으며, 교회 조직이 체제화하여 경직되어 있고, 직업적 성직자들이 부패·타락해 있고, 기독교가 이 역사의 발전에 무엇을 공헌해야 할 것인가 하는 민족사적 사명의 각성이 미흡 한 점 ……, 이런 문제를 해결하는 실마리를 찾고자 하는 노력에 있다고 보여진다. 신학생들이 김교신을 연구하는 시각은 대개 이상과 같아 보인다.

생 애

　김교신은 한일합방 10년 전이 되는 1901년 4월 18일, 함흥 사포리에서 부친 김념회와 모친 양 신 사이의 장남으로 태어났다. 그의 가문은 함흥차사 박 순과 함께 함흥에 갔다가 죽음을 면한 김덕재의 후예다. 1903년 부친은 폐암으로 죽었으나 원래 부자집이기에 경제적 어려움은 없었다. 1912년 그는 함흥 주북의 한씨 가문의 네 살 위인 한 매와 결혼했다. 현재로는 조혼으로 보이나 당시는 부자집일수록 이렇게 일찍 결혼하는 것이 일종의 관행이었다.

　1918년에는 그곳에 드물게 있던 중등 교육 기관인 함흥 농업학교를 졸업하고, 이듬해 일본에 유학하여 동경의 정칙 영어학교에 입학했다. 이 학교는 영어를 주로 가르치는 각종 학교로서 대학에 들어가기 위한 시험 준비를 겸하는 곳이었다. 이 무렵 그는 유교적인 인생관과 사회관에 회의를 느끼고 몹시 고민을 하고 있었다. 하루는 길거리에서 기독교를 전도하는 모습과 그들의 말에 깊게 느낀

바 있어 입신을 결심하고 바로 시래정에 있는 성결 교회의 문을 두드렸고, 이곳에서 드디어는 세례까지 받았다. 1920년 4월의 일이었다.

그러나 조직으로서의 교회의 체질적 결함과 너무나도 세속적이고 너무나도 비인간적인 교회 내의 싸움을 눈으로 보고 심한 고민을 하였다. 목사가 축출당하는 소동을 보고 그는 교회를 버리고 반년 동안 방황도 하였다. 그러다가 그 해 말 일본의 무교회 기독교의 창도자인 우찌무라 간조오의 문하에 들어가 그의 깊은 성서 연구 강의와 예언적이고 반군국주의적인 시사평을 청강하기에 이르렀고, 그 뒤로 7년 동안 1927년 초 그가 귀국할 때까지 그에게 사숙했다.

한편 1922년 22세 때, 그는 당시의 명문으로 꼽힌 동경 고등사범학교의 영문과에 입학했으나 뜻하는 바 있어 중도에 박물과로 전과했고, 1927년 3월 이 학교를 졸업했다. 이 7년 동안은 그의 인격 형성과 신앙생활에 결정적인 영향을 미쳤다. 신앙의 스승 우찌무라는 혼신의 힘을 기울여 그의 성서 연구 강의에서도 가장 명 강의로 꼽히는 '로마서 강의'를 하던 때였고, 김교신은 이 강의 내용을 한 마디라도 놓칠세라 맨 앞줄에 앉아 경청을 했다. 이 무렵 그는 결정적으로 그의 삶의 전환점을 마련한 속죄의 신앙을 체험하게 되었다.

1925년부터는 우찌무라 문하의 한국인 유학생 6인이 함께 '조선 성서 연구회'를 조직하여 신약 성경을 원문으로 읽고자 히랍어를 원문으로 배워 성경을 연구하기 시작했다. 이때의 동인은 함석헌, 송두용, 정상훈, 유석동, 양인성이며, 이들은 귀국하면 한국 민족의 영혼을 구원하는 모임과 사업을 계속할 것을 서로 굳게 다짐하였다.

이들은 1927년 귀국하여 오랜 꿈이었던 동인지 『성서조선』을 월간지로 발간하기 시작했다. 이 신앙 동인지는 40페이지 전후의 분량이었는데 동인들의 사정으로 1930년 5월호인 제16호부터는 김교신이 주필을 맡아 책임 편집하는 개인 신앙전도지가 되었다. 이후 12년 동안 이 잡지는 일제의 식민 경찰과 검찰 당국의 혹독한 검열을 견디며 계속 발간되다가, 1942년 3월 제158호의 권두언 「조와」(弔蛙, 개구리의 죽음을 슬퍼함)가 어떤 혹한에도 견디며 살아남는 이 민족의 희망을 개구리의 생명력을 빌어 노래했다는 검찰 측의 해석에 의해 폐간되기에 이르렀다.

이때 김교신은 그의 잡지를 정기 구독하던 수백 명의 믿음의 동지들과 더불어 피검당하였으며, 그 중 함석헌, 송두용, 류달영 등 13명은 서대문 형무소에서 1년간의 옥고를 치루어야 했다. 이것이 '성서조선사건'이다. '한글학회 사건' 또는 '조선어학회 사건'은 같은 해 10월에 있었던 일이니, 성서조선 사건이 약 반 년 앞서 일어난 것이다. 이 두 사건은 그 본질을 같이 하는데도 한글학회 사건은 널리 알려져 있지만 성서조선 사건은 별로 알려져 있지 않다.

김교신은 이렇게 언론을 통하여 신앙·구도·전도의 활동을 하면서도 민족사학 계보의 고등보통학교 교직생활을 정열적으로 계속하였다. 귀국 직후에는 고향인 함흥의 영생여자고등보통학교에서 가르쳤다. 이때의 제자에 여류 문인 임옥인씨가 있다.

이듬해에는 『성서조선』 발간 업무 때문에 서울로 올라와 양정고등보통학교로 자리를 옮겨 이후 10년간 근무하였다. 이 양정고보에서 특히 그는 제자들에게 차원 높은 애국의 길과 진지한 삶의 자세를 몸소 보이며 가르쳐 제자들에게 큰 감명과 영향을 주었다. 이때 그의 제자로는 어린이 운동의 개척자인 새싹회의 윤석중, 덴마크의 농촌 운동을 우리나라에 조직적으로 소개한 류달영, 베를린

올림픽의 마라톤에 우승하여 한국 남아의 기상을 만방에 떨쳐 우리
의 민족혼을 흔들어 깨운 손기정, 그리고 이보형, 손정균, 김헌직,
박의정, 구 건, 심창유, 이경종, 김영상, 백오현, 엄규백 등이 있다.
또 이 밖에도 이름만 들면 누구나 다 알 수 있는 기라성 같은 인물
들이 그의 종교와 인격적 감화에 의해 이곳에서 삶을 설계했던 것
이다.

1940년 3월, 그는 복음 전도에 전념하기 위해 10년 동안 근무
했던 양정고보를 사임했으나, 한편 교직에 대한 미련도 버릴 수 없
었던 차 동경고사의 선배인 경기중학교의 이와무라 교장의 권에 못
이겨 9월에 경기중학교 교사로 부임했다. 그러나 그는 이 학교에
너무나도 실망했다. 식민지 관리나 되어 출세하려는 많은 학생들의
자세나 제국주의의 앞잡이를 기르려는 식민 교육 정책에 그는 견디
지 못했기 때문이다. 이곳에서도 그를 존경하고 따른 몇몇 학생들
이 있었음은 퍽 다행한 일이다. 그 대표적인 예로 몇 사람만 들면
송 욱, 박을용, 최치환, 민석홍, 홍승면, 박태원, 김성태, 구본술, 장
석, 서장석, 김예환, 신형식 등이다. 이들은 짤막한 시기였지만 김교
신의 감화에 의해 모두 진지하고 개성적인 삶을 개척한 사람들이
며, 뒤에 모두 큰 업적들을 남겼다.

경기중학교를 거의 쫓겨나다시피 그만둔 그는 1941년 10월 민
족사학의 하나인 개성 송도중학교에 부임한다. 이 개성은 그가 가
장 사랑한 제자 류달영이 역시 민족 사학의 하나인 미션계의 호수
돈여학교의 교사로 있는 곳이었다. 그러나 꼭 6개월만에 그들은 앞
서 소개한 성서조선 사건을 이곳에서 맞는다. 이곳 제자로는 이세
호, 배병주, 노약우, 이철우 등이 있다. 폐간호가 된 제158호의 문
제가 된, 개구리의 죽음을 애도한다는 뜻의 권두언 '조와'는 이렇다.

〈조와〉

작년 늦은 가을 이래로 새로운 기도터가 생겼다. 층암이 병풍처럼 둘러 싸고 가느다란 폭포 밑에 작은 담을 형성한 평탄한 반석 하나 담 속에 솟아나 한 사람이 꿇어앉아서 기도하기에는 천성의 성전이다. 이 반상에 서 혹은 가늘게 혹은 크게 기구하며 또한 찬송하고 보면 전후좌우로 엉 금엉금 기어오는 것은 암색에 적응하여 보호색을 이룬 개구리들이다. 산 중에 대변사나 생겼다는 표정으로 신래의 객에 접근하는 개구리들, 때로 는 5, 6마리 때로는 7, 8마리.

늦은 가을도 지나서 담상에 엷은 얼음이 붙기 시작함에 따라서 개구리들 의 기동이 일복일 완만하여지다가 나중에 두꺼운 얼음이 투명을 가린 후 로는 기도와 찬송의 음파가 저들의 이마에 닿는지 안 닿는지 알 길이 없 었다. 이렇게 격조하기 무릇 수개월여!

봄비 쏟아지는 날 새벽, 이 바위 틈의 빙괴도 드디어 풀리는 날이 왔다. 오래간만에 친구 개구리들의 안부를 살피고자 담 속을 구부려 찾았더니 오호라, 개구리의 시체 두세 마리 담 꼬리에 부유하고 있지 않은가!

짐작컨대 지난 겨울의 비상한 혹한에 작은 담수의 밑바닥까지 얼어서 이 참사가 생긴 모양이다. 예년에는 얼지 않았던 데까지 얼어 붙은 까닭인 듯, 동사한 개구리 시체를 모아 매장하여 주고 보니 담저에 아직 두어 마리 기어 다닌다. 아, 전멸은 면했나보다!

1943년 3월 29일, 불기소로 만 1년만에 풀려난 그는 해방의 그 날이 가까이 와 있음을 암시하면서 전국 각지를 돌며 신앙 동지를 격려하였다. 그러다가 1944년 7월, 당시 일본의 국책 회사인 흥남 의 일본질소비료공장에 입사했다. 그가 이 회사에 들어간 것은 해 방이 되면 질서 정연하게 우리 손으로 접수해야 한다는 생각에서였 을 것이라는 것이 여러 자료에 의해 밝혀지고 있다.

그는 이곳에서 5천 명을 헤아리는 강제 징집된 한국인 노무자 들을 위해 교육, 주택, 복지 면에서 일하며, 특히 노무자들의 인간 교육에 힘썼다. 그러면서 해방의 그날을 손꼽아 기다렸던 것이다. 그러나 이때 이 지역에 무서운 전염병인 장티푸스가 유행했다. 그는 환자들을 돌보다 이에 감염되어 일주일만에 사망했다. 1945년 4월 25일이었다. 만 44세의 나이로 그렇게도 기다리던 해방을 넉 달여 앞두고 거목이 쓰러지듯 그는 서거했다. 이런 점에서 보면 그는 불교계의 한용운과 비슷하다. 그를 통해 우리는 비극적이고 아름다운 삶의 참모습을 본다.

민족 정신사적 업적

『성서조선』에는 시사평, 교회평, 교육평도 실렸으나 가장 큰 비중을 차지한 것은 성서 연구, 민족적 신앙, 그리고 외국의 교파 교리나 외국의 선교회로부터의 독립 신앙이었다. 이런 자세와 신앙 방식은 많은 업적을 낳게 했는데, 그 자신의 저작으로는 『산상 수훈 연구』(1933)가 있고 동지로 하여금 저술하게 한 것은 함석헌의 『성서적 입장에서 본 조선 력사』(『성서조선』 제61~81호 연재)가 있으며, 제자로 하여금 쓰게 한 명작으로는 심훈의 『상록수』의 주인공의 전기인 류달영의 『농촌 계몽의 선구 여성 최용신 소전』(1939)이 있다. 이것으로 이 잡지의 성격이나 이들의 신앙의 방향이 무엇이었던가를 우리는 대략 알 수 있다. 저자는 이들의 기본적인 입장을 민족적 · 민중적 · 토착적 기독교 이념이라 보아야 한다고 말한 바 있다.

이들의 이런 입장은 『성서조선』의 창간사에 뚜렷하게 선언되어 있다. 그 중 몇 절만을 추려서 소개한다.

〈창간사〉

하루아침에 명성이 세상에 자자함을 깨어 본 바이런은 행복스러운 자이었다마는 "하루 저녁에 아무런 대도 조선인이로구나!" 하고 연락선 갑판을 발 구른 자는 둔한 자이었다.

나는 학창에 있어 학욕에 탐취하였을 때에 종종 자긍하였다. "학문엔 국경이 없다." 장엄한 회당 안에서 열화 같은 설교를 경청할 때에 나는 감사하기 비일비재이었다. "사해에 형제 동포라"고 단순히 신수하고 에도성의 내외에 양심에 충하고 나라를 사랑함에 절실한 소수자가 제2 국민의 훈도에 망식 몰두함을 목도할 때에 나의 계획은 원대에 이르려 함이 있었다. "옳은 일을 하는 데에야 누가 시비하랴?"고, 과연 학적 야심에는 국경이 보이지 않았다. 애적 충동에는 사해가 흉중의 것이었다. 이상의 실현에 이르려는 전도가 다만 양양할 뿐이었다. 때에 들리는 일성은 무엇인고? "아무리 한 대도 너는 조선인이다!"

아, 어찌 이보다 더 무량의 의미를 전하는 구가 있으랴? 이를 해하여 만사 끝장이요, 이를 해하여 만사 이룸이로다. 이에 시선은 초점에 합함을 얻었고, 대상은 하나님임이 명확하여지도다. 우리는 감히 조선을 사랑한다고 대언하지 못하나 조선과 자아와의 관계에 대하여 겨우 '무엇'을 지득함이 있는 줄 믿노라. 그 지만함이야 어찌 웃음을 대하리오만 …… .

다만 동일한 최애에 대하여서도 그 표시의 양식이 각이함은 부득이한 사세이다. 우리는 다소의 경험과 확신으로서 오늘의 조선에 줄 바 최진 최절의 선물은 신기치도 않은 구신약성서 일 권이 있는 줄 알 뿐이로다 …… .

다만 우리의 염두의 전폭을 차지하는 것은 '조선'의 두자이요, 애인에게 보낼 선물은 성서 한 권 뿐이니 양자의 일을 버리지 못하여 된 것이 그 이름이었다 …… .

『성서조선』아, 너는 우선 이스라엘 집집으로 가라. 소위 기성 신자의 손을 거치지 말라. 그리스도보다 외인을 예배하고 성서보다 회당을 중시하는 자의 집에서는 그 발의 먼지를 털지어다.

『성서조선』아, 너는 소위 기독신자보다 조선혼을 가진 사람에게 가라, 시골로 가라, 산촌으로 가라, 거기서 나무꾼 한 사람을 위로함으로 너의 사명을 삼으라.

『성서조선』아, 네가 만일 그처럼 인내력을 가졌거든 너의 창간일자 이후에 출생하는 조선 사람을 기다려 면담하라, 상론하라.

동지를 한 세기 후에 기한들 무엇을 탄할손가.

(1927년 7월)

이 창간사는 몇 번 읽어도 감동이 새로워진다. 우리의 삶에는 분명 국경이 있으며, 따라서 우리의 믿음에도 민족의 혼이 깃들어야 하며, 그러기에 우리의 기독교는 빠다 냄새 나는 기독교가 아니요, 김치 냄새 나는 기독교여야 하는데, 그것은 시골, 산촌의 민중들의 가슴에 뿌리를 내리지 않고는 기할 수 없으며, 길고도 긴 교육을 통해서 이룩될 수밖에 없다. 창간사는 이것을 말한다.

이들의 민족적·민중적·토착적 기독교의 이념은 필연적으로 기성의 기독교와 조직적 교회와의 갈등을 일으킨다. 그리하여 그들은 그의 신앙의 스승 우찌무라의 사상을 본받아 '무교회', 즉 타락하고 빠다 냄새 나는 교회를 떠나서 원시 기독교의 소박하고 순수한 믿음과 믿음의 방식을 다시 찾으려 한다. 이것이 '교회 밖에서, 교회 없이' 기독교를 믿으려 한 이들의 '무교회' 운동이었고, 실은 그 기관지가 『성서조선』이었다. 이들은 이 믿음의 방식을 루터의 종교 개혁을 가장 철저하게 이룩할 방식으로 생각했다.

이런 그들의 입장은 최근에는 교회사가인 민경배 교수에 의하여 '민족 교회관'이란 표현으로 높이 평가되기에 이르렀다. 이제 이들의 무교회 기독교의 입장을 기성의 교회와 어느 점에서 결정적으로 다른가를 비교하면서 밝혀보기로 하자.

첫째는 그 민족적 성격이다. 이것은 『성서조선』의 창간사에서 이미 본 바 있거니와 그들은 이런 생각을 스승 우찌무라에게 깨우침을 받았다. 사실 우찌무라에게는 적이 둘 있었다. 하나는 말할 것도 없이 일본의 군국주의였고 또 하나는 문화 식민 세력으로서의 '외국' 기독교였다.

이 스승의 적이 바로 이들 동인들의 적이기도 했다. 이들도 끝까지 일본 군국주의와 싸웠고, '외국' 기독교와 싸웠다. 일제가 단말마적으로 한국의 기독교에 압력을 가했을 때 거의 모든 한국 교회가 신사참배하였다. 그러나 끝까지 거부하고 순교자를 내거나 학대를 받은 종파가 둘 있었다. 그것은 고려신학파와 무교회파였다. 이것은 참으로 특기해야만 할 사실이다.

둘째는 민중적인 성격이다. 민족을 구성하는 중핵층인 민중 속에 파고들지 못하는, 그리고 그들의 생활 속에 소화되지 못하는 기독교는 우리의 기독교일 수 없다는 생각이다. 이런 입장은 역시 창간사에 역력히 나타나 있다.

이 민중적 성격은 이들로 하여금 이 세속의 사회에서 하나님에게 맡겨진 각자의 직업을 귀히 여기는 직업성소관으로도 전개된다. 이들은 하나도 소위 신학으로 또는 '성직'으로 밥을 먹는 사람이 없다. 각자 농민으로, 기술자로, 교사로, 의사로, 상인으로 하나님에게 봉사하는 것을 삶의 이상으로 삼고 있다. 이런 세속적 직업을 예술적인 경지에 이르기까지 완성시킴으로써 자기를 실현하고 이웃에 봉사하고 하나님에게 예배한다.

'무교회' 회원들에게는 유지해야 할 교회도 없고 생계를 보아주어야 할 성직자도 없다. 그리기에 믿는 데 일체 돈이 안 든다. 그러면 십일조 문제는 어떻게 하는가? 각자 처지대로 하나님 앞에서 사회에 환원하는 것이다. 어느 의사는 농촌을 순회하면서 일 년에 수십 건 무료로 개안 수술을 해준다. 이것이 이 분의 십일조다. 교사는 교직에서, 상인은 시장에서 이렇게 십일조를 바칠 수 있다는 게 이들의 논리다.

셋째는 반교권적 성격이다. '무교회'는 회당을 지니지 않는다. 두 사람이 모여 기도드리는 바로 그곳이 진정한 교회라 여긴다. 그러기에 가정이 교회일 수 있고, 학교가 교회일 수 있고, 시장이 공장이 교회일 수 있다. '무교회'는 성직 제도를 갖지 않는다. 목사도 없고 장로도 없고 권사도 없다. 또 이들에게는 의식이 없다. 성찬식도 없고 세례식도 없다. 목사나 신부를 통해 얻어 먹는 빵이나 포도주에 과연 의식 이상의 의미가 있는지, 이들은 바로 이것에 회의를 갖는다. 감사 기도하며 먹는 음식이 성찬일 수 있고, 하나님께 어느 날 불로 받는 세례가 진정한 세례라고 믿는다.

성경 연구 이외의 조직도 없다. 이들은 각자 하나님 앞에서 믿음을 고백하고 하나님에게 직접 죄를 고백한다. 하나님과 사람 사이를 가로막는 교회를 이들이 싫어하는 이유도 여기에 있다. 성서 해석도 자유다. 각자 믿음의 분수대로 하나님이 주시는 은사대로 성경을 읽는다. 그러기에 이들은 '일인 일교회, 만인 제사'가 이상이다. 이래서 그들은 조직을 유지할 교권을 필요로 하지 않으며, 또 교권이란 활달하고 자유로운 순수 복음 신앙을 가로막는 것으로 혐오한다.

넷째는 성경 연구 중심적 성격이다. 일반 교회와 이 '무교회'가 결정적으로 다른 점은 이 점이다. 이들은 성경 연구를 철저히 하며, 성경 연구를 하기 위해 모인다. 따라서 모임 자체에 의미가 있는 게 아니고 성경 연구에 의미가 있다. 이런 모임은 전국에 몇 군데 있다. 매 주일 장소를 정해 놓고 모이는 곳도 있고, 한 달에 한두 번 모이는 곳도 있다. 그러나 그 참석이 의무화되어 있지 않다. 학교에서 학생을 대상으로 교사가 주관하는 성서 연구회도 있다.

무교회 회원 중에는 아예 이런 모임에 나가지 않고 매일 자기 집에서 성경 연구를 하고 가족과 예배하는 사람도 있다. 조직적인 성서 연구회일 경우 하나 전통이 있다. 한 선생 밑에서 10년 이상 배우지 말라는 것이다. 10년 되면 이제 독립하여 자기 혼자서 연구하거나 자기 모임을 따로 가져야 한다. 그렇지 않으면 '무교회'도 '교회'가 될 것이기 때문이다.

다섯째는 섭리 사관에 입각한 민족 신학적 성격이다. 참새 한 마리라도 하나님의 뜻이 아니면 땅에 떨어지지 않는다. 이 민족의 몇 천년에 걸친 고난의 역사도 하나님이 주신 것이다. 무엇 때문인가? 하나님이 민족을 쓰셔서 귀한, 새로운 역사를 개척하시고자 하기 때문이다.

그래서 성경을 통해 이 민족의 역사를 해석하여 하나님이 주신 이 민족의 섭리사적 사명을 찾아야 한다. 그 사명의 발견과 자각은 이 민족만이 할 수 있다. 칼 발트가 주겠는가? 에밀 브룬너가 주겠는가? 이래서 '무교회'는 이 민족의 섭리사적 존재 이유를 밝히고 이 민족의 섭리사적 사명을 만방에 밝히고자 한다. 이런 입장에서 쓰인 것이 함석헌에 의한 『성서적 입장에서 본 조선 역사』이다. 이 입장은 일제의 어용 사학, 식민 사관과 극대극으로 대립된다. 이 연재가 『성서조선』에 장기간 실려, 『성서조선』을 폐간으로 몰고 간 이유의 하나가 되기도 했다.

김교신은 이런 신앙과 생활로 학생들에게 큰 감화를 주어 결과적으로는 종교를 떠나서도 큰 일을 많이 한 훌륭한 제자들을 많이 길러내게 되었다.

'종교는 본업이고 교육은 부업'이라 했던 그에게 부업의 열매가 본업의 열매 못지 않게 크다. 그래서 그는 한국의 교회사에 큰 발자취를 남겼을 뿐 아니라, 한국의 교육사에도 위대한 발자취를 남겼다. 교육과 종교가 얼마나 밀접한 관련을 가지며 종교적 정서의 도야가 얼마나 귀중한 것인가를 그에게서 우리는 전형적으로 볼 수 있다.

교육 방법

 그가 얼마나 탁월한 교사였는가는 그가 5년 동안 계속 담임한 제자들이 졸업식에서 스승에게 드린 '감사의 말씀'(사은 기념품 증정문)에서 이렇게 역력히 볼 수 있다.

〈감사의 말씀〉

 콧물을 흘리며 이 마당에서 양정에 입학을 기뻐한 것도 어언간 5년의 그 옛날, 이제 졸업식으로 이 마당에 임하였도다.

 전날은 입학을 기뻐했지만 이제는 졸업의 기쁨을 안고 서로의 작별을 아끼게 되었도다. 그러나 회자정리, 가는 자로 하여금 멈추게 말라. 우리들은 기쁨으로써 슬픔의 정을 소멸할진저.

 그러면 무엇을 얻은 기쁨인가? 또한 졸업에 임하여 은사에게 무슨 감사의 말씀을 드리려 하는가? 이하 몇 마디로서 과거 5년간이 우리에게 있어서 의미 깊었음을 증명함과 함께 우리 은사에 대한 감사의 말씀이 되

게 하라.

"신의! 타로부터 신임을 받는 인간이 되라"고 우리 선생님이 외치신 것은 실로 우리들이 제1학년 여름 방학을 맞는 날이었다. 선생님은 소시에 자기 모친에 대해 신의를 깨뜨린 일이 있음을 참회하시며 교장에서 손수건을 적시셨도다. 우리 이를 목도하였음이여! 아, 그날 이래 심중에 굳게 잡고 놓치지 않는 노력이란 실로 신의 있는 사람이 되는 것이로다. 신의! 이게 있어 인간은 왜 천국이 아니겠는가! 평화향이 못 될 것인가!

선생님이여, 우리들은 다 신의를 위해 목숨을 버릴 것입니다. 원컨대 마음을 놓으시기를!

Boys be ambitious! 라고 일상 가르치신 교훈, 원대한 야심이 없는 곳에 멸망이 있을 뿐, 모름지기 대국에 눈을 뜨라고, 아, 청년이여, 그대의 야심을 원대하게 하라고 우리 심중에 외치며 세파를 건널 뿐.

"우애는 영원한 것이라"고 입학하던 날부터 바로 수일 전까지 선생님은 외치지 않으셨던가. 벗은 제2의 나다. 좋은 벗을 발견하라! 자기를 찾아내라. 이를 위해서는 너 자신이 상대의 충실한 벗이 되라! 이야말로 좋은 벗을 얻는 유일한 방도라고. 우리들은 영구히 이 교훈을 지키며 좋은 벗 얻기에 노력할 것이며, 또 과거 5년간의 각자의 우애를 증진하기에 힘쓸지라. 원컨대 선생님이여, 우리들의 우애의 영속을 빌어 주시기를.

의! 이 한 자 어찌 우리의 폐부를 찌름이 강하고, 선생님은 전날 정몽주의 초상 앞에서 울으셨다고 하시지 않으셨던가. 왜 선생님은 울으셨는가? 그렇다. 정 선생의 선죽교에 흘린 혈흔은 의의 권화였기 때문이다. 아, 우리 선생님의 의를 사랑하셨음이여! 선생님은 또 말씀하셨다. "우리들은 불의로 의를 이기려는 자를 어브호오(abhor)해야 할 것이라"고. 아, 이 말씀이야말로 성서에 근원함이여, 우리들의 처세의 방침이 될 것이로다. 선생님이여, 모름지기 안심하시라. 우리들은 이 교훈을 지킬 것임이니이다.

우주의 광대무변을 가르치시고 그 위에 인간계의 여러 현상을 비교하시며 쓴 웃음을 보이신 스승이여! 스승의 이 가르침으로 우리들은 동포는 물론 원수까지 사랑할 것을 깨달았도다. 이 교훈으로 우리들의 인생관은 180도의 전환을 보았도다. 우러러 천공을 바라보면 일월이 걸리고 성신이 반열했다고.

말하고 말해 한이 있을소냐. 이 정도로 멈추는 것이야말로 도리어 선생님의 존엄을 높이는 까닭일 뿐.

우리들 지금 여기에 사은의 미성을 표하여 조품을 증정하려고 하나 사은에 대한 감시의 길은 달리 오직 하나일 뿐. 무어냐. "과거 5년간의 교훈을 실행하는 일" 이것이다. 스승이여, 이 조품을 받으소서. 그리고 우리들이 스승의 교훈을 잘 지킬 수 있었다는 소식을 들으시면 크게 기뻐하시라.

우리 스승 위에 축복이 있으라! 이로써 감사의 말씀에 대함.

양정 제22회 갑조 대표 낭독

1938년 3월, 이 졸업식장에 「감사의 말씀」이 또박또박 낭독되자 장내는 물을 끼얹은 듯이 조용해졌다. 이윽고 흐느끼는 소리가 들렸다. 김교신은 이렇게 인격적 감화를 많이 준 탁월한 교사였다. 우리는 여기서 오늘날 학교 교육에는 사라져 버린, 옛 동양의 '군사부일체'적인 교사관의 좋은 면을 회상하여 숙연해진다.

「감사의 말씀」 내용 중 참고로 한 마디 부연하면, 김교신이 소시에 어머님의 신의를 저버렸다는 말은 이렇다. 김교신이 어렸을 때 어머니의 반짇고리에서 돈을 얼마 훔쳤다. 그러자 집안이 온통 그 일로 뒤숭숭해졌다. 김교신의 숙모님은, 혹시 교신의 장난이 아닌가 했다. 이 말을 들은 어머니는, 그 애는 절대 그럴 애가 아니라고 나무라셨다. 이 사건을 담임반 학생 앞에서 고백하면서 울었다는 것이다.

이 「감사의 말씀」은 원래 일본어로 작성 낭독되었다. 당시는 교육용어가 일본어였기 때문이다. 이 글이 『성서조선』에 전재되자 김교신의 신앙의 동지요, 역시 우찌무라의 제자인 야나이하라 다다

오는 눈물로 읽었다고 축복을 보냈다.

야나이하라는 어떤 인물이었던가? "일본 문화의 고향이요 은인인 중국과 조선을 침략하는 불의의 일본을 하루 속히 망하게 하여 주십시오" 이렇게 기도하는 것이 나의 진정한 '애국의 기도'라고 학생들에게 선언하고 글에도 발표하고 나서 하늘같이 높은 그 동경대학 경제학과 정교수 자리를 헌신짝처럼 버리고 나온 사람이었다. 바로 이 분이 패전 후 복직되어 동경대학의 제2대 총장으로 추대되었다. 제1대 총장 역시 추방당했던 우찌무라의 제자 남바라 시게루였다.

김교신은 『성서조선』의 원고 집필, 교정은 물론이요, 거의 매월 식민 경찰, 검찰의 검열 당국과의 싸움, 몇 번에 걸치는 정간과 휴간, 복간, 또 제본된 잡지의 우송과 직접 배달, 계속되는 재정적 어려움 등 이렇게 어려운 일을 당하면서도 이렇게 교직에도 열성을 다하여 훌륭한 교육을 해 나갔다.

그는 열성적이요 능력 있는 교사였다. 그 단적인 사실의 하나를 그의 일기에서 보자.

1939년 12월 23일 토, 맑음
새벽에 산에 올라가 기도, 인쇄소에 들리고 등교. 제2학기 종업식, 학업 성적 발표, 전학기보다 더욱 우량하여 제1학년이 3개 학급 179인인데 수석에서 제6등까지 모두 제1조(김교신 선생 담임반: 저자주)가 점하고, 제7. 9등을 타 학급에 사양하고는 10등까지 8인이 1조였다. 즐겁지 않을 일이 아니다. 이번 담임반도 애써하면 볼만한 성적이 나타날 것이요, 졸업까지는 학력보다 인물, 신 외에는 아무것도 두려워하지 않는 인물 두엇은 출현할 듯하매 애착심이 농후해진다. 이 일도 버리기에는 아까운 일이다.
......

'버리기는 아까운 일' 정도로 교직생활을 생각하면서도 그는 이 일에 온 정성을 다했고, 그의 일기가 말하듯이 학과 공부보다는 인물, '신'을 가르쳤지만 담임반 학생들의 성적이 다른 반에 비해서 월등하게 좋았고, 일체의 권위를 부정하고 소신껏 살았지만 가장 정통적인 신앙을 유지했고, 남달리 인정이 많았지만 한 치 한 오리의 어김도 없이 학생을 정의로 다스렸다.

그러기에 학생들은 그에게 사리를 날카롭게 잘 도려내는 '양칼'이라는 별명을 선사하고, 무서워하면서도 존경해 마지않았다. 또 그렇게 바쁜 생활이었지만 농구 코치도 맡아 운동장에서 학생과 언제나 즐거이 뛰었고, 성경 연구에 온 시간을 바치면서도 수업 준비는 철저히 하여 대학 강의식으로 수업을 진행시켰고, '성서'만을 외치면서도 손기정 선수의 마라톤을 지도하여 세계 정상을 따 내게 하였다. 키가 육척에 육박하는 대장부였는데 마음은 너무 약해 라디오에서 나오는 심청전을 듣다가 감격에 복받쳐 눈물말이 밥을 먹기도 했다.

담당 과목인 지리 시간에 들어가서는 최대의 산물(産物)은 인물이라면서 중국편에 이르러서는 공자와 제갈공명을 가르쳤다. 그러다가 공명의 출사표를 읽다가 눈물을 흘리며, 너희도 다음 시간까지 꼭 외어 오라고 숙제를 내었다.

교직원의 연회에는 어김없이 시간을 지켜 나가서는 안주만 잔뜩 먹고 먼저 자리를 떠나 최소의 예의를 갖추면서 최대의 실속을 차렸다. 총독부 학무국에서 그를 회유하기 위해 당시 선망의 대상이었던 관립 사범학교의 교사 자리를 마련하여 준다는데 이를 일언지하에 거절하고 양정의 평교사로 일관하며, 평교사로 있으니 시간이 나고 편해서 좋다고 자랑도 하였다.

그의 탁월한 전인 교육 방법을 몇 가지로 요약하여 보자.

(1) 인격 각성

그는 인격을 사랑했고, 제자에게도 인격을 귀히 여길 것을 강조했다. 학생 하나하나의 인격을 존중하고 그것을 교육의 가장 중요한 역할로 보았다. 자기 집에서 주일 오전마다 하던 성서 강의에 일이 있어 참석 못 하고 오후에나 찾아온 학생을 위해서도 단정하게 앉아 1인 강의를 별도로 두 달이나 하여 주었고, 어느 학생이 컨닝을 하는 꼴을 물끄러미 보더니 그 학생의 장래가 불쌍히 여겨졌는지 그 자리에서 흐느껴 울었던 것이다.

학생을 전적으로 믿고 시험 때는 감독은 않고 뒷책상에 앉아 책을 읽곤 했는데, 한 번은 통곡하는 소리가 나서 뒤돌아보았더니 선생께서 롱펠로우의 '이밴질린'을 읽다가 너무 감격해서 울었던 것이다. 시골에서 올라온 외롭고 주눅이 든 학생에게 너의 고향 사람이 우리나라에서 제일 근면하다거나 똑똑하다고 말해 주면서 고무하여 주었다.

(2) 사제 동행

교육은 하나의 인격이 다른 하나의 인격과 만나 공동으로 진리를 생산하며, 영원한 이상을 공동으로 찾고, 이런 진리, 이상을 같이 음미하고 같이 걸어가는 일이다. 따라서 좋은 교육은 공동의 생활의 장을 많이 요청한다. 김교신은 이런 사제 동행적 교육으로 큰 성과를 올린 사람이다. 그는 교내 마라톤 대회에 학생과 더불어 가끔 뛰었다. 그의 체력은 탁월했다. 1936년 11월 13일자 일기에 보면, 양정의 교정에서 구파발까지 왕복 70리를 같이 뛰었는데 오백 수십 명 중에서 결승점까지 온 302명 중 그가 22위로 온 것으로 나타나 있다. 1936년이면 그의 나이가 36세 때다.

그는 일단 학교에 나오면 성서 연구 및 집필 시간을 제외하고는 학생들과 생활을 같이 하였다. 특히 운동장에서는 농구 코치로 학생과 같이 뛰었고, 등산도 좋아해 '물에 산에'라는 써클을 조직하여 학생들과 같이 명승지나 역사적 고적지, 예를 들면 행주산성이나 사육신묘 등을 찾아다니며 자연의 아름다움을 보이기도 하고 민족혼을 일깨워 주기도 했다.

(3) 자기 발견 촉구

소크라테스의 명제 중에 두고두고 음미되는 명제가 둘 있다. "사람은 먹기 위해서 살지 않고 살기 위해서 먹는다"와 "너 자신을 알라"다. 소크라테스가 위대한 교사로 일컬어지는 이유는 이 두 명제를 철저하게 다지게 한 데 이다. 표리일체가 되는 이 두 명제를 진지하게 묻고 진정한 자기를 발견케 하는 것이 교육의 중요한 기능의 하나임은 두말할 나위 없다.

사실 김교신은 모든 학생에게 반드시 한 개의 학술 연구부에 들어가 자기를 닦고 알게 하였고, "일본이 조선 사람의 혼을 몽땅 먹어 버리려 하고 있다"고 늘 경고하였고, 일본 지리 중심으로 전개된 당시의 지리 교과서를 거의 무시하고 우리나라의 지리를 가르쳤고, 당시 모두들 창씨 개명을 하였는데도 그는 끝까지 이를 거부하고, 조례에서 출석을 부를 때 그는 끝까지 우리 이름으로 호명을 하였는데, 일본인 배속 장교가 항의하자 이름은 '고유명사'이니 상관없다고 끝내 버티다가 나중에 이것이 공식적으로 크게 문제되자 다음에는 아예 출석을 부르지 않았고, 인간이 자신의 내면을 들여다볼 때 공허해 못 견디는데 이때 꼭 필요한 것이 이상적 인물에 대한 동경이라고 타일렀다.

그는 또 민족적 자아의 발견과 평가의 면에서도 힘썼는데, 우리나라의 지리적 장점을 들면서 당시의 식민 사관에 의기소침했던 학생들의 의기를 불러 일으켰다. 지리학면에서의 그의 명 논문, 『조선 지리소고』는 이런 생각이 담긴 것이다.

(4) 구도적 자세 현시

그는 "아침에 길을 찾으면 저녁에는 죽어도 한이 없다"(朝聞道 夕死可矣)라는 우리 동양의 옛 선비들의 구도의 자세를 몸소 보였다. 그에게 있어 학문 그 자체가 완전히 자신의 삶과 하나가 되어 있었다. 이러한 그의 자세는 그의 스승 우찌무라와 그의 신앙 동지 야나이하라, 그리고 그의 『성서조선』 애독자인 안학수에게서도 나타난다.

안학수는 의사였는데, 6.25가 터지자 자기 성경 연구 회원이던 대학생이 하루아침에 공산주의자가 되어, 목숨을 지키기 위해서는 성경을 불사르라 권하자, 성경을 불사를 바에야 내가 죽겠다며 부인과 더불어 자결한 신앙의 의인이다. 기독교 신자가 자살할 수 있느냐며 당시 부산에 피난 갔다 온 기독교인들이 비판도 하였지만, 성경과 자기 삶을 하나로 본 안학수에게서 우리는 구도적 자세로 산 이들 '무교회' 회원들의 너무나도 성실한 모습을 잘 볼 수 있다.

이런 스승이었기에 그는 제자들에게도 구도적 자세를 보여 주며 이를 본받을 것을 요구했다. 자신도 꼭 일기를 썼지만 학생들에게 일기를 쓸 것을 의무화하고, 일주일에 한 번씩 돌아오는 청소 당번 시간에 해당 학생의 일기를 청소 감독을 하면서 정성들여 읽고 돌려주었으며, 자신의 소신대로 의사가 관철되지 않을 때에는 바로 그만두려고 사표장을 늘 안 호주머니에 넣고 다니며 학생에게도 자랑하였고, 교과서의 내용은 원리 원칙만 가려서 간단하게 해치우고, 나머지 시간은 3.1운동이나 출사표 등 진리의 문제를 다루었다.

(5) 종교적 감각 도야

김교신의 종교는 학생들의 종교적 정서 도야에 큰 몫을 차지했음은 그의 제자들의 '감사의 말씀'에도 역력하게 나타나 있다. 손기정 선수가 우승하자 당시의 우리 매스컴은 연일 대서특필하고 각종 행사를 서로 먼저 하려고 쟁탈전을 벌였다. 그러나 가장 큰 역할을 한 김교신 자신은 어떠했던가? 하나님이 이 민족을 버리지 않고 고무하여 주신 일이기에 경건하고 감사한 마음으로 기도드리고 끝나야 할 일이지 마치 우리만의 힘인 양 떠들어 댈 일이 아니었다. 그렇게 온 나라가 떠들썩거리고 있을 때에도 그는 그런 회합에 참석도 않고 수업을 평상시와 같이 하고서는 집에 와서 『성서조선』의 원고를 밤새워 집필했다. 이런 모습은 1936년 10월 19일자 그의 일기에 잘 나타나 있다.

그의 제자 중에는 종교를 목숨을 걸고라도 지키려 한 사람도 있었다. 실제 어느 제자는 당시의 경성제국대학 의학부의 입학시험 구두시문에 배속 장교 앞에서, 자기는 기독교 신자인데 스승이 그것을 믿기에 자기도 믿노라고 선언하여 배속 장교의 불호령으로 그 방을 추방당했다는 기록도 남아 있다.

(6) 약자에 대한 사랑

영국의 신사 기질은 바른 예절과 약자에 대한 배려로 나타난다고 한다. 약자에 대한 사랑은 교육에 있어서도 대단히 중요하다. 그것은 능력보다 인격을 더 사랑하는, 인간 존중 사상의 핵심이기 때문이다. 그의 이런 사랑은 교실에 국한되지 않고 소록도의 문둥병 환자들, 그리고 그가 교직에서 추방된 후로는 흥남질소비료공장에서 강제 징용되어 일하고 있던 5천여 명의 한국인 근로자들에게도 발동되었다. 그는 이곳에서 장티푸스에 걸려 사망하기 꼭 이주일 전, 그의 제자 박태석에게 이런 편지를 띄우고 있다.

더욱, 가난하고 미천한 자를, 그 궁핍한 시설 중에서 일으켜 교도하는 일, 하수도 청소하는 일은 우리에게 지워진 책무요 사명인지라, 가장 큰 정과 성으로 힘써야 하겠나이다.

정신 유산 계승 · 발전

김교신의 신앙적 동지와 제자들은 오늘날에도 하나의 코이노이아(신앙공동체)를 이루고 있으며, 그의 신앙의 제자이자 '무교회' 클럽의 기관지적 성격을 띠는 신앙 월간지 『성서연구』의 주필 노평구를 중심으로 결속되어 있다. 김교신의 저작들은 노평구에 의하여 1975년 『김교신 전집』 6권으로 경지사를 통해 간행되었다.

이 전집은 『성서연구』 158권에 담긴 그의 글을 맞춤법 등을 현대화 하면서 내용별로 묶어 편집한 것으로서, 제1, 2권은 『성서조선』의 권두언, 제3권은 '성서 개요', 제4권은 '성서 연구', 제5, 6권은 10여 년에 걸친 일기다. 이 가운데 가장 주목할 것은 일기다. 여기에는 신앙과 민족적 자아를 지니면서 극한 상황을 성실하게 산, 한 중등교사의 교직의 애환이 마치 구약의 세계처럼 숙연하게 담겨져 있기 때문이다.

그에 대한 관심이 고조되자 『성서조선』 자체의 영인본을 구하는 사람이 많아 이것이 1982년 전 7권으로 보진재를 통해 간행되었다. 이로써 그의 저작은 서한을 빼고는 거의 완벽하게 담겨진 셈이다.

김교신 연구는 신학적 측면으로는 연세대학교의 민경배 교수가 많이 하고 있는데, 그 중 몇 개만 들어 보면, 「한국 교회의 종파와 계보 연구」(『신학사상』 제4집, 한국신학연구소, 1974), 「한국 민족교회의 형성과 정통의 문제」(『문화비평』 제15호, 1973), 「김교신의 무교회주의와 조선의 기독교」(조선출 박사 회갑기념 논문집, 대한기독서회, 1975) 등이 있다.

한편 교육학적 측면에서는 저자에 의해 「김교신의 민족 정신사적 유산」(『민족문화연구』 제10호, 고려대학교 민족문화연구소, 1976) 등이 쓰여진 바 있다. 그리고 평전을 담은 단행본으로는 저자의 『김교신』(한국신학연구소, 1980)이 있다.

일반 대학원, 교육 대학원의 석사 논문도 최근 부쩍 늘었다. 그 중 몇 가지만 예로 들어 본다. 「김교신 연구」(박신관, 고려대학교 교육대학원, 1973), 「김교신에 있어서의 성서와 민족 의식에 관한 연구」(이영일, 한국신학대학 대학원, 1981), 「김교신 연구」(노승무, 연세대학교 교육대학원, 1983) 등이다.

일본 안에서 김교신을 연구하는 일본인 학자도 있으며, 그 한 예를 들면 「김교신과 『성서조선』」(다카사키 쇼지, 『문학』, 암파서점, 1980년 2월호)이 있다. 또 한국에 유학 온 일본인에 의해서 쓰여진 것도 있는데 그것은 「김교신 연구―일제 식민지하 한국 기독교인에 대한 고찰」(모리야마 코오지, 고려대학교 대학원, 1980)이다.

한 위대한 스승의 사상과 인격의 힘은 혹은 민족사원 차원으로, 혹은 교육 철학적 차원으로 이렇게 연구되고 계승되고 있다. "인생은 짧고 예술은 길다"는 말이 있다. 그러나 김교신의 삶과 사상을 볼 때 이 예술보다 더 긴 것이 교육, 더욱 '전인 교육'임을 우리는 절감한다. 그에게서 우리 한국의 교사들이 오늘날 교직생활에 이어 받아야 할 귀중한 것이 무엇인가를 세 가지만 들고 이것으로 결론을 삼고자 한다.

첫째는 교사 자신이 진정한 삶을 보여 주면서, 그 진정한 삶이 무엇인가를 학생들에게 일깨워 주어야 한다. 학과 수업도 중요하나 이보다 사실 더욱 중요한 것인 인생 수업이다.

둘째는 종교적 정서의 도야에 더욱 힘써야 한다는 것이다. 종교는 '삶의 오리엔테이션'이라 하지 않는가.

셋째는 학생 하나하나의 인격에 대한 사랑이요, 그것들의 소중함을 일깨워 주는 교육이다. 이래서 교육의 가장 중요한 기능은 인격 도야임을 다시 확인해야 한다.

* * * * *

저자의 위 평전 『김교신』(한국신학연구소, 1980)은 의외로 많은 독자를 얻어 5판까지 나갔다. 민족의 새로 남은 종교 개혁과 교육 개혁에 기할 수밖에 없다는 생각이 꽤 넓은 층의 사람들에게 공감을 얻었기 때문이리라. '신토불이'(身土不二)란 말이 널리 호응을 받고 있다. 몸과 땅이 분리될 수 없는 하나의 것이라는 이 말은 주로 이 땅의 토종 농산물이 우리 같은 토종의 몸에 제일 맞는다는 논리다. 그런데 저자는 김교신을 통해서 또 하나의 '신토불이'를 상도하기에 이르렀다. 그것은 믿음과 땅이 하나라는 '신토불이'(信土不二)다. 이 땅과 이 역사를 떠나서 어떻게 우리의 믿음이 살 수 있겠는가. 이 말에 상도했을 때 나 스스로 놀랐다. 바로 김교신이나 함석헌의 사상의 화두가 실은 이것이 아니었던가.

그 뒤 저자는 또 하나의 말을 지어 보기에 이르렀다. '교토불이'(敎土不二)다. 이 겨레의 교육도 이 땅을 떠나서는, 이 땅에서 자란 사람이 아니고서는, 그리고 이 땅에서 다듬어진 이론이 아니고서는 힘을 쓸 수 없다는 생각이다. 외국의 선진 이론의 도입도 중요하지만 그것을 우리 문화적 토양에서 새로이 키워 내지 않는 한, 그것은 우리의 것이 절대 될 수 없다는 것이다.

저자의 위 평전은 1994년 '그 삶과 믿음과 소망'이라는 부제가 붙은 『김교신』으로 개정판을 내기에 이르렀다. 어려운 한자와 한자적 표현을 없애고, 그 동안의 연구 결과를 반영하고, 새로운 관련 문헌을 소개하면서 분량도 거의 배로 늘렸다. 이 「전인 교사 김교신」은 서울특별시 교육연구원의 『수도 교육』(1980.12.)에 '인격을 일깨워 준 교사 김교신'이란 제호로 실린 글이다. 그래서 이 1994년도 개정판에 새로이 소개된 것과 그 뒤의 중요한 문헌을 다음에 추가하고자 한다.

1983년 3월, 함석헌의 『성서적 입장에서 본 조선 력사』가 『뜻으로 본 한국 역사』로 제목을 바꾸어, 『함석헌 전집』(한길사)의 전 20권 전집의 첫 권으로 나왔다.

1983년 7월, 김교신 연구를 주제로 한 최초의 박사 학위(역사학 전공) 논문인 정준기의 「내초감삼과 김교신의 사회 비평」(Chung Jun Ki, Social Criticism of Uchimura Kanzo and Kim Kyo Shin)이 명문 시카고 대학에서 나왔고, 그것이 원문 그대로 우리나라에서도 출판되었다 (The UBF Press, 1988).

1987년 11월, 조정래가 그 대하소설 『태백산맥』(한길사) 제4권, 제2부 '민중의 불꽃 ①'에서 김교신에 대해 실명으로 5면에 걸쳐 (pp.242~246) 소개·평가하고 추모하였다.

1989년 4월, 김교신과 소록도의 나환자들과 주고받은 편지와 글 등을 모아 신정식 편저로 『김교신과 '문둥이'』(광주 녹십자)가 나왔다. 김교신의 제자 류달영의 서문 「김교신과 문둥이」도 감동적이다.

1991년 10월, 별책까지 포함된 『김교신 전집』 염가 보급판(제일 출판사 간행, 총판은 서울 종로서적)이 나왔다. 11월, 한겨레신문이 간행한 『발굴 한국 현대사 인물』의 첫 권 수록의 34명에 김교신이 올랐다. 또 11월, 현재 독립기념관에 기증·보관·소장된 김교신 관련 문헌 총 44종이 정리되어 보관 중이다.

1983년 5월 9일, 서울 YMCA 강당에서 김교신 기념 강연회가 열리고, 그 내용은 노평구 주필의 『성서 연구』 제442호(1993년 6월호)에 게재되었다. 또 교육 전문 월간지 『우리 교육』이 한국 교육 인물전의 첫 인물로 김교신을 들고 소개하였다(1993년 6월호).

1994년 1월, 한국 기독교 사상사를 전공하는 양현혜가 일본 동경대학에 박사학위 논문 「김교신의 사상과 조선산 그리스도교론―민족과 신앙의 관계를 중심으로」를 제출하였다. 이 논문의 발췌 번역이 '김교신과 무교회주의'라는 제호로 두 번에 걸쳐 한국신학연구소의 월간 『기독교 사상』(1994년 5, 6월호)에 소개되었다. 또 12월, 이 양현혜의 『윤치호와 김교신』(한울)이 "근대 조선에 있어서 민족적 안티 테제와 기독교"라는 부제로 간행되었다.

1997년 5월, 김성재가 편집한 『21세기 그리스도교 생명의 뿌리』가 "교회와 민족을 살린 신앙의 조상들"이란 부제로 간행(한국신학연구소)되었고, 이곳에 서정민의 "서상륜―황토길에 뿌린 하늘씨앗"을 비롯한 총 21명이 수록되었다. 여기에는 저자가 쓴 "김교신―조선을 성서 위에, 성서를 조선 위에"도 그 제1부 "하늘의 뜻, 땅의 뜻"의 끝에 서상륜·김약연·이세종·계원식·강순명·길선주·최태용과 더불어 담겨 있다.

후 기

참고문헌을 소개하기에 앞서 몇 마디 변명을 해야 할 것이 있다. 이 책에 담은 글은 새로 쓴 것, 그 전에 쓴 것을 새로 다듬은 것, 그리고 그 전 것을 그대로 놓아 둔 것의 세 종류로 나뉜다. 원고 교정을 하면서 발견한 것은 중복되는 사항이 꽤 있다는 것이었다. 모두 전인 교육에 관련된 글이기에 그럴 수밖에 없지 않느냐며 넘어갈 수도 있겠지만 어쩐지 찜찜했다.

중복 사항은 세 가지 교육관, 페스탈로치의 전인 교육 논리, 가정의 4대 기능, 소크라테스와 플라톤의 만남, 교육의 네 주체, 교사의 3대 권리, 선비론 등이었다. "또 그 이야기인가?" 하지 마시고, 저자의 충정으로 여겨 양해해 주시기 바란다.

참고문헌은 1975년 이후에 발간된, 쉽게 얻을 수 있는 것으로 한정하였다. 군이 원서를 소개할 필요는 느끼지 않았다. 저자의 서가에 꽂혀 있는 것을 추려 내어 연대순으로 정리했더니 꼭 50권이 되었다.

이 귀한 문헌들을 직접 읽고, 좀 더 깊고 넓게 '전인 교육'을 다져 주시기 바라는 마음이 간절하다. 그렇게 된다면 저자의 부족한 부분들이 메워질 수 있으리라고 믿는다.

끝으로, 그 전에 여러 곳에 담은 글의 원제목과 출처를 밝혀 놓았다. 신문이나 잡지사는 독자의 눈에 확 띄게 제목을 마음대로 바꾸는 경우가 있어서 마음이 편한 원제목으로 돌려놓은 것도 있다.

▼ ▼ ▼ ▼ ▼

(1) 유네스코, 『인간화 교육』, 오기형·김현자 공역, 일조각, 1975.

(2) 김성태, 『성숙인격론』, 고려대학교 출판부, 1976.

(3) 슈프랑어, 『천부적 교사』, 김재만 역, 배영사, 1976.

(4) 이오덕, 『삶과 믿음의 교실』, 한길사, 1976.

(5) 니일, 『서머힐 1·2·3』, 강성위 역, 배영사, 1977.

(6) 김대유, 『이 아이들을 어찌할 것인가』, 내일을 여는 책, 1977.

(7) 서울특별시 교육위원회, 『전인 교육의 이론과 실제』, 1979.

(8) 김은산, 『니일의 인간 교육 사상』, 배영사, 1980.

(9) 윤팔중, 『전인 교육을 위한 교육 과정』, 배영사, 1981.

(10) 페터슨, 『인간주의 교육』, 장상호 역, 박영사 , 1981.

(11) 김정환, 『전인교육론』, 세영사, 1982.

(12) 미국교육과정연합회(편저), 『전인 교육을 위한 학습 지도 방법』, 교육과학사, 1983.

(13) 장상호, 『인간 행동과 자유』, 교육과학사, 1982.

(14) 켄셀쉬타이너, 『교육자론』, 세영사, 1985.

(15) 스프링, 『교육과 인간해방』, 심성보 역, 사계절, 1985.

(16) 리치, 『인간주의 교육학』, 김정환 외 역, 박영사, 1985.

(17) 김진경 외, 『내가 두고 떠나온 아이들에게』, 공동체, 1987.

(18) 교육출판기획실, 『내 무거운 책가방』, 실천문학사, 1987.

(19) 전국교사협의회, 『교육판례』, 미래사, 1988.

(20) 이상석, 『사랑으로 매긴 성적표』, 친구, 1988.

(21) 전국교사협의회, 『교사와 교원단체』, 미래사, 1988.

(22) 김정환, 『현대의 비판적 교육이론』, 박영사, 1988.

(23) 전국교사협의회, 『학교 교육과 성차별』, 미래사, 1989.

(24) 페스탈로치, 『어머니들에게 보내는 편지』, 김정환 역, 양서원, 1989.

(25) 문학교육연구회, 『학교야 학교야 뭐하니?』, 풀빛, 1989.

(26) 전국교직원노동조합, 『닫친 교문을 열며』, 사계절, 1990.

(27) 김정환 외, 『이 땅의 교사로 서기 위하여』, 친구, 1991.

(28) 이상경(편), 『이 땅의 아이들과 함께』, 친구, 1991.

(29) 몬테소리, 『유아교육 첫 걸음』, 김정환 역, 서원, 1992.

(30) 한국교육연구소, 『참교육, 그 이해와 오해』, 내일을 여는 책, 1993.

(31) 김정환, 『김교신-그 삶과 믿음과 소망』, 한국신학연구소, 1994.

(32) 이수호, 『사랑의 교육, 희망의 교육』, 내일을 여는 책, 1995.

(33) 이중현·장주식, 『아무도 꼴찌로 태어나지 않는다』, 내일을 여는 책, 1995.

(34) 김정환, 『페스탈로치의 교육철학』, 고려대학교 출판부, 1995.

(35) 김정환, 『인간화 교육 어떻게 할 것인가』, 내일을 여는 책, 1995.

(36) 대안교육을 생각하는 모임, 『새로운 학교 큰 교육 이야기』, 내일을 여는 책, 1995.

(37) 도행지, 『생활이 바로 교육이다』, 김귀성 역, 내일을 여는 책, 1996.

(38) 유상덕, 『교육 개혁과 교육 운동의 전망』, 내일을 여는 책, 1996.

(39) 김정환 외, 『인간주의 교육사상』, 내일을 여는 책, 1996.

(40) 서울평화교육센터(편), 『대안학교의 모델과 실천』, 내일을 여는 책, 1996.

(41) 고야스, 『슈타이너 학교의 참교육 이야기』, 임영희·이연현 역, 밝은누리, 1996.

(42) 조혜경, 『학교를 거부하는 아이, 아이를 거부하는 사회』, 또 하나의 문화, 1996.

(43) 보리 편집부(엮음), 『작은 학교가 아름답다』, 보리, 1997.

(44) 와다, 『어린이의 인간학』, 박선영·노명희 역, 아름다운 세상, 1997.

(45) 우리교육, 『책가방 없는 날 프로그램』, 1997년 3월 별책 부록.

(46) 어린이·청소년의 권리연대회의, 『아이들의 인권, 세계의 약속』, 내일을 여는 책, 1997.

(47) 정유성, 『대안교육이란 무엇인가』, 내일을 여는 책, 1997.

(48) 페스탈로치, 『인간, 삶, 교육』, 전일균 역, 내일을 여는 책, 1997.

(49) 윌킨슨, 『루돌프 슈타이너의 교육론』, 내일을 여는 책, 1997.

(50) 양희규, 『사랑과 자발성의 교육』, 내일을 여는 책, 1997.

▼　▼　▼　▼　▼

제1장 전인 교육이란 무엇인가

다섯 편 모두 새로 썼음.

제2장 전인 교육의 원리

「전인 교육의 역사와 7대 원리」: 새로 썼음.

「만남과 창조」: 한국국악예술학교, 『청팝』 제13호, 1979.

「인간 회복의 교육」: 원제는 '인간 회복의 길', 『씨알의 소리』,
　　　1974. 9.

「인간을 일깨우는 교육」: 원제는 '인격을 일깨우는 교육', 도산아
　　　카데미 연구원, 『소식』 제35호, 1993. 11.

「만남과 교육」: 『월간중앙』, 1974. 3.

「페스탈로치의 전인 교육 다섯 원리」: 원제는 '페스탈로치의 자
　　　녀 교육론', 『우리 교육』, 1993. 3.

제3장 전인 교육의 방법

「전인 교육의 7대 방법」: 새로 썼음.

「삶의 오리엔테이션 교육」: 대한교육연합회, 『새교육』, 1984. 8.

「노작 교육과 인간 교육」: 대한교육연합회, 『새교육』, 1984. 12.

「창조성 육성의 교육」: 원제는 '창조성과 교육', 서울시 교육연구
　　　원, 『교사의 벗』 제7집, 1971. 11.

「영혼의 괴로움도 곱씹어야」: 원제는 '고교생은 높은 세계를 지
　　　향하고 영혼의 괴로움도 맛보아야', 『교육세계』, 1977. 1.

「체벌 찬반론 ― 그 논리와 현실」: 원제는 '체벌에 대한 철학적 접
　　　근', 고려대 교육대학원, 『교육신보』, 1996. 12. 25.

제4장 전인적 가정 교육론

네 편 모두 새로 썼음.

제5장 전인적 교사론

「교사의 주요 업무」: 새로 썼음.

「교사의 주요 권리」: 새로 썼음.

「독일의 교권」: 원제는 '유럽(서독)의 교권', 고려대 교육대학원,
『교육신보』, 1982. 9. 18.

「교직의 특이성과 교사의 대우」: 고려대 교육대학원, 『교육신보』,
1974. 4. 20.

「교직의 여성화에 긍정적으로 대처하자」: 대한교육연합회, 1984.
1월호.

「스승의 날 소감」: 원제는 '스승의 날 유감', 고려대학교, 『고대신
문』, 1983. 5. 24.

「무명 교사탑 건립을 바라며」: 조선일보, 1977. 11. 19.

제6장 전인 교육 평론·단상

「대안 교육의 논리」: 원제 '그래서 소크라테스는 독배를 마셨다',
『우리 교육』, 1997. 2월호.

「가장 급한 교육 과제」: 조선일보, 1982. 9. 17.

「흥미와 훈련」: 부산일보, 1982. 10. 26.

「경애하는 재판장님」: 1986. 2. 3일자 탄원서.

「정년퇴임을 맞으며」: 1995. 2. 28. 정년퇴임사.

「교육 개혁 쟁점에 보인 진보와 보수의 논리」: 한국교육연구소,
『한국교육연구』 제3권 제1호, 1996. 4.

제7장 전인 교사 김교신

원제는 '인격을 일깨워 준 교사 김교신', 서울특별시 교육연구원,
　『수도 교육』, 1980. 12.

1983년 이후의 김교신 연구 관련 문헌 10여 편을 본문 끝부분에
　추가·소개하였음.

저자 약력

김정환(金丁煥)_고려대학교 명예교수/교육철학

1930년 전북 정읍에서 태어나 페스탈로치 연구로
1970년 봄 히로시마대학에서 교육학 박사학위를 받고
1970년 가을 고려대학교 교수로 부임하여
1995년 봄 명예교수로 정년퇴임하였다.

한국교육학회 교육철학연구회 회장, 고려대 사범대학 학장, 스위스 취리히대학 철학1부 객원교수, 한국교육연구회 이사, 월간 「우리교육」 편집자문위원 등을 역임했고, 1988년 「전인교육론」으로 한국교육학회 학술상(저작상)을 받았다.

저서로 「페스탈로치의 생애와 사상」, 「교육철학」, 「현대의 비판적 교육 이론」, 「김교신」, 「페스탈로치의 교육철학」, 「인간화 교육 어떻게 할 것인가」 등이 있다.

전인 교육의 이념과 방법

초판인쇄	2014년 10월 20일
초판발행	2014년 10월 30일
지은이	김정환
펴낸이	안상준
편 집	김선민·김효선
기획/마케팅	조성호
표지디자인	홍실비아
제 작	우인도·고철민
펴낸곳	㈜박영story
	서울특별시 금천구 가산디지털2로 53
	등록 2014. 2. 12. 제2014-000009호
전 화	02)733-6771
f a x	02)736-4818
e-mail	pys@pybook.co.kr
homepage	www.pybook.co.kr
ISBN	979-11-85754-05-5 93370

copyright©김정환, 2014, Printed in Korea

정 가   18,000원